普通高等教育新工科汽车类系列教材
（智能汽车·新能源汽车方向）

车用电机
驱动技术

主编 张硕 张承宁 周莹
参编 何洪文 李军求 欧阳湘军 董玉刚

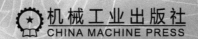

机械工业出版社
CHINA MACHINE PRESS

目前，全球汽车产业正面临巨大变革，电动化、智能化、网联化、共享化成为其发展趋势，电机驱动系统作为电动汽车核心部件直接影响整车动力性和运行品质。车用电机驱动系统主要包括驱动电机及其控制器，其设计制造、控制技术和性能测试等全产业链的发展关系到电动汽车动力性、经济性、安全性等关键指标。基于上述背景，本书主要讲述了新能源汽车用电机驱动系统理论基础及技术应用相关内容，主要包括车用电机驱动系统发展现状及趋势、电路磁路基本理论与定律、功率电子与变换技术、主流电机驱动技术、电机仿真建模与标定等。本书可作为普通高等教育车辆工程、新能源汽车等相关专业的教材，也可供相关专业研究生及工程技术人员参考。

图书在版编目（CIP）数据

车用电机驱动技术/张硕，张承宁，周莹主编.

北京：机械工业出版社，2025. 2. ——（普通高等教育新工科汽车类系列教材）. -- ISBN 978 - 7 - 111 - 77839 - 4

Ⅰ. U469. 72

中国国家版本馆 CIP 数据核字第 20252G0B26 号

机械工业出版社（北京市百万庄大街22号　邮政编码100037）
策划编辑：何士娟　　　　　　责任编辑：何士娟　王兴宇
责任校对：曹若菲　李小宝　　责任印制：张　博
北京建宏印刷有限公司印刷
2025 年 5 月第 1 版第 1 次印刷
184mm×260mm · 10. 75 印张 · 2 插页 · 265 千字
标准书号：ISBN 978-7-111-77839-4
定价：59. 90 元

电话服务　　　　　　　　　网络服务
客服电话：010-88361066　　机　工　官　网：www. cmpbook. com
　　　　　010-88379833　　机　工　官　博：weibo. com/cmp1952
　　　　　010-68326294　　金　书　网：www. golden-book. com
封底无防伪标均为盗版　　机工教育服务网：www. cmpedu. com

前　言

Preface

随着全球对环境保护和可持续发展的重视，新能源汽车成为未来交通发展的重要方向。电驱动技术作为新能源汽车的核心技术之一，经历了快速的发展和创新。本书面向新能源汽车拔尖创新人才培养需求，结合"车用电机驱动技术"课程教学实践，借鉴多主体协同育人、多学科交叉、创新创业等人才培养新模式，开展基于成果导向教育（OBE）理念和新工科背景下的课程与教学方法改革与教学内容创新研究，研究专业知识和课程思政融合的教学方法，并在此基础上完成教材建设。

本书以车用电机驱动技术为主线，主要涵盖车用电机驱动系统理论基础、技术应用和检测试验等领域，从电机驱动系统组成与发展、电路磁路基本参数及定律、功率电子变换技术、主流电机控制技术和电机仿真建模与标定等方面开展介绍，将理论、技术与实践相统一，打造集中授课、案例分析、专题讨论与实践相结合的教材建设体系，将学科知识、实践能力与素质提升相结合，促进拔尖创新人才脱颖而出机制建设。

本书共分为9章：第1章绪论，介绍车用电机驱动系统的结构、类型及国内外发展趋势；第2章介绍车用电机驱动系统理论基础，包括电机的定义与主要分类、电路及磁路的基本物理量和基本定律、电机的制造材料和电机的机电能量转换等；第3章介绍功率电子与变换技术；第4章介绍永磁同步电机控制，包括永磁同步电机结构与工作原理、动态数学模型、矢量控制和直接转矩控制等；第5章介绍永磁同步电机预测控制，包括模型预测控制、延时补偿、参数敏感性分析和无速度传感器控制等；第6章介绍永磁同步电机的弱磁控制，包括弱磁控制原理和几种典型的弱磁控制方式；第7章介绍永磁同步电机的标定，包括定子电阻等参数标定、转子零位标定和全域 MAP 标定；第8章介绍永磁同步电机的仿真建模，以 MATLAB 软件为例，详细介绍了电机各模块建模的过程；第9章介绍永磁无刷直流电机结构、工作原理以及其控制方法。

本书由北京理工大学张硕、张承宁、周莹任主编，参编人员还有北京理工大学何洪文、李军求、董玉刚，以及江麓机电集团有限公司科技带头人欧阳湘军。另外，课题组王书琳、赵明威、姚舜禹、王晓睿、李雪萍、马一夫、赵越等研究生参与了大量的资料收集、校稿等工作，在此对他们表示衷心的感谢。此外，特别感谢北京理工大学翟丽教授、程夕明副教授、王志福教授在教材申请和撰写过程中给予的支持和建议。

鉴于作者水平有限，书中难免存在错误和不当之处，恳请读者对本书的内容和章节安排等提出宝贵意见，并对书中存在的错误及不当之处提出批评和修改建议，以便本书再版修订时参考。

编　者

Contents

前言

Contents

Contents

Contents

Contents

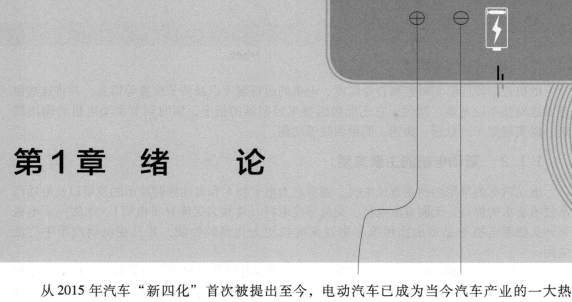

第1章 绪 论

从 2015 年汽车"新四化"首次被提出至今，电动汽车已成为当今汽车产业的一大热点。在各国政策的大力支持下，许多新的汽车品牌开始进入市场，许多新技术呈井喷之势。在电动汽车相关技术蓬勃发展的背景下，电动汽车的核心部件之———电机驱动系统的重要性愈加凸显。电机驱动系统决定了电动汽车的动力性能、能效以及驾驶体验，是电动汽车技术发展的关键所在。

本章首先介绍车用电机驱动系统的类型与结构，包括车用电机驱动系统组成、驱动电机的主要类型与结构、电机控制器的主要类型与结构，然后详细描述车用电机驱动系统国内发展现状与趋势，包括驱动电机、电机控制器、电驱动系统总成技术的发展现状与趋势。

1.1 车用电机驱动系统的类型与结构

1.1.1 车用电机驱动系统的组成

电池、电机、电控是电动汽车的核心组成部分，车用电机驱动系统是实现电动汽车动力传递和控制的关键系统。该系统通过接收驾驶员的操控指令（如加速、减速、制动等），将电能转化为机械能，并通过传动装置驱动车轮转动，从而推动车辆行驶。在这个过程中，驱动电机和电机控制器发挥着至关重要的作用。

1. 驱动电机

驱动电机是电机驱动系统的核心执行部件，负责将电能转化为机械能，以驱动车辆行驶。常见的驱动电机类型包括直流电机、交流感应电机和永磁同步电机等。其中，永磁同步电机因其高效率、高功率密度和高可靠性等优点，在电动汽车领域得到了广泛应用。永磁同步电机具有内置旋转变压器和温度传感器等，用于提供电机转子的位置、绕组温度等信息，并将相关信息发送给电机控制器，以便进行精确的转矩或转速控制以及安全保护。

2. 电机控制器

电机控制器是电机驱动系统的控制核心，负责接收整车控制器的指令，对驱动电机进行实时控制。电机控制器内部采用三相两电平电压源型逆变器，大多数的电机控制器以 IGBT（绝缘栅双极型晶体管）为核心，辅以驱动集成电路、主控集成电路等元件，实现对电机的精确控制。

电机控制器能够实时监测自身温度、电机的运行温度以及转子位置等信息，并将这些信息发送给整车控制器。同时，它还能根据整车控制器的指令，实时调节驱动电机的输出转矩，以实现整车的怠速、加速、能量回收等功能。

1.1.2　驱动电机的主要类型

电动汽车最早采用的是直流电机。随着电力电子技术和自动控制技术的发展以及电动汽车技术要求的提高，无刷直流电机、交流感应电机（常称为交流异步电机）、永磁同步电机和开关磁阻电机等显示出比传统有刷直流电机更为优越的性能，并且在电动汽车中广泛应用。

不同的车用驱动电机的基本性能见表1-1。直流电机具有起动加速转矩大、电磁转矩控制特性良好、调速比较方便、控制装置简单、控制成本较低等优点，但因其本身存在电刷和换向器结构，使其过载能力、转速以及系统的使用维护性均受到限制。交流感应电机具有宽的转速范围（在由变频电源供电时）、坚固的结构和较高的可靠性，但是效率相较于永磁同步电机低。永磁同步电机因其具有高功率密度、高效率、较高的可靠性等优点，在电动汽车电机驱动系统应用最为广泛。开关磁阻电机具有很高的结构可靠性，但其转矩脉动和噪声较大，使其应用受到一定限制。

表1-1　主要车用驱动电机性能比较

项目	直流电机	交流异步电机	永磁同步电机	开关磁阻电机
功率密度	低	中	高	较高
峰值效率（%）	85~89	94~95	95~97	85~92
最高转速/(r/min)	4000~6000	9000~18000	4000~18000	≥18000
调速性能	好	好	好	好
可靠性	一般	高	较高	高
结构坚固性	差	好	一般	好
尺寸及质量	大	一般	小	小
电机成本	高	较低	高	较低
控制器成本	低	高	高	较高

1.1.3　驱动电机的结构

1. 直流电机

直流电机是一种应用广泛的电机类型，它以直流电作为电源并通过磁场与电流的相互作用来产生转动。传统的有刷直流电机的结构如图1-1所示，它由定子和转子（又称为电枢）两部分组成，定子主要由主磁极铁心、励磁绕组、换向极铁心、换向极绕组、电刷、机座等构成；转子（电枢）主要包括电枢铁心、电枢绕组、换向器、转轴等。

直流电机的工作原理：当直流电流通过励磁绕组时，主磁极产生一个恒定的磁场；转子上的电枢绕组通过换向器和电刷与外部直流电源连接，电流流过电枢绕组，在磁场中受到电磁力作用，使电枢旋转；随着转子的转动，换向器连续地改变通过绕组的电流方向，使得转子的旋转方向保持一致，从而实现连续的旋转动力输出。

传统的有刷直流电机具有控制简单、起动转矩大、响应速度快等优点，但存在制造维护成本高、功率体积密度小、寿命较短等缺点。由于电刷和换向器的存在，需要定期维护和更换这些部件，电刷的磨损和产生的火花会限制电机的寿命，尤其在高速运行或高负载条件下更为明显。

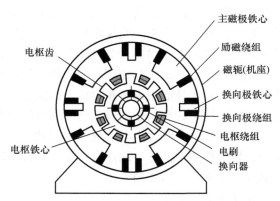

图 1-1　传统的有刷直流电机的结构

2. 交流感应电机

交流感应电机，也称为异步电机（本书主要用此名称），是一种应用广泛的电机类型，其结构如图 1-2 所示。

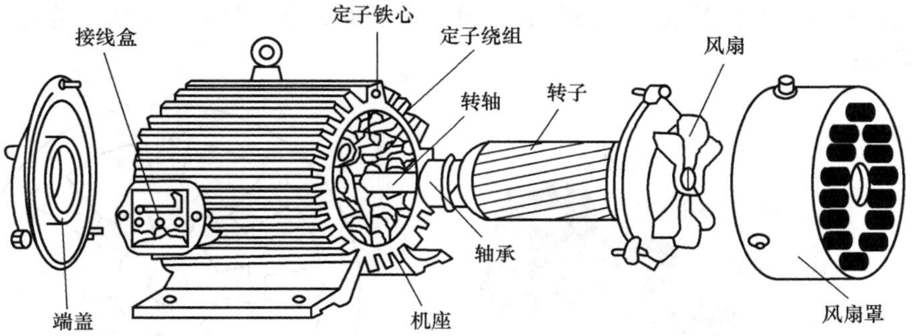

图 1-2　小型封闭式交流异步电机的结构

交流异步电机主要由两个基本部分组成：

（1）定子

定子由定子铁心、定子绕组和机座组成。定子是电机中静止不动的组件，是电机主磁路的一部分，起着放置定子三相绕组的作用。三相绕组用以产生旋转磁场。机座起固定和支撑作用。

（2）转子

转子是电机内部的旋转部分，其绕组通常是笼型结构，由一系列铜或铝条组成，它们构成闭合回路，位于铁心槽中。

交流异步电机的工作原理基于电磁感应。当交流电通过定子绕组时，会在定转子之间的气隙中产生一个旋转磁场，这个旋转磁场穿过转子并切割转子绕组导条（直线部分）。根据法拉第电磁感应定律，在转子绕组的导条中感应出电流，由于感应电流和磁场的相互作用，在转子上产生电磁力，使转子旋转。

交流异步电机具有结构简单、成本低、维护需求小、耐用性高等优点，但同时也存在效率和功率因数较低、转速控制复杂、起动电流大但起动转矩不算大等缺点。

3. 永磁同步电机

永磁同步电机是一种高效率的电机，目前广泛应用于电动汽车电机驱动系统中。永磁同步电机的结构如图 1-3 所示，其定子与交流异步电机的定子结构类似，包含多个绕有绝缘线的绕组，这些绕组在接入交流电后会产生旋转磁场。转子铁心中嵌有永磁体，这些永磁体通常使用高性能的稀土材料（如钕铁硼），可以提供恒定磁场，无需额外的电源。

永磁同步电机的工作原理基于同步旋转的原理：当交流电流通过定子绕组时，产生旋转磁场；由于转子铁心中嵌有永磁体，因此它将锁定并同步于定子产生的旋转磁场，以相同的速度旋转。这意味着转子的转速始终与电源频率保持固定关系。

永磁同步电机的优点有：效率高和功率密度大、无需励磁、高转矩电流比、尺寸小、质量小、转矩控制性能好。缺点有：成本较高、对温度较敏感等，高温环境下可能导致永磁体的磁性能下降甚至永久损失。

4. 开关磁阻电机

开关磁阻电机是一种基于磁阻变化来产生转矩的电机，其横截面结构示意图如图 1-4 所示，定子上有多组绕组，而转子则是由铁质材料制成，没有绕组或永磁体。转子的构造通常呈对称形式，有几个凸出的极齿，极齿数一般比定子少 2 个。图 1-4 所示的是转子有 6 个齿的开关磁阻电机。

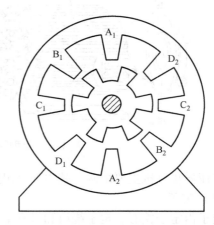

图 1-3 永磁同步电机结构示例 (见彩插)　　图 1-4 开关磁阻电机横截面结构示意图

开关磁阻电机的工作原理基于磁阻的最小化：当电流通过定子绕组时，将产生局部磁场。通过精确控制电流的时序可以使得相对应的定子齿和转子齿之间的磁阻最小化；因为磁性材料倾向于沿着最低磁阻的路径排列，所以转子的某一对齿会移动到与激磁的定子齿对齐的位置，从而产生转矩；通过依次激磁定子的不同齿，转子就可以持续旋转。

开关磁阻电机具有结构简单、高耐用性、适用于高速应用等优点；但有转矩波动大、控制复杂、效率较低等缺点。由于开关磁阻电机的以上特性，其常在混合动力客车和电动公交车上使用。

1.1.4　电机控制器的主要类型

电动汽车中的电机控制器根据使用的电机类型可分为直流电机控制器、交流异步电机控制器、永磁同步电机控制器和开关磁阻电机控制器。直流电机控制器主要应用于早期电动汽车和小型电动车辆，使用 PWM 技术调控转速和转矩；交流异步电机控制器通过变频技术和矢量控制调节转速并提高整体运行效率；永磁同步电机控制器采用变频和先进矢量控制，常见于高性能电动汽车；开关磁阻电机控制器则针对其简单且成本低廉的电机特性，进行复杂的相序激励控制以优化其性能。

电机控制器也可以根据控制的电机数量和配置分为单电机控制器、一拖二电机控制器和多电机控制器。图 1-5 所示为某一拖二电机控制器外部结构图。单电机控制器控制一台电机，适用于大多数传统电动汽车；一拖二电机控制器能同时控制两个电机，常用于多电机驱动电动汽车，以实现控制器集成化，减小控制系统体积和重量；多电机控制器适用于控制两台以上电机的高性能或特殊功能电动汽车，提供高级的动力管理和精确的车辆动态控制。

1.1.5 电机控制器的结构

电机控制器内部由控制、驱动、功率变换三大模块组成，还兼有电流传感器、薄膜电容、直/交流母排等其他组成部分。下面以图 1-5 所示的一拖二电机控制器为例，详细介绍电机控制器内部结构组成。

1. 控制模块

控制模块的核心是控制电路板，以及由低压接口、通信线、低压电源、电流传感器等共同组成电机控制器的低压部分。控制模块由低压电源供电，接受并处理传感器采集的电机电流、电压、转速等信号，和其他控制单元进行信息交互和传输，然后进行逻辑运算，根据电机的当前状态和目标状态，按照转矩、转速或位置的控制方式使电机正常运转。

2. 驱动模块

驱动模块的主要部件是驱动电路板，如图 1-6 所示，驱动电路板由高压电源供电，其主要功能是接收并执行来自控制电路板输出的控制信号；将其进行功率放大和电压放大并转变为驱动信号，输出转换后为驱动信号进而驱动电机。

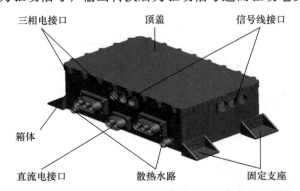

图 1-5　一拖二电机控制器外部结构图　　　　图 1-6　驱动电路板（见彩插）

3. 功率模块

英飞凌（Infineon）某型号功率器件如图 1-7 所示。功率逆变模块的主要器件是功率器件，它首先接受来自驱动模块的驱动信号，在驱动信号的作用下将从快接插头、铜母排引入控制器的高压直流电转变为三相交流电，然后经过 U、V、W 三相铜排和接口将电能输入至驱动电机，经电机将电能转变成机械能。

4. 电流传感器

电流传感器是电机控制器电子控制模块的重要组成部分，其功能是对控制器系统的母线

电流和三相电流进行实时检测。控制电路板采集
到其反馈的信号并进行相应的调整，保证电机控
制器的稳定输出，使电机正常运行。图 1-8 所示
的是 LEM 公司的 HAH1DRW 600-S 型号的开环式
霍尔电流传感器的二维和三维模型，其测量范围
为直流 ±600A，供电电压为直流 5V。

5. 交/直流铜排

图 1-9 所示为电机控制器交/直流铜排。在电
机控制器中，铜排的主要作用是承担高压区大电
流的传导，其与直流电接口和三相电接口相连，
保证电流在驱动模块和输入母线以及输出三相电
之间传递的稳定性。

图 1-7　英飞凌某型号功率器件 (见彩插)

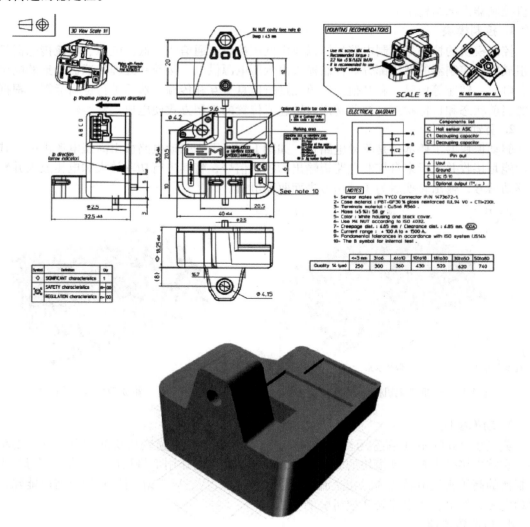

图 1-8　HAH1DRW 600-S 型开环式霍尔电流传感器 (见彩插)

6. 薄膜电容

该电机控制器采用的薄膜电容如图 1-10 所示。薄膜电容的主要功用是在功率器件工作时平滑母线电压，同时，吸收功率开关管工作过程中产生的尖峰电压，避免尖峰电压过高而击穿功率模块。

a) 三相交流铜排

b) 直流铜排

图 1-9 电机控制器交/直流铜排 (见彩插)

图 1-10 薄膜电容 (见彩插)

电机控制器内部总成如下：将功率模块、铜排、电流传感器、驱动板、信号线接口和电源接口等零件与壳体进行装配，如图 1-11 所示。为了清晰展示电机控制器的内部结构和各组成部分的连接关系，图中省去了隔离板、电子控制板、顶盖以及连接处螺栓。

除此之外，为了带走功率模块在工作时产生的热量，保证电机控制器长时间高效、稳定的运行，电机控制器的冷却水道设计至关重要。通过合理的水道布局、形状和尺寸的优化、导热性良好的材料选择、适宜的冷却液类型和精确的流量控制，可以有效地带走控制器产生的热量，防止过热。

图 1-11 电机控制器内部装配 （见彩插）

电机控制器的冷却水道类型有两种：直接冷却和间接冷却。

1）直接冷却是指冷却液直接和功率模块接触，如图 1-12a 所示。目前很多 IGBT 模块与翅柱式散热结构集成为一体，冷却液直接与大功率电子器件的翅柱结构接触，翅柱的存在大大提高了换热效率。

2）间接冷却方式如图 1-12b 所示，水冷散热水道安装在 IGBT 模块铜基板下部，冷却液通过其下方的液冷水道带走大功率电子器件工作产生的热量。

a) 直接冷却　　　　　　　　　　　　　b) 间接冷却

图 1-12　电机控制器冷却水道结构（见彩插）

1.2 车用电机驱动系统的国内外发展趋势

1.2.1 驱动电机的发展趋势

1. 扁线绕组

扁线绕组电机因其槽满率高、效率高、NVH（噪声、振动与声振粗糙度）性能好、导热性好、绕组刚度好等优点，正在越来越多地应用于新能源汽车领域，扁线电机绕组有发卡式、S-winding、I-pin 三种结构形式，如图 1-13 所示。采用发卡式定子绕组可以提高电机定子的槽满率，从而提高电机的功率密度。此外，发卡式定子绕组的端部尺寸较短，因而拥有更低的铜损以及更好的散热性能。现在国内外众多企业如大众、丰田、本田、比亚迪、上汽、一汽的大多新能源汽车均采用扁线电机技术。

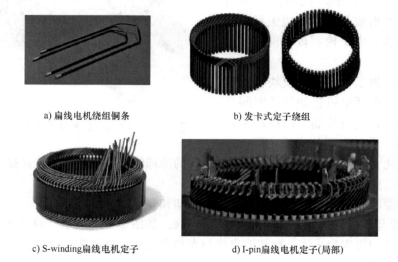

a) 扁线电机绕组铜条　　　　　　　　　　b) 发卡式定子绕组

c) S-winding扁线电机定子　　　　　　　d) I-pin扁线电机定子(局部)

图 1-13　扁线电机定子绕组结构（见彩插）

2. 油冷电机

随着纯电动汽车电机功率密度和转速的不断增加以及部件的集成化，传统的水冷散热方法已不能满足需求，油冷电机技术近年来受到广泛关注。与水冷方法相比较，油冷是采用通过电机绕组端部直接喷油或在铁心中设置油道等冷却方式，显著缩短电机铁心槽内绕组的传热路径，有效降低温度梯度，使得油冷系统具有更高的冷却效率，能够更快速地将电机产生的热量带走。此外，使用油作为冷却介质还具有优良的绝缘性、高介电常数、低凝固点和高沸点等优点，这些都有助于提升电机的效率。

为了优化热管理系统，需要重新设计电机腔体和减速器的连接，通过油泵或机械设计，使得减速器内的冷却润滑油能够流入电机内腔，直接对定子和转子进行冷却。此外，还需对油品的性能和清洁度提出更高的要求。

3. 超高速轴承技术

新能源汽车轻量化、小型化、高速化发展对电机轴承提出了更高的要求，为了满足电机的高速化要求，并且能够使电机适应严苛的运行条件，众多轴承制造商开发了许多超高速轴承。

DmN 值是衡量轴承高速性能的重要指标，它是轴承中径（内外径的平均值）和轴承转速的乘积。这个值越高越好，说明轴承能够在更高的转速下稳定运行，能适应更苛刻的运行条件。在超高速轴承技术领域，多个制造商提供了具有高 DmN 值的先进轴承。例如，NSK 的超高速陶瓷球轴承的 DmN 值高达 200 万 mm·r/min，特点是陶瓷滚珠、低摩擦和长寿命；SKF 的超高速角接触球轴承的 DmN 值可达 250 万 mm·r/min，其采用优化滚道设计和高性能钢材料，能提供高转速和高刚度；FAG（舍弗勒集团）的超高速混合陶瓷轴承具有约 300 万 mm·r/min 的 DmN 值，其采用混合陶瓷材料（钢圈和陶瓷球），具备优异的耐磨性和低温升特性；JTEKT（日本轴承）超高速陶瓷混合轴承的 DmN 值超过 220 万 mm·r/min。图 1-14 为SKF 推出的高速球轴承。

图 1-14　SKF 推出的高速球轴承（见彩插）

1.2.2　电机控制器的发展趋势

1. SiC 功率器件的应用

相较于硅基器件如 IGBT，SiC（碳化硅）材料在耐电压级别、工作温度、开关损耗和速度方面有显著的改进，使电力电子变换器在质量、体积和成本方面得到优化。作为第三代半导体功率器件，SiC 具有高热导率、耐高温性、禁带宽度大、高击穿电场强度和饱和电子漂移速率大等特性。其结温耐受高达 225℃ 或更高，远超硅基 IGBT 的 175℃ 最高结温。由于 SiC 器件适合于更高的开关频率，因此特别适用于高速电机控制。此外，与硅基 IGBT 相比，SiC 器件的开关损耗和导通损耗显著降低，这有助于降低整车的能耗，从而提高整车的续驶里程。图 1-15 所示为比亚迪的

图 1-15　比亚迪的 SiC 功率模块（见彩插）

SiC 功率模块。

2. 智能门极驱动技术

门极驱动技术作为电机控制器中高压功率半导体器件与低压控制电路之间的关键纽带，不仅提供基本的隔离、驱动和保护功能，还需结合 IGBT 的特性精确控制其导通和关断过程，以实现损耗和电磁干扰（EMI）之间的最佳平衡。

智能门极驱动技术流程图如图 1-16 所示，智能门极驱动的主要特点包括主动门极控制和监控诊断功能，通过将 IGBT 的开关过程细分为多个阶段进行精细化控制，以最小化对其他参数的负面影响。这种智能门极驱动的应用有助于充分发挥功率半导体器件的性能，如降低损耗和提高电压利用率，并实现器件的健康状态在线评估，从而满足电机控制器在高安全性和高可靠性设计方面的要求。

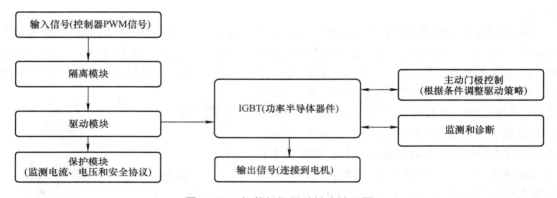

图 1-16　智能门极驱动技术流程图

1.2.3　电驱动总成技术的发展趋势

电驱动系统的集成设计已成为当前和未来的发展趋势。随着科技的不断进步，电驱动系统的设计逐渐融合了热管理、机械结构、电控技术等多个领域的最新成果。集成设计不仅提升了系统的整体性能和可靠性，还大大优化了空间利用率和能量效率。从最初的三合一电驱动系统到如今更为复杂的多合一电驱动系统，电驱动系统的集成化程度不断提高。

1. 三合一电驱动系统

三合一电驱动系统是一种高度集成的驱动解决方案，它将电机、电控（控制器）和减速器整合到一个紧凑的单元中，显著减小了系统的整体尺寸并大大减轻了质量，从而提高了空间利用率。其集成化设计减少了机械和电力损耗，提升了能量转换效率和车辆性能。此外，该系统简化了安装和维护过程、减少了故障点、提升了可靠性。通过减少部件数量和简化装配流程，它还显著降低了生产和维护成本。更高效的能量转换和更少的材料使用使得三合一电驱动系统更加环保。

三合一电驱动系统已经在许多现代电动汽车中得到了应用，例如特斯拉 Model 3 和宝马 i3 等。

2. 多合一电驱动系统

随着电控技术、电池管理技术和功率电子技术的快速发展，用户对电动汽车动力性能、续驶能力、充电便携性的要求不断提高，再加上现代制造技术和工艺的不断进步，单纯的三合一电驱动系统已逐渐无法满足日益复杂的应用需求。这促使了多合一电驱动系统的出现和发展。多合一电驱动系统的部件集成情况见表 1-2。

表 1-2　多合一电驱动系统部件集成情况表

部件	三合一	五合一	六合一	七合一	八合一
电机	√	√	√	√	√
电机控制器	√	√	√	√	√
减速器	√	√	√	√	√
车载充电器	—	√	√	√	√
DC-DC 变换器	—	√	√	√	√
高压配电单元	—	—	√	√	√
电池管理系统	—	—	—	√	√
整车控制器	—	—	—	—	√

多合一电驱动系统是在三合一电驱动系统的基础上，逐步集成车载充电器（OBC）、DC-DC 变换器、电池管理系统（BMS）、高压配电单元、整车控制器等，最终形成了八合一甚至更多合一系统。

相较于三合一电驱动系统，多合一电驱动系统有以下优点：

（1）质量小

多合一电驱动系统通过将电机、电控、减速器、车载充电器、DC-DC 变换器、电池管理系统、高压配电单元集成在一起，显著减小了各个独立部件的质量和体积。高度集成化设计意味着减少了需要安装和连接的独立部件，从而降低了系统的总质量。这对于电动汽车尤为重要，减小质量直接提高了车辆的能效和续驶里程。

（2）效率高

多合一电驱动系统在效率方面表现出色。通过集成更多的功能部件，减少了能量在各个部件之间传输的损耗。比如，集成的逆变器和 DC-DC 变换器能够更高效地管理电力转换和分配。此外，系统级的优化设计确保了各个部件之间的最佳协同工作，提升了整体系统的能量利用效率。车辆可以从相同容量的电池中获得更长的续驶里程，并且动力输出更加平稳和高效。

（3）NVH 性能优秀

NVH 性能是衡量车辆舒适性的重要指标。多合一电驱动系统通过集成化设计，减少了机械连接点和传动部件，从而减少了噪声和振动源。此外，优化的布置和结构设计有助于更好地控制和隔离噪声和振动。相比之下，传统的分体式系统由于各个部件之间的连接和安装，容易产生更多的噪声和振动。多合一系统提供了更宁静、平顺的驾驶体验，提高了车辆的整体舒适性。

（4）智能化程度高

多合一电驱动系统通常集成了先进的电子控制和管理系统，使得整个驱动系统更加智能化。通过集成的电池管理系统（BMS）、车载充电器和高压配电单元（PDU），多合一系统能够实时监控和管理电池状态、充电过程和电力分配。这种智能化管理不仅提高了系统的效率和安全性，还能够通过大数据和人工智能技术实现预测性维护和性能优化。例如，系统可以通过实时数据分析预测电池寿命，优化充电策略，并在故障发生之前进行预警和干预，提高了系统的可靠性和用户体验。

习 题

1-1 车用电机主要有哪几种类型？请分析其各自的优点和缺点。

1-2 扁线绕组有哪几种结构？为什么扁线绕组电机称为电机发展的一大热点？

1-3 电机控制器主要由哪几部分组成？各部分起什么作用？

1-4 车用驱动电机的发展趋势是什么？

参 考 文 献

[1] 贡俊. 电动汽车工程手册 第五卷 驱动电机与电力电子 [M]. 北京：机械工业出版社，2019.

[2] 翟丽. 电气工程手册电力电子·电机驱动 [M]. 北京：机械工业出版社，2019.

[3] 王志福. 电动汽车电驱动理论与设计 [M]. 北京：机械工业出版社，2017.

[4] 王成元. 现代电机控制技术 [M]. 2版. 北京：机械工业出版社，2021.

[5] 程夕明. 新能源汽车功率电子基础 [M]. 北京：机械工业出版社，2018.

[6] 何洪文. 电动汽车原理与构造 [M]. 2版. 北京：机械工业出版社，2018.

[7] 暴杰，许重斌，陈晓娇. 电动汽车用超高功率密度电机驱动系统关键技术研究 [J]. 微特电机，2022，50 (8)：55-61.

[8] 李刚. 浅谈新能源汽车三合一驱动系统的优劣势 [J]. 汽车与配件，2021 (11)：44-47.

[9] 丁荣军，刘侃. 新能源汽车电机驱动系统关键技术展望 [J]. 中国工程科学，2019，21 (3)：56-60.

第2章 车用电机驱动系统理论基础

本章介绍车用电机驱动系统的理论基础知识，包括电机的定义与主要分类、电机中电路的基本参数和定律、电机中磁路的基本物理量、电机中磁路的基本定律、电机中的基本电磁定律，并对电机的制造材料、磁场与磁能、机电能量转换、电磁转矩生成与控制的相关知识进行讨论。

2.1 电机的定义与主要分类

电机是依据电磁感应定律实现电能转换或传输的一种电磁装置。从广义上讲，电机是实施电能生产、传递使用和电能特性变换的电磁机械装置；从狭义上讲，电机是基于电磁感应定律、电磁力定律，由电路和磁路构成，能进行机电能量转换或者信号变换的电磁装置。

按照能量转换和信号传递所起的作用，电机可以分类为发电机、电动机、变压器、变流器、变频机、移相器及控制电机。发电机可以将机械能转换为电能。电动机可以将电能转换为机械能，车用驱动电机主要指电动机。而变压器、变流器、变频机和移相器可以变换电压、电流、频率和相位。控制电机作为自动控制系统的控制元件，起检测、放大、执行和校正作用，如旋转变压器、测速发电机、步进电动机等。

按照电机的结构特点，可以将电机分为变压器和旋转电机。变压器可以理解为静止的电机。旋转电机根据电源性质可以分为直流电机和交流电机。其中，直流电机即直接用直流电源供电的电机，可以分为直流发电机和直流电动机；交流电机即直接用交流电源供电的电机，可以分为单相交流电机和三相交流电机，车用驱动电机通常为三相交流电机。按定子电源角频率和转子转速是否同步，交流电机又可以分为同步电机和异步电机。

2.2 电机中电路的基本参数和定律

2.2.1 电路基本参数

电路的基本参数包括电压和电势、电流、功率、频率和相位，下面具体介绍这些基本参数。

1. 电压和电势

虽然金属导体中存在大量的自由电子，但无法直接形成电流。要使自由电子做有规则的运动，必须施加外电场。电场力将迫使自由电子定向移动从而形成电流。电场力移动电荷就对电荷做了功。为了衡量电场力对电荷做功的能力，我们引入电压这个物理量。

设电池的正极电位为 u_a、负极电位为 u_b，电场力把单位正电荷从 a 点移到 b 点所做的功，称为电路中 a、b 两点之间的电压 u。

$$u = \frac{\mathrm{d}w}{\mathrm{d}q} \tag{2-1}$$

式中　w——电场力将正电荷由 a 点移到 b 点所做的功，单位为焦耳（J）；

　　　q——被移动的正电荷的电量，单位为库仑（C）；

　　　u——电路中 a、b 两点之间的电压，单位为伏特（V）。

电势，又称为电位，静电学中的定义为：处于电场中某个位置的单位电荷所具有的电势能。它是个相对量，在电路中引用电位的概念，必须选定一个基准（参考点），规定参考点的电位为 0V。电路中某点的电位是指该点相对于参考点之间的电压。

2. 电流

电流是带电粒子在外电场的作用下做定向的移动而形成的，用电流强度来衡量电流的大小或强弱，它是单位时间内通过导体某一横截面积的电荷量，用字母 I 或 i 表示。在实际应用中，将电流强度简称为电流。

见下式：

$$i = \frac{\mathrm{d}q}{\mathrm{d}t} \tag{2-2}$$

式中　q——电荷，单位为库仑（C）；

　　　t——时间，单位为秒（s）；

　　　i——电流，单位为安培（A）。

在电路分析中规定，正电荷的移动方向为电流的实际方向。

3. 功率

单位时间内电场力所做的功称为电功率，简称功率，是电能对时间的变化率，即

$$p = \frac{\mathrm{d}w}{\mathrm{d}t} = \frac{\mathrm{d}w}{\mathrm{d}q}\frac{\mathrm{d}q}{\mathrm{d}t} = ui \tag{2-3}$$

式中　w——能量，单位为焦耳（J）；

　　　t——时间，单位为秒（s）；

　　　p——功率，单位为瓦特（W）。

在实际电路中，元件上的电功率有吸收和发出两种可能，利用式（2-3）求电功率时应注意以下原则：

1）当电压和电流的参考方向为关联参考方向时，p 表示元件吸收的功率。若 $p > 0$，表示该元件为负载，吸收功率；若 $p < 0$，则表示该元件为电源，发出功率。

2）当电压和电流的参考方向为非关联参考方向时，p 表示元件发出的功率。若 $p > 0$，表示该元件为电源，发出功率；若 $p < 0$，则表示该元件为负载，吸收功率。

交流电的电功率包括瞬时功率、有功功率、无功功率和视在功率。其中，视在功率又称为总功率，是有功功率与无功功率的矢量和。

4. 频率

频率，是单位时间内完成波动的次数，是描述振动物体往复运动频繁程度的量，常用符

号 f 表示，单位为 Hz。交变电流在单位时间内完成周期性变化的次数，称为电流的频率。

5. 相位

相位是反映交流电任何时刻的状态的物理量。交流电在某时刻的角度称为交流电在该时刻的相位，交流电的大小和方向是随时间变化的。

2.2.2　欧姆定律

欧姆定律的含义为导体中电流 i 与它两端的电压 u 成正比，与它的电阻 R 成反比，可以表示为

$$R = \frac{u}{i} \tag{2-4}$$

此外，导体的电阻 R 与它的长度 L 及电阻率 ρ 成正比，与它的横截面积 S 成反比，这个规律称为电阻定律，表示为

$$R = \rho \frac{L}{S} \tag{2-5}$$

制成电阻材料的电阻率与导体长度 L 和横截面积 S 无关，只与材料和温度有关。

2.2.3　基尔霍夫第一定律

基尔霍夫第一定律，又称电流定律，是电流连续性在集总参数电路上的体现，遵循电荷守恒定律。具体内容为：在集总电路中，任何时刻、任意节点处电流的代数和等于零。节点 $k(k=1,2,3,\cdots,n)$ 满足

$$\sum_{k=1}^{n} i_k = 0 \tag{2-6}$$

2.2.4　基尔霍夫第二定律

基尔霍夫第二定律，又称电压定律，是电场的电位在集总参数电路上的体现，遵循能量守恒定律。具体内容为：在集总电路中，任何时刻、任意回路中各段电压的代数和等于零。回路 $k(k=1,2,3,\cdots,m)$ 满足

$$\sum_{k=1}^{m} u_k = 0 \tag{2-7}$$

2.3　电机中磁路的基本物理量

磁通所通过的路径称为磁路。电机中磁路的基本物理量包括磁感应强度、磁场强度、磁通、磁阻、磁能、磁动势、磁链及电感。下面具体介绍这些基本物理量。

（1）磁感应强度

磁场是磁体周围存在的一种特殊物质，可以由电流或磁铁产生。磁场和电场一样是客观存在的物质。产生磁场的电流称为励磁电流。

磁感应强度 B 是表征磁场强弱和方向的物理量，单位为特斯拉（T）。由位于该磁场中的载流导体所受的电磁力 F 来表示：

$$F = BIl\sin\theta \tag{2-8}$$

式中　B——磁感应强度，单位为特斯拉（T）；

　　　I——电流，单位为安培（A）；

　　　l——导线长度，单位为米（m）；

　　　θ——磁场方向与电流方向间的夹角。

磁力是通过磁场来传递的。磁场中各点的 B 可以用磁力线的疏密程度来表示。磁力线的分布和方向符合以下原则：

1）磁力线的回转方向和电流方向之间的关系遵守右手螺旋法则，如图 2-1 所示。

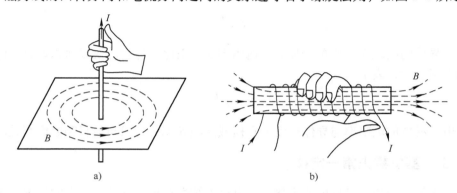

图 2-1　右手螺旋法则

2）磁力线总是闭合的，既无起点，也无终点。

3）磁场中的磁力线不会相交。

（2）磁场强度和磁导率

磁场强度 H 是表征源磁场在某一点处的磁场强弱和方向的量，单位为（A/m）。在各向同性介质中，磁场中某一点的磁感应强度与磁场强度具有以下关系：

$$B = \mu H \tag{2-9}$$

式中　μ——磁导率，单位为亨利/米（H/m）。

磁导率表征磁场中介质的导磁能力，由介质性质决定。对各向同性介质，μ 为标量。真空的磁导率用 μ_0 表示，其大小为 $4\pi \times 10^{-7}\mathrm{H/m}$。通常使用的参数是介质的相对磁导率 μ_r，相对磁导率是一个无量纲参数，可以表示为 $\mu_r = \mu/\mu_0$。

此外，$H \propto I$，反映源磁场的性质，H 与介质的性质无关。而 B 与 I 的大小和介质的性质均有关，反映源磁场和介质因磁化而产生的磁场的性质。

（3）磁通量

在磁场中穿过某一面积为 S 的截面的磁力线条数，称为该截面的磁通量，简称为磁通，符号为 Φ，单位为韦伯（Wb）。

在均匀磁场中，如果磁力线与平面垂直，则通过该平面的磁通为磁感应强度 B 和与它垂直方向某一截面积 S 的乘积，表示为

$$\Phi = BS \tag{2-10}$$

如果磁力线与平面不垂直，且平面法线与磁力线中间存在夹角 θ，则通过该平面的磁通可以表示为

$$\Phi = BS\cos\theta \tag{2-11}$$

因此，在均匀磁场中，磁通可以统一表示为

$$\Phi = B \cdot S \tag{2-12}$$

在非均匀磁场中，通过任意曲面 A 的磁通量可以表示为

$$\Phi = \int_A B \mathrm{d}S \tag{2-13}$$

根据磁场高斯定律，也就是"磁通连续性定律"，通过任意封闭曲面 A 的磁通量总和必等于零，即

$$\Phi = \int_A B \cdot \mathrm{d}S = 0 \tag{2-14}$$

（4）磁场储能

磁场能够储存能量，这些能量是在磁场建立过程中由其他能源的能量转换而来的。电机通过磁场储能可以实现机电能量的转换。磁场中的能量密度定义为

$$w_{\mathrm{m}} = \frac{1}{2}BH \tag{2-15}$$

式中　w_{m}——磁场中的能量密度，单位为焦耳/米^3（J/m^3）。

对于线性介质，满足式（2-9），磁场中的能量密度可以改写成

$$w_{\mathrm{m}} = \frac{1}{2}BH = \frac{B^2}{2\mu} \tag{2-16}$$

磁场能量密度是单位体积内的磁场能量，所以磁场中的总储能为

$$W_{\mathrm{m}} = \int_V w_{\mathrm{m}} \mathrm{d}V \tag{2-17}$$

对于电机而言，磁场能量主要集中储存在气隙中。

（5）磁动势与磁阻

与电路中的电动势类似，磁路中同样需要磁动势来驱动磁路中的磁通量。电动势有正负极，磁动势也有正负极。磁动势的正极是磁通量流出的方向，磁动势的负极是磁通量流入的方向。磁动势 F 可以表示为作用在磁路上的安匝数，即

$$F = NI \tag{2-18}$$

式中　F——磁动势，单位为安培（A）；

　　　N——感应线圈的匝数；

　　　I——电流，单位为安培（A）。

磁动势和磁通量之间的关系也可以表示为

$$F = \Phi R_{\mathrm{m}} \tag{2-19}$$

式中　R_{m}——磁阻，单位为安培/韦伯（A/Wb）。

式（2-19）也是磁路欧姆定律的表达式，详细介绍见 2.4.1 节。

磁路中的磁阻，相当于电路中的电阻。磁阻可以表示为

$$R_{\mathrm{m}} = \frac{l}{\mu A} \tag{2-20}$$

磁阻与磁路的几何形状（长度、面积）和材料的导磁性能有关。磁阻的倒数称为磁导，

可以表示为 Λ_{m}，$\Lambda_{\mathrm{m}} = \dfrac{1}{R_{\mathrm{m}}}$，单位为韦伯/安培（Wb/A）。磁路欧姆定律只能用于定性分析磁路。因为 μ 不是常数，故 R_{m} 非线性。

串联磁路的总磁阻 R_{m} 等于 N 段磁路的磁阻之和，可以表示为

$$R_{\mathrm{m}} = \sum_{k=1}^{n} R_{\mathrm{m}k} \qquad (2\text{-}21)$$

此外，磁动势还可以表示为 H 在长度为 l 的磁路上的积分，即

$$F = Hl \qquad (2\text{-}22)$$

（6）磁链

匝数为 N 的线圈，流过电流产生匝链线圈的磁通 Φ 时，将在线圈中形成磁链。具体表示为

$$\psi = N\Phi = N\frac{F}{R_{\mathrm{m}}} = N\frac{NI}{R_{\mathrm{m}}} = \frac{N^2}{R_{\mathrm{m}}}I = \Lambda_{\mathrm{m}}N^2 I = LI \qquad (2\text{-}23)$$

式中　　ψ——磁链，单位为韦伯（Wb）；

L——电感，单位为亨利（H），满足 $L = \Lambda_{\mathrm{m}}N^2$。

2.4　电机中磁路的基本定律

本节介绍电机的磁路基本定律。麦克斯韦方程描述了电与磁之间的作用关系，磁通常是以场的形式存在，我们可以把场等效为磁路对电机工作特性进行分析和计算。引入磁路的目的是确定励磁磁动势和它所产生的磁通的关系，可以沿用大量电路分析的基本原理和方法。

磁路是磁通经过的路径，包括铁磁物质（铁心）和非铁磁物质（空气）。图 2-2 所示为单相双绕组变压器的磁路。励磁绕组（一次绕组）通有电流 i_1，在铁心中产生主磁通 Φ，在空气中产生漏磁通 $\Phi_{1\sigma}$ 和 $\Phi_{2\sigma}$。主磁通和漏磁通所通过的路径分别构成主磁路和漏磁路。图 2-3 所示为直流电机的磁路。直流电机闭合主磁路包括定子铁心、气隙、转子铁心、气隙、定子铁心和磁轭，用来产生磁通的电流称为励磁电流。直流电机的励磁电流为直流，磁路中的磁通恒定，不随时间而变化，这种磁路称为直流磁路。而变压器中的励磁电流为交流，磁路中的磁通随时间变化，这种磁路称为交流磁路。

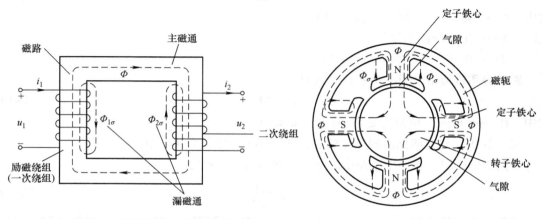

图 2-2　单相双绕组变压器磁路　　　　　图 2-3　直流电机磁路

分析和计算磁场时，常常要用到几条基本定律，下面对这些定律进行说明。

首先介绍安培环路定律，在恒稳磁场中，磁场强度 H 沿任何闭合路径 l 的线积分，等于这个闭合路径所包围的各个电流的代数和。用公式表示，有

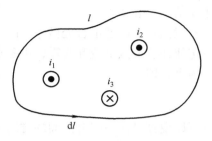

图2-4　安培环路定律

$$\oint_l H\mathrm{d}l = \sum i \qquad (2\text{-}24)$$

用右手法则判定电流的方向，如图 2-4 所示，电流之和等于 $i_1 + i_2 - i_3$。

2.4.1　磁路欧姆定律

图 2-5 为单框铁心示意图，铁心上绕有 N 匝线圈，通有电流 i，产生沿铁心闭合的主磁通 Φ，在空气中产生漏磁通 Φ_σ。铁心横截面积为 A、磁导率为 μ、磁路长度为 l，不考虑漏磁通情况下，若磁路 l 上的磁场强度 H 处处相等，根据全电流定律（具体介绍见 2.5.1 节）得到，磁场强度 H 沿任何闭合路径 l 的线积分满足以下公式：

$$\oint_l H\mathrm{d}l = Hl = Ni = F \qquad (2\text{-}25)$$

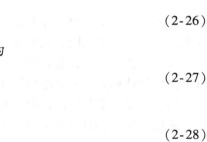

图2-5　无分支磁路

由式（2-10）可知，磁感应强度 B 可以表示为

$$B = \frac{\Phi}{A} \qquad (2\text{-}26)$$

将式（2-9）代入式（2-26），磁场强度 H 可以表示为

$$H = \frac{B}{\mu} = \frac{\Phi}{\mu A} \qquad (2\text{-}27)$$

于是式（2-25）可以改写成

$$\Phi = \frac{Ni}{l/\mu A} = \frac{F}{R_\mathrm{m}} = \Lambda_\mathrm{m} F \qquad (2\text{-}28)$$

式（2-28）称为磁路的欧姆定律。磁势越大，磁通越大；磁阻越大，磁通越小。这与电路中的欧姆定律的含义是一致的。其中，磁动势 F 比拟为电路中的电动势；磁通 Φ 比拟为电路中的电流；磁阻 R_m 比拟为电路中的电阻。

2.4.2　磁路基尔霍夫第一定律

如果铁心不是一个简单回路，而是带有并联的分支磁路，根据铁磁材料各部分的截面积进行分段，可将主磁路分为 3 段，如图 2-6 所示。主磁通、长度、横截面积、磁导率各物理量分别用下标 1、2、3 表示，并以不同颜色区分不同磁路，

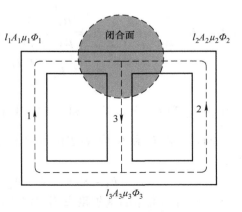

图2-6　分支磁路

相应信息见表2-1。

我们在主磁通汇合处做一个闭合面,相当于电路的一个节点,仿照电路中的基尔霍夫第一定律任意节点电流和为零,由磁通连续性原理可知,磁感应强度 B 沿任一闭合曲面的积分为零,即

$$\int B \mathrm{d}S = 0 \qquad (2\text{-}29)$$

也可以说穿过任一闭合曲面的磁通量为零,即

$$\sum \Phi = 0 \qquad (2\text{-}30)$$

这就是磁路的基尔霍夫第一定律,此定律表明,穿入任一封闭面的总磁通量恒等于穿出该封闭面的总磁通量。如图2-6所示,穿入封闭面磁通 Φ_1、Φ_2 等于穿出封闭面磁通 Φ_3,即

$$\Phi_3 = \Phi_1 + \Phi_2 \qquad (2\text{-}31)$$

表 2-1 分段磁路各物理量

分段序号	磁势	主磁通	路径长度	横截面积	磁导率
1	$F_1 = N_1 i_1$	Φ_1	l_1	A_1	μ_1
2	$F_2 = N_2 i_2$	Φ_2	l_2	A_2	μ_2
3	$F_3 = 0$	Φ_3	l_3	A_3	μ_3

2.4.3 磁路基尔霍夫第二定律

在实际工程中,磁路并不是均采用同一种铁磁材料构成,磁路中可能存在气隙,且各处横截面积也不一定相同。比如电机和变压器的磁路通常由数段不同铁磁材料和不同截面的铁心组成。计算磁路时,需要把整个磁路分成若干段,每段为同一材料和相同截面积,且段内磁通密度处处相等,从而磁场强度也处处相等。以图2-6中的磁路为例,先看 l_1 和 l_3 构成的磁路,假设忽略漏磁通,沿 l_1 和 l_3 的均匀磁场强度分别为 H_1 和 H_3,根据全电流定律得到,磁场强度 H 沿任何闭合路径 l 的线积分满足以下公式,即

$$\oint_l H \cdot \mathrm{d}l = N_1 I_1 = F_1 = H_1 l_1 + H_3 l_3 \qquad (2\text{-}32)$$

式中, $H_1 = \dfrac{B_1}{\mu_1} = \dfrac{\Phi_1}{\mu_1 A_1}$; $H_3 = \dfrac{B_3}{\mu_3} = \dfrac{\Phi_3}{\mu_3 A_3}$ 。将其代入式(2-32)可得

$$F_1 = \frac{\Phi_1 l_1}{\mu_1 A_1} + \frac{\Phi_3 l_3}{\mu_3 A_3} = \Phi_1 R_{\mathrm{m1}} + \Phi_3 R_{\mathrm{m3}} \qquad (2\text{-}33)$$

式中, R_{m1} 和 R_{m3} 分别是 l_1 和 l_3 磁路上的等效磁阻,满足 $R_{\mathrm{m1}} = \dfrac{l_1}{\mu_1 A_1}$ 、 $R_{\mathrm{m3}} = \dfrac{l_3}{\mu_3 A_3}$ 。

同理,由 l_1 和 l_2 构成的闭合磁路,由于 i_1 和 i_2 的产生的磁场方向不同,根据全电流定律,有

$$F_1 - F_2 = N_1 i_1 - N_2 i_2 = H_1 l_1 - H_2 l_2 = \Phi_1 R_{\mathrm{m1}} + \Phi_2 R_{\mathrm{m2}} \qquad (2\text{-}34)$$

由此得到磁路的基尔霍夫第二定律:任一闭合磁路中磁动势的代数和恒等于磁压降的代数和。表现为

$$\sum F = \sum Ni = \sum Hl = \sum \Phi R_{\mathrm{m}} \tag{2-35}$$

式中，Hl 为磁压降。这与电路中基尔霍夫电压定律形式上一致。

假设磁路共由 k 段组成，第 k 段磁路的磁压降表示为

$$H_k l_k = \frac{B_k}{\mu_k} l_k = \frac{\Phi_k}{\mu_k A_k} l_k \tag{2-36}$$

第 k 段磁路的磁阻表示为

$$R_{\mathrm{m}k} = \frac{l_k}{\mu_k A_k} \tag{2-37}$$

沿任何闭合磁路磁动势的代数和等于磁压降的代数和，可得

$$\sum F = \sum H_k l_k = \sum \Phi_k R_{\mathrm{m}k} \tag{2-38}$$

为了更好地理解磁路的物理量定义和基本定律，给出了磁路和电路的物理量及其公式的对应关系，见表 2-2。

表 2-2　磁路和电路的对应关系

磁路		电路	
基本物理量及公式	单位	基本物理量及公式	单位
磁通 Φ	Wb	电流 i	A
磁动势 F	A	电动势 e	V
磁压降 $Hl = \Phi R_{\mathrm{m}}$	A	电压降 $u = iR$	V
磁阻 $R_{\mathrm{m}} = l/\mu S$	H^{-1}	电阻 $R = \rho l/S$	Ω
磁导 $\Lambda_{\mathrm{m}} = \mu S/l = 1/R_{\mathrm{m}}$	H	电导 $G = S/\rho l = 1/R$	S
磁路欧姆定律 $\Phi = F/R_{\mathrm{m}} = F\Lambda_{\mathrm{m}}$		电路欧姆定律 $i = e/R$	
磁路基尔霍夫第一定律 $\sum \Phi = 0$		电路基尔霍夫第一定律 $\sum i = 0$	
磁路基尔霍夫第二定律 $\sum F = \sum Hl = \sum \Phi R_{\mathrm{m}}$		电路基尔霍夫第二定律 $\sum e = \sum u = \sum iR$	

2.5　电机中的基本电磁定律

前面介绍了电机的电路基本定律和磁路基本定律，下面将介绍电机的基本电磁定律，主要内容包括安培环路定律和全电流定律、电磁感应定律、毕奥-萨伐尔定律与安培定律、电磁力定律及电机可逆性原理。

2.5.1　安培环路定律和全电流定律

前面介绍了安培环路定律，在恒定磁场中，磁场强度 H 沿任一闭合路径 l 的线积分等于该闭合路径 l 所包围的所有电流的代数和，可以由式（2-24）计算。安培环路定律是描述电生磁的基本定律。如果沿着闭合路径 l 的磁场强度 H 处处相等，则闭合路径所包围的总电流由通有电流的 N 匝线圈所提供，用公式表示为

$$Hl = NI \tag{2-39}$$

安培环路定律适用于静磁场。在电流不稳定的情况下处理时变磁场问题时，安培环路定律就不一定正确了。

为了解决这个问题,麦克斯韦提出了位移电流,加入安培环路定律,建立了全电流定律。全电流定律表明,任意一个闭合回路线上的总磁压等于被这个闭合回路线所包围的面内穿过的全部电流的代数和。

全电流包括传导电流、运流电流和位移电流。传导电流为导体内自由电荷定向移动所形成的电流;运流电流为导体外自由电荷定向移动所形成的电流;位移电流为变化电场所等效的电流。全电流定律适用于电流恒定和非恒定的情况。在电机中,不存在运流电流,多数情况下可以忽略位移电流,因此,对电机而言,全电流定律和安培定律是等效的。

2.5.2 电磁感应定律

英国物理学家法拉第于1831年发现了电磁感应现象,提出了电磁感应定律。定律指出:**只要穿过闭合导体回路的磁通量发生变化,此闭合回路就会产生感应电流,产生感应电流的电动势称为感应电动势,记为 e**。也就是磁通量变化会在闭合导体内产生感应电动势,感应电动势的大小与穿过回路的磁通量相对时间的变化率 $d\psi/dt$ 成正比。电磁感应定律用公式表达为

$$e = -\frac{d\psi}{dt} \tag{2-40}$$

负号表明感应电动势产生的电流所激励的磁场总是倾向于阻止闭合导体中磁链的变化,常称为楞次定律。

如果 N 匝线圈的磁通都是 Φ,则用磁链表示 ψ,等于导电线圈匝数 N 与穿过该线圈各匝的平均磁通量 Φ 的乘积,即

$$\psi = N\Phi \tag{2-41}$$

则感应电动势表示为

$$e = -N\frac{d\Phi}{dt} \tag{2-42}$$

按照磁通量变化的原因不同,感应电动势可以分为两类,感生电动势(变压器电动势)和动生电动势(运动电动势)。感生电动势也称为变压器电动势,是导体(线圈)或者导体回路静止不动、磁场随时间发生变化产生的感应电动势。方向按楞次定律判断。感生电动势的计算表达式为

$$e = -\frac{d\psi}{dt} = -N\frac{d\Phi}{dt} \tag{2-43}$$

以图2-7中的电抗器为例,设主磁路 $\Phi = \Phi_m \sin\omega t$,将其代入式(2-43)可得

$$e = -N\omega\Phi_m\cos\omega t \tag{2-44}$$

令 $E_m = N\Phi_m\omega$,得到

$$e = E_m\sin(\omega t - 90°) \tag{2-45}$$

式中,E_m 为感生电动势的最大值,$E_m = 2\pi fN\Phi_m$。

则感生电动势的有效值 E 为

$$E = 4.44fN\Phi_m \tag{2-46}$$

若用复数形式表示,则式(2-46)可改写为

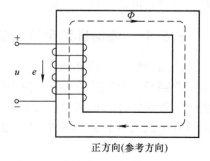

正方向(参考方向)

图2-7 电抗器

$$E = -\text{j}4.44fN\Phi_{\text{m}} \tag{2-47}$$

动生电动势之所以又称为运动电动势，是由于它是导体或导体回路在恒定磁场中运动所产生的感应电动势。其方向按右手定则判断。如图 2-8 所示，导线在磁感应强度为 B 的均匀磁场中以速度 v 沿着垂直于磁力线的方向运动。导体中产生的动生电动势可以表示为

$$e = Bvl \tag{2-48}$$

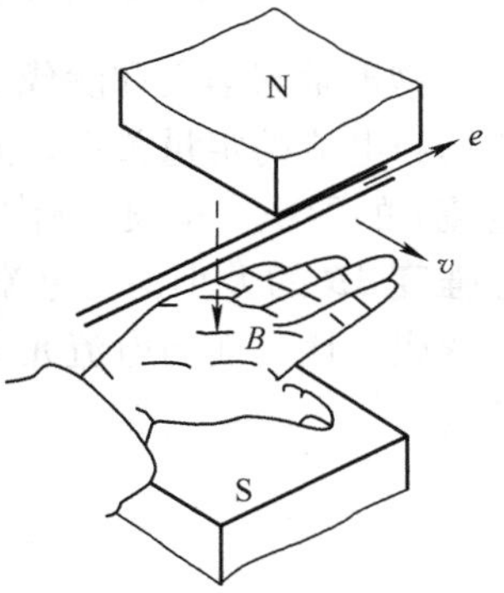

感应电动势可以用电感 L 来表征。由于磁链与电感之间存在关系 $\psi = Li$，因此电感可以表示为

$$L = \frac{\psi}{i} = \frac{N\Phi}{i} = \frac{NF}{iR_{\text{m}}} = \frac{N^2}{R_{\text{m}}} \tag{2-49}$$

可见，电感 L 与匝数 N 的二次方成正比，与磁阻 R_{m} 成反比。

将 $\psi = Li$ 代入式（2-43），感生电动势可以表示为

$$e = -\frac{\text{d}\psi}{\text{d}t} = -L\frac{\text{d}i}{\text{d}t} \tag{2-50}$$

可用复数表示为

$$\dot{E} = -\text{j}\omega L\dot{I} \tag{2-51}$$

下面介绍线圈的电路方程。如图 2-9 所示，忽略漏磁通时，建立线圈的等效电路，R 为线圈的直流电阻。则电压 u 表示为

$$u = u_R - e \tag{2-52}$$

又为

$$u = Ri + L\frac{\text{d}i}{\text{d}t} \tag{2-53}$$

用复数形式表示为

$$\dot{U} = R\dot{I} + \text{j}\omega L\dot{I} = (R + \text{j}X)\dot{I} = Z\dot{I} \tag{2-54}$$

其中，线圈的电抗 X 用下式计算：

$$X = \omega L = 2\pi fL \tag{2-55}$$

线圈的阻抗 Z 为

$$Z = R + \text{j}X \tag{2-56}$$

图 2-8　用右手定则判定动生电动势的方向

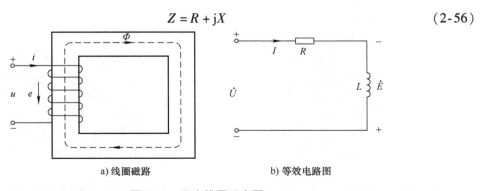

a) 线圈磁路　　　　b) 等效电路图

图 2-9　通电线圈示意图

2.5.3 毕奥-萨伐尔定律与安培定律

物理学家毕奥和萨伐尔测量了长直电流线附近小磁针的受力规律，得到了载流导线周围磁场与电流的定量关系，并引入了电流元的概念。电流元为载流导线某一元矢量 $\mathrm{d}l$ 和流过电流 I 的乘积。毕奥-萨伐尔定律表明：载流导线上一电流元 $I\mathrm{d}l$ 在空间某点 P 处产生的磁感应强度 $\mathrm{d}\boldsymbol{B}$ 的大小，与电流元 $I\mathrm{d}l$ 的大小成正比，与电流元 $I\mathrm{d}l$ 到 P 点的位置矢量间的夹角的正弦成正比，而与电流元 $I\mathrm{d}l$ 到 P 点的距离的二次方成反比，用方程表示为

$$\mathrm{d}\boldsymbol{B} = \frac{\mu_0}{4\pi}\frac{I\mathrm{d}l \times \boldsymbol{r}}{r^3} = \frac{\mu_0}{4\pi}\frac{I\mathrm{d}l\sin\theta}{r^2} \tag{2-57}$$

$$\boldsymbol{B} = \int_L \frac{\mu_0 I}{4\pi}\frac{\mathrm{d}l \times \boldsymbol{e}_r}{r^2} \tag{2-58}$$

式中，$\boldsymbol{r}$ 表示从电流元指向点 P；μ_0 为真空磁导率。

法国物理学家安培发现了两根通电导线之间也存在着相互作用力，并通过实验证明：

1）同向电流相互吸引，反向电流相互排斥。

2）磁场对载流导线有力的作用，这个力称为安培力。

3）研究磁场对载流导线作用的规律称为安培定律。其内容为两个元电流之间相互作用力的大小分别与它们的电流强度以及两电流元的长度成正比，与电流元间距离的二次方成反比。

2.5.4 电磁力定律

载流导体在磁场中要受到电磁力，在导体与磁场垂直的情况下，若导体中电流为 i，导体所在的磁感应强度为 B，则电磁力 f 为

$$f = Bli \tag{2-59}$$

式中，电磁力 f 的单位为牛顿（N），方向由左手定则判断，如图 2-10 所示。电流和导体产生的磁感应强度互相垂直。

为研究磁场对载流线圈的作用，图 2-11 给出了载流线圈的受力图。从图中可知，线圈两边所受的电磁力均为 Bli，方向相反，且不在同一直线上，从而对线圈产生的电磁转矩 T_e 为

$$T_e = 2Blir \tag{2-60}$$

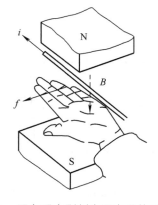

图 2-10　用左手定则判定通电导体受力方向　　图 2-11　载流线圈在磁场中受力方向示意图

式中，电磁转矩 T_e 的单位为牛顿·米（N·m）。

电机的可逆性原理可以表述为：电机可以作为电动机运行也可以作为发电机运行。作为电动机，施加电流 i 产生电磁力，电磁力产生电磁转矩，驱动机械负载工作；作为发电机，施加转矩 T 使电机转子旋转，产生感应电动势，输出电功率。电动机电磁力为驱动力，驱动外部机械负载；发电机电磁力为阻力，被外部施加的机械力所克服。电动机产生反电势，由外部施加的电源所克服。发电机电动势为电源性质，为外接负载供电。

2.6　电机的制造材料

下面介绍电机的制造材料，主要内容包括材料分类、导体的集肤性质和铁磁材料性质。

2.6.1　材料分类

制造电机的材料应具有以下主要功能：导磁、导电、绝缘、机械支撑和散热。因此制造电机的材料有导磁材料、导电材料、绝缘材料、结构材料、散热材料、冷却材料和润滑材料。

由于电机是电磁耦合装置，因此电机中有电路和磁路，电路和磁路分别由导电材料和导磁材料构成。下面主要介绍几种电机中常用的材料。

（1）导电材料

导电材料是绕制线圈用的电磁线，也称绝缘线。铜具有电阻率低、导电性能好的特点，是电机绕组常用导电材料。笼型异步电机的转子绕组通常用铝浇灌而成。黄铜、青铜常作为有刷电机集电环材料，碳用于电刷材料。电动汽车用电机通常为无刷电机，导电材料主要是铜。

（2）导磁材料

导磁材料也称为铁磁材料，主要是指导磁性能好的铁心材料，包括硅钢片（也称电工钢片）、铸钢、合金钢、非晶材料等。硅钢片磁导率很高，可达真空磁导率的数千倍，在交变磁场作用下，会产生较少的磁滞损耗和涡流损耗。为减小铁心的涡流损耗，一般采用厚度为 0.5mm 的薄硅钢片，钢片的两面有一层很薄的绝缘层。

（3）结构材料

结构材料是将导电材料和导磁材料融合在一起的材料，具有较高的机械强度，如方便加工的铸钢、铸铁、钢板等。采用铸铁材料的机壳和端盖，导磁性能差；采用铸钢材料的机壳和端盖导磁性能好，但价格较高。

（4）绝缘材料

绕组导体与导体间、导体与机壳及与铁心之间必须有介电常数高、耐热性能好的绝缘材料隔开。绝缘材料的种类很多，例如绝缘纸、绝缘浸渍树脂、云母等。绝缘性能与材料的工作温度有很大关联。温度高时绝缘性能和机械强度都会下降。为了保证电机在高温下可靠运行，对绝缘材料设置了极限温度。按性能不同，绝缘划分为 Y、A、E、B、F、H、N 7 个等级，不同绝缘等级对应不同极限温度，见表 2-3。

表 2-3　绝缘等级与极限温度的对应关系

绝缘等级	90（Y）	105（A）	120（E）	130（B）	155（F）	180（H）	200（N）
容许最高工作温度/℃	90	105	120	130	155	180	200

例如 130（B）级在 130℃ 可以长期运行，超过 130℃ 会加速老化。而 180（H）级在 180℃ 可以长期运行。电机在极限温度以下运行，寿命可达 15 年及以上，如果超出极限温度，电机寿命会下降。由于车用电机体积小、安装空间狭小、工作条件恶劣，因此对绝缘材料提出了更高的要求。

（5）永磁体材料

永磁体材料主要种类包括铝镍钴、铁氧体、钐钴、钕铁硼等。永磁同步电机转子上的永磁体材料，通常采用稀土钕铁硼、铁氧体等。

2.6.2　导体的集肤效应

集肤效应又称趋肤效应，是指导体中有交流电或者交变电磁场时，导体内部的电流分布不均匀、电流集中在导体表面流过的一种现象。

恒定电流均匀分布在导体的横截面上。当导体通过交流电时，根据楞次定律，感应电流的磁场总要阻碍引起感应电流的变化，因此交流电会使导体产生感应电动势，阻止电流通过。这种电动势的大小与导体每单位时间所切割的磁通量成正比。离导体中心越近，外部磁力线产生的感应电动势越大。靠近导体表面，不受内部磁力线波动的影响，因此自感电动势较小，这导致导体表面的电流密度更高。由于电动势随频率的增加而增加，因此集肤效应随着频率的增加变得更加明显，当通过导线电流的频率较高时，电流只流过导线的表面，这相当于减小了导线横截面和增加了电阻，从而大大降低了导体材料的有效利用率。

针对集肤效应的特点，在高频电路中可以用空心导线代替实心导线。此外，为了削弱集肤效应，可以利用多股线代替同样截面积的粗导线，减小导线的有效电阻。集肤效应使交流电只在导体表面产生热效应，在工业中，可以利用这一特点对金属表面进行淬火，提高其表面硬度。

2.6.3　铁磁材料性质

材料（介质）按磁导率可以分类为非铁磁（非磁性）材料和铁磁（磁性）材料。铁磁材料也就是导磁材料。非铁磁材料，如空气、铜、铝和绝缘材料等，其磁导率约等于真空磁导率。非铁磁材料又包括顺磁材料和反磁材料。顺磁材料，如空气，磁导率略大于真空磁导率；反磁材料，如铜，磁导率略小于真空磁导率。铁磁材料是指导磁性能好的铁心材料，主要有铁、铸钢、硅钢片等，具有以下重要性质。

1. 高导磁性

铁磁材料具有高导磁性，其磁导率远大于真空磁导率。例如铸钢的磁导率约为真空磁导率的 1000 倍，硅钢片的磁导率约为真空磁导率的 6000～7000 倍，玻莫合金的磁导率比真空磁导率大数万倍。

铁磁材料高导磁性的微观机理如图 2-12 所示。从图 2-12a 可以看出，铁磁材料磁化前，磁性材料内部的许多小磁体（称为磁畴）杂乱无章地排列着，磁力相互抵消，所以对外不显磁性。铁磁材料放入磁场被磁化后，铁磁材料在外磁场中呈现很强的磁性。磁畴按次序排列，如图 2-12b 所示，形成一个附加磁场，并叠加在外磁场上。由此产生的附加磁场比同一磁场强度 H 在非铁磁材料中所激励的磁场要强得多，也就是 $\mu_{Fe} \gg \mu_0$。

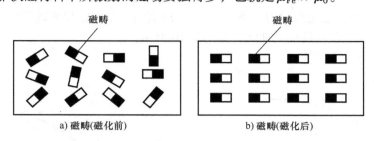

图 2-12　铁磁材料高导磁性的微观机理

2. 磁饱和性

铁磁材料第二个重要性质是磁饱和性。$B = \mu H$，$\mu \neq$ 常数。B 随 H 变化的磁化曲线和 μ 随 H 变化的磁导率曲线如图 2-13 所示。

1）磁化曲线的 Oa 段随着外磁场增加，非顺磁方向的磁畴开始转动，B 随 H 增大而缓慢增加，此时磁导率较小。越来越多的磁畴趋向外磁场方向，使磁场增加。

2）在 ab 段，外磁场进一步增强，大部分磁畴开始转向外磁场方向，此时 B 迅速增加。

3）若磁场继续增加，如 bc 段所示，大部分磁畴已趋向外磁场方向，可以转动的磁畴减少，B 增加缓慢，开始出现饱和现象，μ 随 H 的增强开始下降。

4）c 点以后，所有的磁畴都转到与外磁场一致的方向，H 再增加，B 基本不再增加，出现深度饱和现象，因此 B 不会随 H 的增强而无限增强。

磁化曲线开始弯曲的点称为膝点，如图 2-13 中 b 点所示。

设计电机和变压器时，为了产生较强的磁场，需要铁磁材料的磁导率较高，又不过分增大磁动势，因此选择磁通密度在 b 点附近。

3. 磁滞性

铁磁材料第三个重要性质是磁滞性。铁心线圈中通过交变电流时，H 的大小和方向都会改变，铁心在交变磁场负的 H_m 到正的 H_m 中反复磁化，最后得到对称于原点的封闭曲线，称为磁滞回线，如图 2-14 所示。在反复磁化的过程中，B 的变化总是滞后于 H 的变化。去除外磁场，H 为零时，磁畴不能马上回到初始状态，B 不为零对应的磁感应强度 B_r 称为剩磁。若使其为零，需要施加反相磁场强度 H_c，称之为矫顽力。

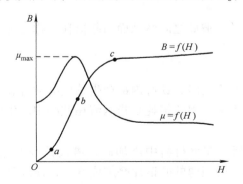

图 2-13　铁磁材料的磁化曲线和磁导率曲线

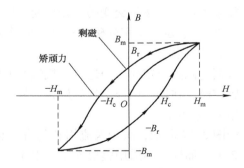

图 2-14　磁滞回线

起始磁化曲线是将从未磁化过的铁磁材料放入磁场中进行磁化，所得的 $B = f(H)$ 曲线（从 $B = 0$ 开始磁化的曲线），如图 2-15 所示。对于非铁磁材料，其磁导率接近真空磁导率，有 $B = \mu_0 H$，因此磁化曲线为一条斜率为 μ_0 的直线。基本磁化曲线是由一系列大小不同的稳定的磁滞回线的顶点连成的曲线，如图 2-16 所示。

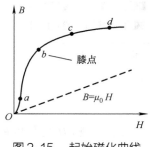

图 2-15　起始磁化曲线

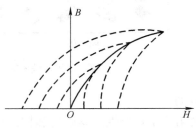

图 2-16　基本磁化曲线

铁磁材料的磁滞回线的形状与磁感应强度或磁场强度的最大值是有关的。按磁滞回线的不同，铁磁材料可分为以下 3 类：

1）硬磁材料 B-H 曲线宽，矫顽力 B_r 大、剩磁 H_c 大，当外磁场消失时，仍具有稳定的磁性。常见的硬磁材料有铁氧体、铝钴镍、钕铁硼等，用于制造永磁体。永磁同步电机借助永磁体来产生磁场。

2）软磁材料 B-H 曲线窄，矫顽力 B_r 小、剩磁 H_c 小，容易被磁化，但如果去掉外磁场，其磁性基本消失。常见的软磁材料有硅钢片、铸钢、铸铁等，用于制造变压器、电机等电器的铁心。

3）矩磁材料 B-H 曲线形状接近矩形，矫顽力 B_r 大、剩磁 H_c 小。用于计算机中作记忆单元。

4. 铁心损耗

将带铁心的线圈置于交变磁场中，除了线圈电阻产生的铜损耗外，由于铁心处于反复磁化下，铁心将产生铁心损耗，简称铁耗。铜损耗使线圈发热，而铁损耗使铁心发热。铁磁材料的铁心损耗包括磁滞损耗和涡流损耗，两者总是同时存在，因此计算铁耗时，必须同时考虑这两种损耗。

（1）磁滞损耗

如果外加的磁场是交变的，磁畴便来回翻转，彼此之间摩擦而引起损耗，称之为磁滞损耗，用 P_h 来表示。使用软磁材料会减小磁滞损耗。

（2）涡流损耗

根据电磁感应定律，当通过电机铁心的磁通交变时，铁心内部产生感应电动势和感应电流，感应电流在铁心内部呈现涡旋状，故称为涡流。涡流损耗是指涡流在铁心中产生能量损耗，用 P_e 来表示。

如图 2-17 所示，减少涡流损耗的方法包括：在钢材料中添加硅，增大铁心的电阻率；像图 2-17b 那样，不采用整块铁心，用相互绝缘的很薄的硅钢片叠加成铁心，使涡流的流动路径电阻增大以减小涡流。

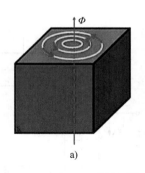 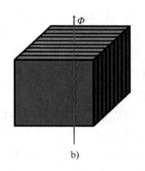

图 2-17　涡流损耗（见彩插）

（3）铁心损耗

铁心中磁滞损耗 P_h 和涡流损耗 P_e 之和构成了铁心损耗 P_{Fe}。铁心损耗有以下经验计算公式，表示为

$$P_{Fe} = P_h + P_e = k_h f B_m^n + k_c (f B_m)^2 + k_e (f B_m)^{1.5} \tag{2-61}$$

式中　　　f——工作频率，单位为赫兹（Hz）；

　　　　　B_m——磁滞回线上磁感应强度的最大值，单位为特斯拉（T）；

k_h、k_c 和 k_e——取决于材料性质的常数；

　　　　　n——施泰因梅茨系数。

2.7　磁场与磁能

前面介绍了电机的定义、基本物理量和基本定律，电机是机电能量转换的电磁装置。实质上，电动机是将电能转换为磁能，磁能再转换为机械能；发电机是将机械能转换为磁能，磁能再转换为电能。因此，磁能是电机运行中必不可少的部分。下面介绍电机的磁场与磁能，主要包括单线圈激励的磁场和磁能及双线圈激励的磁场和磁能。

2.7.1　单线圈励磁

1. 单线圈激励

如图 2-18 所示，铁心装有两个线圈 A 和 B，匝数分别为 N_A 和 N_B。假设外加电压 u_A 和 u_B 为任意波形电压，励磁电流 i_A 和 i_B 亦为任意波形电流。主磁路由铁心磁路和气隙磁路串联构成。

当电流 i_A 流入线圈后，便会在铁心内产生磁场。根据安培环路定律，有

$$\oint_L H \cdot \mathrm{d}l = \sum i \tag{2-62}$$

式中　H——磁场强度；

　　$\sum i$——该闭合回线包围的总电流。

安培定律如图 2-4 所示。若电流和回路绕行方向构成右手螺旋关系，则电流取正，否则电流取负号。在图 2-18 中，选取线圈中任意闭合回线，以铁心断面的中心线为例，闭合回线的环形方向为顺时针方向。沿着该闭合回线，铁心磁路内的磁场强度 H_m 处处相等，方向与积分路径一致，气隙内磁场强度 H_δ 也相等。

根据磁路欧姆定律得到以下表达式：

$$H_m l_m + H_\delta \delta = N_A i_A = f_A \qquad (2\text{-}63)$$

式中　l_m——铁心磁路的长度；

　　　δ——气隙长度；

　　　f_A——磁路的磁动势。

由式（2-63）可以看出，线圈 A 中的电流 i_A 提供的磁动势 f_A 被主磁路的铁心上的磁压降和空气中的磁压降所平衡。f_A 作为磁路的磁动势，相当于产生磁场 H 的"源"，类似于电路中的电动势。

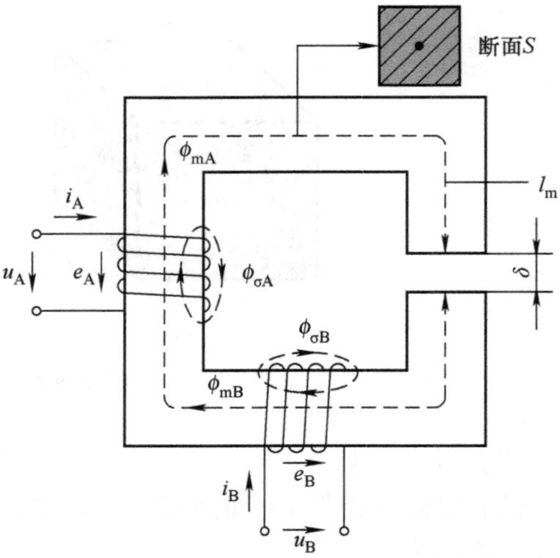

在铁心磁路中，磁场强度产生的磁感应强度表示为

$$B_m = \mu_{Fe} H_m = \mu_0 \mu_r H_m \qquad (2\text{-}64)$$

式中　μ_{Fe}——铁心磁导率。

电机中常用铁磁材料（如硅钢片等）的磁导率约为真空磁导率的 2000～7000 倍。图 2-19 为铁磁材料的磁化曲线和磁导率曲线。由图 2-19 可知，铁磁材料的导磁特性是非线性的，B_m 随着 H_m 的增大而增大，当 H_m 达到一定值后，B_m 增加变慢，开始出现饱和现象。此外，铁磁材料的磁导率 μ_{Fe} 也是非线性的，随 H_m 变化而变化。

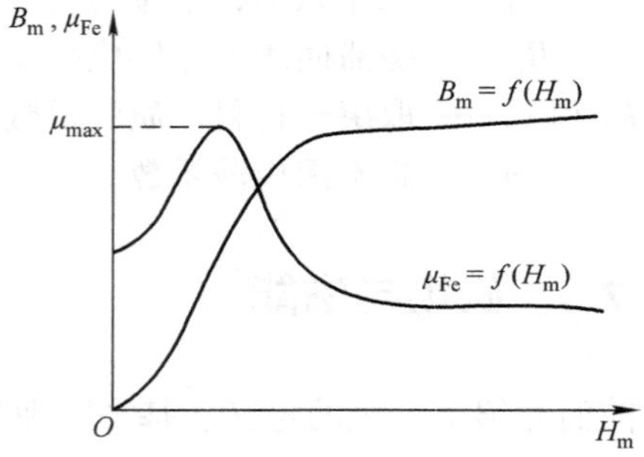

根据式（2-64），可以将式（2-63）改写为

$$f = \frac{B_m}{\mu_{Fe}} l_m + \frac{B_\delta}{\mu_0} \delta \qquad (2\text{-}65)$$

图 2-18　双线圈励磁的铁心

图 2-19　铁磁材料的磁化曲线和磁导率曲线

若不考虑气隙 δ 内磁场的边缘效应，气隙内磁场 B_δ 为均匀分布，式（2-65）可写为

$$f_A = (B_m S)\left(\frac{l_m}{\mu_{Fe} S}\right) + (B_\delta S)\left(\frac{\delta}{\mu_0 S}\right) = \Phi_{mA} R_m + \Phi_\delta R_\delta \qquad (2\text{-}66)$$

式中　Φ_{mA}——铁心磁路主磁通；

　　　R_m——铁心磁路磁阻；

　　　Φ_δ——气隙磁通；

　　　R_δ——气隙磁路磁阻。

考虑磁通具有连续性，显然有 $\Phi_{mA} = \Phi_\delta$，式（2-66）可以表示为

$$f_A = \Phi_{mA} R_m + \Phi_\delta R_\delta = \Phi_{mA} R_{m\delta} = \Phi_\delta R_{m\delta} \qquad (2\text{-}67)$$

式中　$R_{m\delta}$——串联磁路的总磁阻，且 $R_{m\delta} = R_m + R_\delta$。

式（2-67）就是磁路的欧姆定律，图 2-20 为等效串联磁路的模拟电路图。

用磁导表示磁势，由式（2-67）可以得到：

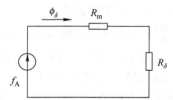

图 2-20　串联磁路的模拟电路图

$$f_A = \frac{\Phi_{mA}}{\Lambda_m} + \frac{\Phi_\delta}{\Lambda_\delta} = \Phi_\delta \left(\frac{1}{\Lambda_m} + \frac{1}{\Lambda_\delta} \right) \tag{2-68a}$$

式中　Λ_m——铁心磁路的磁导，且 $\Lambda_m = \dfrac{1}{R_m} = \dfrac{\mu_{Fe} S}{l_m}$；

Λ_δ——气隙磁路的磁导，且 $\Lambda_\delta = \dfrac{1}{R_\delta} = \dfrac{\mu_0 S}{\delta}$。

由式（2-68a）得到

$$\Phi_\delta = \Lambda_{m\delta} f_A \tag{2-68b}$$

式中　$\Lambda_{m\delta}$——串联磁路的总磁导，且 $\Lambda_{m\delta} = \dfrac{\Lambda_m \Lambda_\delta}{\Lambda_m + \Lambda_\delta} = \dfrac{1}{R_{m\delta}}$。

式（2-68b）是磁路欧姆定律的另一种表达方式。

由磁路欧姆定律可知，作用在磁路上的总磁动势恒等于闭合磁路内各段磁压降之和。在图 2-18 中，虽然铁心磁路的长度比气隙磁路长很多，但因为铁心磁导率远大于真空磁导率，所以铁心磁路的磁阻比气隙磁路的磁阻小很多。对于这个存在气隙的串联磁路，总磁阻主要由气隙磁路的磁阻决定，磁动势大部分降落在气隙磁路中。在大多数情况下，为了简化问题分析，可忽略铁心磁路的磁阻不计，此时磁动势与气隙磁路磁压降相等，即有

$$f_A = H_\delta \delta = \Phi_\delta R_\delta \tag{2-69}$$

主磁通 Φ_{mA} 是通过气隙后而闭合，它提供了气隙磁通，所以又将 Φ_{mA} 称为励磁磁通。

定义线圈 A 的励磁磁链为

$$\psi_{mA} = \Phi_{mA} N_A \tag{2-70}$$

由式（2-67）和式（2-70）可得

$$\psi_{mA} = \frac{N_A^2}{R_{m\delta}} i_A = N_A^2 \Lambda_{m\delta} i_A \tag{2-71}$$

定义线圈 A 的励磁电感为

$$L_{mA} = \frac{\psi_{mA}}{i_A} = \frac{N_A^2}{R_{m\delta}} = N_A^2 \Lambda_{m\delta} \tag{2-72}$$

L_{mA} 表征了线圈 A 单位电流产生磁链 ψ_{mA} 的能力。L_{mA} 的大小与线圈 A 的匝数二次方成正比，与串联磁路的总磁导成正比。由于总磁导与铁心磁路的饱和程度（μ_{Fe} 值）有关，因此 L_{mA} 是个与励磁电流 i_A 相关的非线性参数。若假设 $\mu_{Fe} = \infty$，则铁心磁路的磁阻可忽略不计，此时 L_{mA} 为常数，且仅与气隙磁导 Λ_δ 和匝数 N_A 有关，即有 $L_{mA} = N_A^2 \Lambda_\delta$。

在磁动势 f_A 的作用下，还会产生没有穿过气隙、主要经由铁心外空气磁路而闭合的磁场，称为漏磁场。它与线圈 A 交链且与主磁路并联，产生漏磁链，可表示为

$$\psi_{\delta A} = L_{\delta A} i_A \tag{2-73}$$

式中，$L_{\delta A}$——线圈 A 的漏电感，表征了线圈 A 单位电流产生漏磁链 $\psi_{\delta A}$ 的能力。

由于漏磁场主要分布在空气中，因此 $L_{\delta A}$ 近乎为常值，且在数值上远小于 L_{mA}。

综合考虑励磁磁链和漏磁链，得到线圈 A 的总磁链为

$$\psi_{AA} = \psi_{mA} + \psi_{\delta A} = L_{mA} i_A + L_{\delta A} i_A = L_A i_A \tag{2-74}$$

式中，ψ_{AA}——线圈 A 电流 i_A 产生的磁场链过自身线圈的磁链，称为自感磁链。

定义线圈 A 的自感 L_A 为

$$L_A = L_{mA} + L_{\delta A} \tag{2-75}$$

由式（2-75）可以看出，线圈 A 的自感 L_A 由漏电感 $L_{\delta A}$ 和励磁电感 L_{mA} 两部分构成。通过电感可以将线圈 A 产生磁链的能力表现为一个集中参数，电感是表征磁链产生能力的非常重要的参数。

2. 磁能

磁场能量分布在磁场所在的整个空间，单位体积内的磁能 w_m 可表示为

$$w_m = \frac{1}{2}BH = \frac{1}{2}\frac{B^2}{\mu} \tag{2-76}$$

式（2-76）表明，在一定磁感应强度下，介质的磁导率 μ 越大，磁场的储能密度就越小；磁导率 μ 越小，磁场的储能密度就越大。由于铁心磁导率远远大于真空磁导率（即 $\mu_{Fe} \gg \mu_0$），因此，当铁心磁路内的磁感应强度从零开始增大时，大部分磁场能量将储存在气隙中；当磁感应强度减小时，储存的磁能将从气隙中释放出来。铁心磁路中的磁能密度很低，因此铁心储能相比气隙磁能常忽略不计，有

$$W_m = \frac{1}{2}\frac{B_\delta^2}{\mu_0}V_\delta \tag{2-77}$$

式中　W_m——主磁路磁场能量，它全部储存在气隙中；

　　　　V_δ——气隙体积。

当励磁电流 i_A 变化时，线圈 A 的总磁链 ψ_{AA} 将发生变化。根据电磁感应定律，磁链 ψ_{AA} 的变化将在线圈 A 中产生感应电动势 e_{AA}。若设 e_{AA} 的正方向与 i_A 正方向一致，则有

$$e_{AA} = -\frac{d\psi_{AA}}{dt} \tag{2-78}$$

根据基尔霍夫第二定律，线圈 A 的电压方程表示为

$$u_A = R_A i_A - e_{AA} = R_A i_A + \frac{d\psi_{AA}}{dt} \tag{2-79}$$

在时间 dt 内输入铁心线圈 A 的净电能 dW_{eAA} 为 $-e_{AA}i_A dt$，即

$$dW_{eAA} = u_A i_A dt - R_A i_A^2 dt = -e_{AA}i_A dt = i_A d\psi_{AA} \tag{2-80}$$

若忽略漏磁场，则

$$dW_{eAA} = i_A d\psi_{mA} \tag{2-81}$$

在没有任何机械运动情况下，由电源输入的净电能将全部变成磁场能量的增量 dW_m，于是

$$dW_m = i_A d\psi_{mA} \tag{2-82}$$

积分后得到磁场能量为

$$W_m = \int_0^{\psi_{mA}} i_A d\psi \tag{2-83}$$

式（2-83）是线圈 A 励磁的能量公式。该式考虑了铁心磁路和气隙磁路内总的磁场储能。

磁路的 $\psi - i$ 曲线如图 2-21 所示，阴影面积 $OabO$ 表示磁路的磁场能量，简称为磁能。将电流作为自变量，对磁链进行积分，则有

$$W_m' = \int_0^{i_A} \psi_{mA} di \tag{2-84}$$

式中　W'_m——磁共能。

在图 2-21 中，磁路的磁共能可以用面积 $OcaO$ 来表示。若磁路为非线性，则磁能和磁共能互不相等。

磁能和磁共能之和为

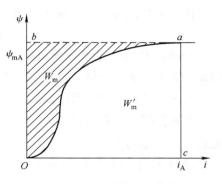

$$W_m + W'_m = i_A \psi_{mA} \qquad (2\text{-}85)$$

若忽略铁心磁路的磁阻，图中的 $\psi - i$ 曲线便是一条直线，则有

$$W_m = W'_m = \frac{1}{2} i_A \psi_{mA} = \frac{1}{2} i_A^2 L_{mA} \qquad (2\text{-}86)$$

图 2-21　磁路的 ψ-i 曲线

此时磁场能量全部储存在气隙中，由式（2-86）可得

$$W_m = W'_m = \frac{1}{2} i_A \psi_{mA} = \frac{1}{2} f_A B_\delta S \qquad (2\text{-}87)$$

磁动势满足 $f_A = H_\delta \delta$，将其代入式（2-87），有

$$W_m = W'_m = \frac{1}{2} H_\delta B_\delta V_\delta = \frac{1}{2} \frac{B_\delta^2}{\mu_0} V_\delta \qquad (2\text{-}88)$$

式（2-88）与式（2-77）具有相同的形式。若考虑漏磁场储能，则有

$$W_m = W'_m = \frac{1}{2} i_A \psi_{AA} = \frac{1}{2} L_A i_A^2 \qquad (2\text{-}89)$$

2.7.2　双线圈励磁

上面介绍的是单线圈励磁情况，下面介绍双线圈励磁情况，也就是线圈 A 和线圈 B 同时励磁的情况。若忽略铁心磁路磁阻，磁路为线性，可以采用叠加原理，由磁动势 f_A 和 f_B 分别计算出各自产生的磁通。

与线圈 A 类似，可求出线圈 B 产生的磁通 Φ_{mB} 和 $\Phi_{\delta B}$，线圈 B 的自感磁链为

$$\psi_{BB} = \psi_{mB} + \psi_{\delta B} = L_{mB} i_B + L_{\delta B} i_B = L_B i_B \qquad (2\text{-}90)$$

式中　ψ_{BB}——线圈 B 电流 i_B 产生的磁场链过自身线圈的磁链，称为自感磁链；

　　　L_{mB}——线圈 B 的励磁电感；

　　　$L_{\delta B}$——线圈 B 的漏电感；

　　　L_B——线圈 B 的自感，满足 $L_B = L_{mB} + L_{\delta B}$。

线圈 B 产生的磁通同时要与线圈 A 交链，反之亦然。这部分相互交链的磁通称为互感磁通。在图 2-18 中，励磁磁通 Φ_{mB} 全部与线圈 A 交链，则电流 i_B 在线圈 A 中产生的互感磁链为

$$\psi_{mAB} = \psi_{mB} = \Phi_{mB} N_A = i_B N_B N_A \Lambda_\delta \qquad (2\text{-}91)$$

线圈 B 对线圈 A 的互感 L_{AB} 为

$$L_{AB} = \frac{\psi_{mAB}}{i_B} = N_A N_B \Lambda_\delta \qquad (2\text{-}92)$$

同理，线圈 A 对线圈的 B 的互感 L_{BA} 为

$$L_{BA} = \frac{\psi_{mBA}}{i_A} = N_A N_B \Lambda_\delta \qquad (2\text{-}93)$$

由以上公式可知，线圈 A 和 B 的互感相等，有

$$L_{AB} = L_{BA} = N_A N_B \Lambda_\delta \tag{2-94}$$

在图 2-18 中，当线圈流过电流 i_A 和 i_B 方向同为正时，两者产生的励磁磁场方向一致，因此两线圈互感为正值。若改变电流 i_A 或 i_B 的正方向，或改变其中一个线圈的绕向，则两者的互感为负值，此时两线圈的励磁效果代数取消。

如果两线圈匝数满足 $N_A = N_B$，则有 $L_{mA} = L_{mB} = L_{AB} = L_{BA}$，不仅励磁电感相等，且励磁电感又与互感相等。

线圈 A 的全磁链 ψ_A 表示为

$$\psi_A = L_{\delta A} i_A + L_{mA} i_A + L_{AB} i_B = L_A i_A + L_{AB} i_B \tag{2-95}$$

同理，线圈 B 的全磁链 ψ_B 可表示为

$$\psi_B = L_{\delta B} i_B + L_{mB} i_B + L_{BA} i_A = L_B i_B + L_{BA} i_A \tag{2-96}$$

根据电磁感应定律，感应电动势 e_A 和 e_B 分别为

$$e_A = -\frac{d\psi_A}{dt} \tag{2-97}$$

$$e_B = -\frac{d\psi_B}{dt} \tag{2-98}$$

在时间 dt 内，由外部电源输入铁心线圈 A 和 B 的净电能 dW_e 为

$$dW_e = -(e_A i_A + e_B i_B)dt = \left(\frac{d\psi_A}{dt} i_A + \frac{d\psi_B}{dt} i_B\right)dt = i_A d\psi_A + i_B d\psi_B \tag{2-99}$$

由电源输入线圈的净电能 dW_e 将全部转化为磁场能量的增量，即有

$$dW_m = i_A d\psi_A + i_B d\psi_B \tag{2-100}$$

当两个线圈磁链由 0 分别增长为 ψ_A 和 ψ_B 时，整个电磁装置的磁场能量为

$$W_m(\psi_A, \psi_B) = \int_0^{\psi_A} i_A d\psi + \int_0^{\psi_B} i_B d\psi \tag{2-101}$$

若以电流为自变量，则磁共能 W'_m 表示为

$$W'_m(i_A, i_B) = \int_0^{i_A} \psi_A di + \int_0^{i_B} \psi_B di \tag{2-102}$$

从式（2-101）和式（2-102）可知，磁能 W_m 是 ψ_A 和 ψ_B 的函数，磁共能 W'_m 是 i_A 和 i_B 的函数。

所以，磁能和磁共能之和表示如下：

$$W_m + W'_m = \int_0^{\psi_A} i_A d\psi + \int_0^{\psi_B} i_B d\psi + \int_0^{i_A} \psi_A di + \int_0^{i_B} \psi_B di = i_A \psi_A + i_B \psi_B \tag{2-103}$$

若磁路为线性，则磁能等于磁共能，表示为

$$W_m = W'_m = \frac{1}{2}(i_A \psi_A + i_B \psi_B) \tag{2-104}$$

由式（2-95）和式（2-96）可得

$$W_m = W'_m = \frac{1}{2} L_A i_A^2 + \frac{1}{2} L_B i_B^2 + L_{AB} i_A i_B \tag{2-105}$$

2.8　电机的机电能量转换

2.8.1　基本原理

机电能量转换装置的大小和用途虽然差别很大，但其基本原理是相同的。机电能量转换装置都是由电系统、机械系统和电磁场组成，且都有一个可动部分和一个固定部分。当机电系统的可动部分发生运动时，装置内部耦合磁场储能发生变化，并在与之连接的电路系统发生一定反应，实现电能和机械能之间的转换。

机电能量转换装置在进行能量转换时，均遵守能量守恒定律，能量既不能凭空产生也不能凭空消失，而仅能改变其存在形态。根据能量守恒定律，在能量转换过程中电机内的能量关系为

$$\begin{pmatrix} 电源输入 \\ 的电能 \end{pmatrix} = \begin{pmatrix} 电磁场 \\ 储能的增加 \end{pmatrix} + \begin{pmatrix} 电机内部 \\ 能量的消耗 \end{pmatrix} + \begin{pmatrix} 转轴输出 \\ 的机械能 \end{pmatrix} \tag{2-106}$$

电机分为电动机和发电机。对于电动机，式中电能和机械能均为正值；对于发电机，电能和机械能均为负值。装置内的能量损耗包括 3 部分：电系统（绕组）内部的电阻损耗、机械系统产生的机械损耗（包括摩擦损耗、通风损耗）和耦合磁场在铁磁介质内产生的损耗（包括磁滞和涡流损耗等）。

把电机作为一个具有电端口和机械端口的两端口装置，并把电阻损耗和机械损耗分别从电系统和机械系统中移出，其中 R 为绕组电阻，R_Ω 为机械阻力系数。若忽略铁心损耗，则装置的中心部分将成为一个"无损耗磁储能系统"，如图 2-22 所示。该系统主要由无铁耗的铁心、气隙和无铜耗、无机械损耗的动态耦合电路组成。在时间 $\mathrm{d}t$ 内，系统输入和输出的能量关系为

$$\mathrm{d}W_e = \mathrm{d}W_m + \mathrm{d}W_{mech} \tag{2-107}$$

式中　$\mathrm{d}W_e$——系统的静电能输入微分；

$\mathrm{d}W_m$——系统的磁能增量微分；

$\mathrm{d}W_{mech}$——系统的输出机械能微分。

将损耗单独移出，使机电能量转换装置的中心部分成为"无损耗磁储能系统"，为分析磁场储能和机电能量变换规律带来了极大的方便。

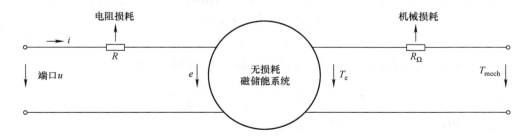

图 2-22　无损耗磁储能系统

2.8.2　机电能量转换方式

对于图 2-18 所示的双线圈励磁装置，当线圈 A 和 B 分别接到电源上时，只能进行电能和磁能之间的转换，改变励磁电流 i_A 和 i_B，只能增加或减少磁场能量，而不能将磁场能量转换为机械能，也就无法实现将电能转换为机械能。原因在于此装置是静止的，没有运动部分。根据 2.8.1 节所述，若将磁场能量释放出来转换为机械能，必须具备可运动部件。

将电磁装置改装为图 2-23 所示的机电装置，相当于在均匀气隙 δ 中加装一个由铁磁材料构成的转子，再将线圈 B 嵌放在转子槽中，成为转子绕组，而线圈 A 成为定子绕组（由两个线圈串联而成，总匝数仍为 N_A）且有 $N_A = N_B$。忽略定、转子铁心磁路的磁阻，磁场能量全部储存在两个气隙中。定、转子间单边气隙长度为 g，总气隙 $\delta = 2g$。

图 2-23 中，给出了绕组 A 和 B 中电流的正方向。当电流 i_A 为正时，产生的励磁磁场其方向由上至下，且假定在气隙中为正弦分布（或取其基波磁场），磁感应强度幅

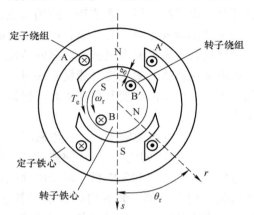

图 2-23　机电装置

值所在处的径向线称为磁场轴线 s。将正向电流 i_B 产生的基波磁场轴线定义为转子绕组轴线 r。取 s 轴为空间参考轴，电角度 θ_r 为转子位置角，因 θ_r 是以转子逆时针旋转而确定的，因此转速正方向应为逆时针方向，电磁转矩正方向应与转速正方向相同，也为逆时针方向。

因气隙均匀，故转子在旋转时，定、转子绕组励磁电感 L_{mA} 和 L_{mB} 保持不变，又因线圈 A 和 B 的匝数相同，故有 $L_{mA} = L_{mB}$。但是，此时绕组 A 和 B 间的互感不再是常值，而是转子位置角 θ_r 的函数，对于基波磁场而言，可得

$$L_{AB}(\theta_r) = L_{BA}(\theta_r) = M_{AB}\cos\theta_r \tag{2-108}$$

式中　M_{AB}——互感最大值。

当定、转子绕组轴线重合时，绕组 A 和 B 处于全耦合状态，两者间的互感达到最大值 M_{AB}，此时有 $M_{AB} = L_{mA} = L_{mB}$。

与静止的电磁装置相比，在这个机电装置中，磁能 W_m 不仅是磁链 ψ_A 和 ψ_B 的函数，同时又是转角 θ_r 的函数；磁共能 W'_m 不仅是 i_A 和 i_B 的函数，同时还是转角 θ_r 的函数，即有

$$\begin{cases} W_m = W_m(\psi_A, \psi_B, \theta_r) \\ W'_m = W'_m(i_A, i_B, \theta_r) \end{cases} \tag{2-109}$$

由于磁链和转子位置变化而引起的磁能变化 dW_m（全微分）为

$$dW_m = \frac{\partial W_m}{\partial \psi_A}d\psi_A + \frac{\partial W_m}{\partial \psi_B}d\psi_B + \frac{\partial W_m}{\partial \theta_r}d\theta_r \tag{2-110}$$

由式（2-101），可将式（2-110）改写为

$$dW_m = i_A d\psi_A + i_B d\psi_B + \frac{\partial W_m}{\partial \theta_r}d\theta_r \tag{2-111a}$$

与式（2-100）相比，式（2-111a）多出了由转子角位移引起的磁能变化作为第三项。

这就是说，由于转子的运动引起了气隙储能变化，在磁场储能变化过程中，将部分磁场能量转化为了机械能。

由于定、转子电流和转子位置变化而引起的磁共能变化 dW'_m（全微分）为

$$dW'_m = \frac{\partial W'_m}{\partial i_A}di_A + \frac{\partial W'_m}{\partial i_B}di_B + \frac{\partial W'_m}{\partial \theta_r}d\theta_r = \psi_A di_A + \psi_B di_B + \frac{\partial W'_m}{\partial \theta_r}d\theta_r \tag{2-111b}$$

设想在 dt 时间内转子转过一个微小的电角度 $d\theta_r$，这会引起磁能的变化，则转子上将受到电磁转矩 T_e 的作用，电磁转矩为克服机械转矩所做的机械功 dW_{mech} 为

$$dW_{mech} = T_e d\theta_r \tag{2-112}$$

根据能量守恒原理，输入系统的净电能 dW_e 是磁场吸收的总磁能 dW_m 和转变为机械能的总能量 dW_{mech} 之和，若忽略铁心磁路的介质损耗（不计铁磁材料的涡流和磁滞损耗），则机电系统的能量关系可以写成

$$dW_e = dW_m + dW_{mech} = dW_m + T_e d\theta_r \tag{2-113}$$

上式可转变为另一种形式，即机械能的总能量 $T_e d\theta_r$ 等于输入系统的净电能 dW_e 减去磁场吸收的总磁能 dW_m，并将式（2-99）和式（2-111a）代入式（2-113），则有

$$T_e d\theta_r = dW_e - dW_m = (i_A d\psi_A + i_B d\psi_B) - \left(i_A d\psi_A + i_B d\psi_B + \frac{\partial W_m}{\partial \theta_r}d\theta_r\right) = -\frac{\partial W_m}{\partial \theta_r}d\theta_r$$

$$\tag{2-114}$$

于是，可得到以两绕组磁链和转角为自变量时的转矩表达式为

$$T_e = -\frac{\partial W_m(\psi_A, \psi_B, \theta_r)}{\partial \theta_r} \tag{2-115}$$

式（2-115）表明，当转子因微小角位移引起系统磁能变化时，转子上将受到电磁转矩作用，电磁转矩方向应为在恒磁链下使系统磁能减小的方向。

由式（2-103）可得

$$T_e d\theta_r = dW_e - dW_m = (i_A d\psi_A + i_B d\psi_B) - d(i_A\psi_A + i_B\psi_B - W'_m) = -(\psi_A di_A + \psi_B di_B) + dW'_m$$

$$\tag{2-116}$$

将式（2-111b）代入式（2-116），同理，可以得到以两绕组电流和转角为自变量时的转矩表达式为

$$T_e = -\frac{\partial W'_m(i_A, i_B, \theta_r)}{\partial \theta_r} \tag{2-117}$$

式（2-117）表明，当转子因微小位移引起系统磁共能发生变化时，会受到电磁转矩的作用，转矩方向应为在恒定电流下使系统磁共能增加的方向。

需要注意的是，式（2-115）和式（2-117）具有普遍性，适用于各种线性和非线性磁路。此外，当磁能 W_m 和磁共能 W'_m 对电角度 θ_r 求偏导时，经常令磁链或电流为常值，这并不是对系统进行实际的电磁约束。

忽略铁心磁路磁阻，机电装置的磁场储能可表示为

$$W_m = W'_m = \frac{1}{2}L_A i_A^2 + \frac{1}{2}L_B i_B^2 + L_{AB}(\theta_r)i_A i_B \tag{2-118}$$

式中，互感 L_{AB} 为转角 θ_r 的函数，此时磁场储能将随转子位移的变化而变化。

明显的是，对于式（2-118），利用磁共能求电磁转矩更容易。将式（2-118）代入

式（2-117），可得电磁转矩的表达式为

$$T_e = i_A i_B \frac{\partial L_{AB}(\theta_r)}{\partial \theta_r} = -i_A i_B M_{AB} \sin\theta_r \tag{2-119}$$

对于图 2-23 中所示的转子位置，电磁转矩方向使 θ_r 减小，使磁共能 W'_m 增加，因此实际转矩方向为顺时针方向。

设定电磁转矩 T_e 正方向为逆时针方向，式（2-119）给出的电磁转矩值为负值，说明实际转矩方向应为顺时针方向。在实际计算中，若假定 T_e 正方向与 θ_r 正方向相反，即为顺时针方向，电磁转矩表达式中的负号应去掉。

对比图 2-18 所示的电磁装置和图 2-23 所示的机电装置，后者的气隙磁场作为媒介使电能与机械能相互转换，成为两者的耦合场。

若转子不动，则 $dW_{mech} = 0$，由电源输入的净电能将全部转换为磁场储能，此时机电装置相当于电磁装置。

若转子旋转，转子位移将会引起气隙中磁能变化，并使部分磁场能量释放出来转换为机械能。通过气隙磁场（两者耦合场）的作用，可以实现电能和机械能间的转换。

此时，绕组 A 和绕组 B 中产生的感应电动势 e_A 和 e_B 分别为

$$e_A = -\frac{d\psi_A}{dt} = -\frac{d(L_A i_A + L_{AB}(\theta_r) i_B)}{dt} = -\left[L_A \frac{di_A}{dt} + L_{AB}(\theta_r) \frac{di_B}{dt} + i_B \frac{\partial L_{AB}(\theta_r)}{\partial \theta_r} \frac{d\theta_r}{dt} \right] \tag{2-120}$$

$$e_B = -\frac{d\psi_B}{dt} = -\frac{d(L_B i_B + L_{AB}(\theta_r) i_A)}{dt} = -\left[L_B \frac{di_B}{dt} + L_{AB}(\theta_r) \frac{di_A}{dt} + i_A \frac{\partial L_{AB}(\theta_r)}{\partial \theta_r} \frac{d\theta_r}{dt} \right] \tag{2-121}$$

式（2-120）和式（2-121）中，等式右端括号内前两项是当 θ_r 为常值，即绕组 A 和绕组 B 相对静止时，由电流变化所引起的感应电动势，称为变压器电动势；括号内最后一项是因转子运动使绕组 A 和绕组 B 相对位置发生位移（θ_r 变化）而引起的感应电动势，称为运动电动势。

由式（2-120）和式（2-121）可得，在 dt 时间内由电源输入绕组 A 和绕组 B 的净电能为

$$dW_e = -(e_A i_A + e_B i_B)dt = \psi_A di_A + \psi_B di_B + 2i_A i_B \frac{\partial L_{AB}(\theta_r)}{\partial \theta_r} d\theta_r \tag{2-122}$$

在式（2-122）中，第一项和第二项为由电流变化引起的变压器电动势所吸收的电能，第三项为由转子旋转引起的运动电动势吸收的电能。

由式（2-119）可得，dt 时间内由磁场储能转换的机械能为

$$dW_{mech} = T_e d\theta_r = i_A i_B \frac{\partial L_{AB}(\theta_r)}{\partial \theta_r} d\theta_r \tag{2-123}$$

由式（2-123）和式（2-122）可得

$$dW_m = dW_e - dW_{mech} = \psi_A di_A + \psi_B di_B + i_A i_B \frac{\partial L_{AB}(\theta_r)}{\partial \theta_r} d\theta_r \tag{2-124}$$

由式（2-122）~式（2-124）可知，时间 dt 内磁场的能量变化，是由绕组 A 和 B 中变压器电动势从电源所吸收的全部电能加上运动电动势从电源所吸收电能的 $1/2$ 所提供；由运动

电动势吸收的另外 1/2 电能则成为有效转换功率（机械功率）。因而可得以下规律：

1）磁场是机电能量耦合场。

2）产生感应电动势是耦合场从电源吸收电能的必要条件。

3）产生运动电动势是通过耦合场实现机电能量转换的关键。

4）转子在耦合场中运动将产生电磁转矩，运动电动势和电磁转矩构成了一对机电耦合项，是机电能量转换的核心部分。

5）电机的能量以机械能、电能、磁能、热能四种形式存在，遵循能量守恒定律。

2.9　电机的电磁转矩生成与控制

前面介绍了机电能量转换的基本原理和方式，电动机通过耦合磁场的作用实现电能和机械能之间的转换，电磁转矩克服机械转矩做功产生的机械能。本节重点介绍电机电磁转矩的生成原理和控制方式。

2.9.1　电磁转矩的生成与控制

1. 电磁转矩的生成

设定转矩正方向为顺时针方向，可将式（2-119）改为

$$T_e = \frac{1}{L_{mB}}(L_{mB}i_B)(L_{mA}i_A)\sin\theta_r = \frac{1}{L_{mB}}\psi_{mB}\psi_{mA}\sin\theta_r \tag{2-125}$$

式中，$L_{mB} = L_{mA} = M_{AB}$。

式（2-125）表明，电磁转矩可看成是定子励磁磁场和转子磁场相互作用的结果，转矩的大小和方向取决于两个正弦分布磁场的幅值和磁场轴线间的相对位置。

如图 2-23 所示，当转子电流 $i_B = 0$ 时，气隙磁场仅为由定子电流 i_A 建立的励磁磁场，其轴线与 s 轴一致。当转子电流 $i_B \neq 0$ 时，产生了转子磁场，它与励磁磁场共同作用，产生了新的气隙磁场，使原有气隙磁场发生了变化，从而产生电磁转矩，实现了机电能量转换。转子磁场对气隙磁场的影响，决定了电磁转矩的生成和机电能量转换过程。

当转子磁场轴线与励磁磁场轴线一致或相反（$\theta_r = 0°$ 或 $\theta_r = 180°$）时，电磁转矩为零。只有在转子磁场作用下，使气隙磁场轴线发生偏移时，才会产生电磁转矩。如果这种轴线偏移视为气隙磁场发生了"畸变"，则气隙磁场的"畸变"是转矩生成的必要条件，也是机电能量转换的必然现象。由于转子磁场作用，气隙磁场发生畸变，才使转子受到电磁转矩作用，同时，转子在运动中将电能转化为机械能。电磁转矩作用的方向为使转子磁场轴线与励磁磁场轴线趋向一致的方向（$\theta_r = 0°$），目的为减小和消除气隙磁场的畸变。

通过绕组 B 的两个线圈边 B – B′ 所受的电磁力来计算电磁转矩。如图 2-24 所示，$B_{mA}(\theta_s)$ 是定子绕组 A 在气隙中建立的径向励磁磁场，为正弦分布。

根据"Bli"观点，线圈边 B 所受的电磁力为

$$f_{eB} = N_B i_B l_r B_{mAmax}\sin\theta_r \tag{2-126}$$

式中　l_r——转子的有效长度。

励磁磁通 Φ_{mA} 可表示为

$$\Phi_{mA} = \frac{2}{\pi}l_r\tau B_{mAmax} = D_r l_r B_{mAmax} \tag{2-127}$$

式中　τ——极距；

　　　D_r——转子的有效长度，且 $\pi D_r = 2\tau$。

将式（2-127）代入式（2-126），可得

$$f_{eB} = \frac{1}{D_r} N_B \Phi_{mA} i_B \sin\theta_r \quad (2\text{-}128)$$

又因励磁磁通 Φ_{mA} 链过绕组 A 的磁链 ψ_{mA} 为

$$\psi_{mA} = N_A \Phi_{mA} = N_B \Phi_{mA} = M_{AB} i_A$$
$$(2\text{-}129)$$

进一步可得

$$\Phi_{mA} = \frac{M_{AB} i_A}{N_B} \quad (2\text{-}130)$$

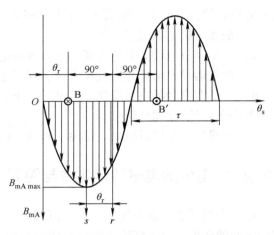

图2-24　定子绕组建立的径向励磁磁场

将式（2-130）代入电磁力表达式（2-128），得

$$f_{eB} = \frac{1}{D_r} i_A i_B M_{AB} \sin\theta_r \quad (2\text{-}131)$$

线圈边 B′ 所受的磁场力 f'_{eB} 与 f_{eB} 大小相等、方向相反，即

$$f'_{eB} = \frac{1}{D_r} i_A i_B M_{AB} \sin\theta_r \quad (2\text{-}132)$$

由式（2-131）和式（2-132）可得绕组 B 产生的电磁转矩为

$$T_e = \frac{D_r}{2}(f_{eB} + f'_{eB}) = i_A i_B M_{AB} \sin\theta_r \quad (2\text{-}133)$$

式（2-133）表明，采用磁场观点或者 Bli 观点计算电磁转矩可以得到相同的结果。

在图 2-25 中，线圈边 B 处于定子励磁磁场 B_{mA} 中。线圈边 B 流有正电流 i_B 后，在其周围会产生磁场，如图 2-25a 所示。该磁场与定子励磁磁场 B_{mA} 合成的结果如图 2-25b 所示。图 b 与图 a 相比，线圈边 B 左侧的磁通密度减小了，右侧的磁通密度增大了。这意味着，在线圈边 B 磁场的作用下，磁力线发生了弯曲，气隙磁场发生了畸变，而磁力线总是力图取直，会迫使线圈 B 向左运动，由此产生了磁场力 f_{eB}。

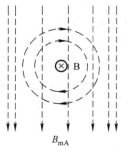

a) 线圈边B产生的磁场

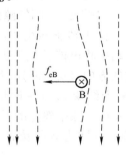

b) 合成磁场

图2-25　线圈边 B 在定子励磁磁场中

对于线圈 B′ 会发生同样情况。若同时计及两个线圈边 B 和 B′ 产生磁场的作用，实际上就是线圈 B 产生的转子磁场对励磁磁场的作用，两者是一致的。

将电磁转矩的表达式改写为

$$T_e = \psi_{mA} i_B \sin\theta_r \tag{2-134}$$

式（2-134）表明，载流导体在磁场中会受到电磁力的作用。而式（2-125）表明电磁转矩可看成是定子励磁磁场和转子磁场相互作用的结果。两个公式在转矩生成实质上是一致的。如果将转子绕组去除，由于转子磁场不存在了，因此气隙磁场就不会发生畸变，就不能产生电磁转矩。

下面讨论磁阻转矩的生成。

现将圆柱形转子改造为凸极式转子，磁阻转矩的生成如图 2-26 所示。此时电机气隙不再是均匀的。当 $\theta_r = 0°$ 时，气隙最小，转子凸极轴线 d 与定子绕组轴线 s 重合，气隙磁导最大，将转子在此位置下的定子绕组的自感定义为直轴电感 L_d。

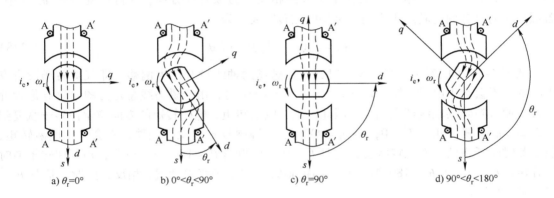

a) $\theta_r=0°$　　b) $0°<\theta_r<90°$　　c) $\theta_r=90°$　　d) $90°<\theta_r<180°$

图 2-26　电磁转矩的生成

随着转子逆时针方向旋转，气隙慢慢变大，当 $\theta_r = 90°$ 时，转子交轴 q 与定子绕组轴线 s 重合，此时气隙磁导为最小值，将转子在此位置下定子绕组的自感定义为交轴电感 L_q。

转子在旋转过程中，定子绕组自感 L_A 值在 L_d 和 L_q 间变化，定子绕组自感的变化曲线如图 2-27 所示。当 $\theta_r = 0°$ 或 180° 时，L_A 达到最大值 L_d；当 $\theta_r = 90°$ 或 270° 时，L_A 达到最小值 L_q。实际上，L_d 和 L_q 间的变化规律不是正弦的，当仅计及其基波分量时，可认为它随转子角度 θ_r 按正弦规律变化，即

$$L_A(\theta_r) = L_0 + \Delta L\cos2\theta_r \tag{2-135}$$

式中

$$L_0 = \frac{1}{2}(L_d + L_q) \quad \Delta L = \frac{1}{2}(L_d - L_q)$$

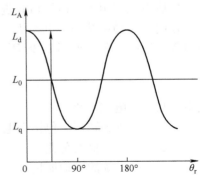

图 2-27　定子绕组自感的变化曲线

式（2-135）表明，定子绕组电感由两部分组成，分别为平均值 L_0 和幅值为 ΔL 的正弦变化量，其中 L_0 对应气隙平均磁导，ΔL 对应气隙磁导的变化幅度，气隙磁导的变化周期为 π。

对于图 2-26 所示的机电装置，可得

$$W_{\mathrm{m}} = W'_{\mathrm{m}} = \frac{1}{2}L_{\mathrm{A}}(\theta_{\mathrm{r}})i_{\mathrm{A}}^2 \tag{2-136}$$

将式（2-136）代入电磁表达式（2-117），可得

$$T_{\mathrm{e}} = -\Delta L i_{\mathrm{A}}^2 \sin 2\theta_{\mathrm{r}} = -\frac{1}{2}(L_{\mathrm{d}} - L_{\mathrm{q}})i_{\mathrm{A}}^2 \sin 2\theta_{\mathrm{r}} \tag{2-137}$$

转矩方向应为使系统磁共能增大的方向。此转矩不是由于转子绕组励磁引起的，而是由于转子运动使气隙磁导发生变化引起的，将由此产生的电磁转矩称为磁阻转矩。相应地，将由转子励磁产生的电磁转矩称为励磁转矩。因此，作用在转子上的电磁转矩分为磁阻转矩和励磁转矩。

如图 2-26 所示，转子角度 θ_{r} 是按转子逆时针方向旋转而确定的，转矩的正方向与 θ_{r} 正方向相同，也为逆时针方向。在图 2-26b 所示 $\theta_{\mathrm{r}} < 90°$ 的时刻，磁阻转矩表达式中给出的转矩为负值，表示实际转矩方向与转矩正方向相反，为顺时针方向，实际转矩应使 θ_{r} 减小。若假设顺时针方向为转矩正方向，可将电磁转矩表示为

$$T_e = \frac{1}{2}(L_{\mathrm{d}} - L_{\mathrm{q}})i_{\mathrm{A}}^2 \sin 2\theta_{\mathrm{r}} \tag{2-138}$$

从图 2-26 可以看出，当 $\theta_{\mathrm{r}} = 0°$ 时，气隙磁场的轴线没有产生偏移，即气隙磁场没有发生畸变，不会产生电磁转矩，$T_{\mathrm{e}} = 0$；当 $0° < \theta_{\mathrm{r}} < 90°$ 时，由于磁力线总是力图由磁导最大处穿过，使气隙磁场轴线产生偏移，因此产生了电磁转矩，电磁转矩的方向应驱使转子恢复到图 2-26a 的位置，此时 $T_{\mathrm{e}} > 0$；当 $\theta_{\mathrm{r}} = 90°$ 时，气隙磁场轴线没有偏移，不会产生电磁转矩，但是此时转子将处于不稳定状态，此时 $T_{\mathrm{e}} = 0$；当 $90° < \theta_{\mathrm{r}} < 180°$ 时，电磁转矩驱使转子逆时针旋转，$T_{\mathrm{e}} < 0$；当 $\theta_{\mathrm{r}} = 180°$ 时，转子凸极轴线 d 与定子绕组轴线 s 相反，此时情形与 $\theta_{\mathrm{r}} = 0°$ 时完全相同。

可见，凸极转子的位置变化使气隙磁场的磁力线发生了扭曲，而磁场的磁力线总是力图取直，d 轴总是要与 s 轴重合，力求减小气隙磁场畸变，从中可以判断磁阻转矩的作用方向。磁阻转矩的最大值与 L_{d} 和 L_{q} 的差值以及定子电流 i_{A} 的二次方值有关。

2. 电磁转矩的控制

生成电磁转矩后，需要对其进行控制。下面将进一步介绍电磁转矩的控制原理。

在电气传动系统中，电动机将提供驱动转矩给负载，通过对电动机电磁转矩的控制实现对负载运动的控制，如图 2-28 所示。根据动力学原理，机械运动方程表示为

$$T_{\mathrm{e}} = J\frac{\mathrm{d}\Omega_{\mathrm{r}}}{\mathrm{d}t} + R_{\Omega}\Omega_{\mathrm{r}} + T_{\mathrm{L}} \tag{2-139}$$

式中　T_{e}——电磁转矩；

　　　T_{L}——负载转矩，包括由电动机空载损耗引起的空载转矩；

　　　Ω_{r}——转子机械角速度；

　　　J——系统的转动惯量；

　　　R_{Ω}——阻尼系数，通常是转子机械角速度的非线性函数。

如果电气传动系统对转速有具体的控制要求，例如，在某一特定转速上稳定运行，或者在一定范围内平滑地调节转速，又或者准确完成加速、减速、起动、制动、正反转等运动，此时该系统需要构成一个调速系统。由式（2-139）可知，系统转速的控制可以通过对动转

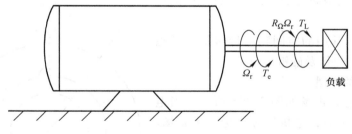

图 2-28　电动机及其负载

矩（$T_e - T_L$）进行控制来实现。因此，只有有效且精确地控制电磁转矩，才能构成高性能的调速系统。

在实际应用中，负载运动不仅仅可以表现为转速，还可以表现为旋转角位移。此时系统为位置随动系统，又称伺服系统，对位置指令具有较高的要求。如图 2-28 所示，有

$$\frac{\mathrm{d}\theta_\Omega}{\mathrm{d}t} = \Omega_r \tag{2-140}$$

式中　θ_Ω——转子旋转角度，也称为机械角度。

式（2-139）可改为

$$T_e = J\frac{\mathrm{d}^2\theta_\Omega}{\mathrm{d}t} + R_\Omega\frac{\mathrm{d}\theta_\Omega}{\mathrm{d}t} + T_L \tag{2-141}$$

显然，系统转子位置的控制也可以通过对动转矩（$T_e - T_L$）进行控制来实现。为构成高性能位置随动系统，需要对电磁转矩进行高效且精确地控制。

综合而言，在实际应用中，调速系统和伺服系统均是带有负反馈的控制系统，差别在于对控制性能的要求不同。对调速系统而言，若给定系统信号为恒值，在外界存在扰动的情况下，系统输出也期望为恒值，这意味着系统需要具备良好的抗扰性能。对伺服系统而言，其位置指令随机，为了保证系统准确跟随指令的变化，要求其具备良好的跟随性能，即系统需要具有快速响应能力。而系统的控制性能取决于电磁转矩的控制质量，对电磁转矩的控制质量将直接影响到整个控制系统的性能。

2.9.2　空间矢量与矢量控制

电机中，可将在空间按正弦分布的物理量表示为空间矢量。图 2-29 所示为电动机与转轴垂直的空间断面（轴向断面）对应的空间复平面，基于此可表示电动机内部空间矢量。在电动机断面内，可任意取一空间复坐标 Re- Im 来表示空间复平面，将定子 A 相绕组的轴线视为实轴 Re，逆时针方向为正方向，则任一空间矢量可表示为

$$\boldsymbol{r} = R\mathrm{e}^{\mathrm{j}\theta} \tag{2-142}$$

式中　R——空间矢量的模（幅值）；

θ——空间矢量轴线与参考轴 Re 的空间电角度，称为空间矢量的相位。

式（2-142）是空间矢量表达式的指数形式，根据欧拉公式 $\mathrm{e}^{\mathrm{j}\theta} = \cos\theta + \mathrm{j}\sin\theta$，式（2-142）还可以表示为

$$\boldsymbol{r} = a + \mathrm{j}b = R\cos\theta + \mathrm{j}R\sin\theta \tag{2-143}$$

式（2-143）为空间矢量在直角坐标系中的代数表达式。

在电动机中，常用的空间物理量包括定子磁动势、定子电流、电压及磁链矢量。

1. 定子磁动势矢量

A 相绕组产生的磁场如图 2-30a 所示。当电流 i_A 通入 A 相绕组时，电机气隙内会产生磁场。假设忽略铁心磁路内的磁阻，线圈 A 产生的磁动势 $N_s i_A$ 将全部消耗在两个气隙中。若假定三相绕组匝数相同且气隙均匀，则气隙各处的磁动势均等于 $N_s i_A / 2$。

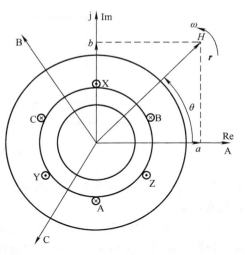

图 2-29　电动机轴向断面与空间复平面

图 2-30b 所示为 A 相绕组产生的矩形磁动势波及其基波分量。从图中可见，线圈 A 通入电流后，在气隙内形成一个矩形分布的磁动势波，矩形波的幅值为 $N_s i_A / 2$。该矩形磁动势波可以分解为基波和一系列谐波，基波幅值为矩形波幅值的 $4/\pi$，表示为

$$F_A(t) = \frac{4}{\pi} \frac{N_s i_A(t)}{2} \tag{2-144}$$

显然，上述基波磁动势波可以用空间矢量来描述，记为 f_A，其轴线与 A 轴一致。

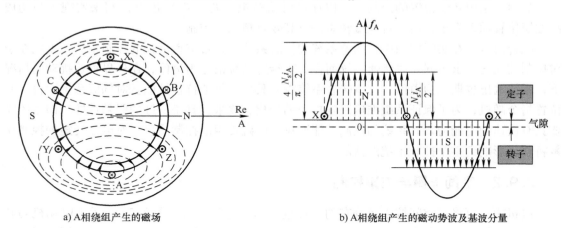

a) A相绕组产生的磁场　　　　　　b) A相绕组产生的磁动势波及基波分量

图 2-30　A 相绕组产生的磁动势波

若 A、B、C 三相绕组均通入正向电流，则在图 2-29 所示的复平面中，可将 f_A、f_B 和 f_C 分别表示为

$$f_A = F_A(t) e^{j0°} \tag{2-145}$$

$$f_B = F_B(t) e^{j120°} \tag{2-146}$$

$$f_C = F_C(t) e^{j240°} \tag{2-147}$$

式中

$$F_{\mathrm{B}}(t)=\frac{4}{\pi}\frac{N_{\mathrm{s}}i_{\mathrm{B}}(t)}{2} \tag{2-148}$$

$$F_{\mathrm{C}}(t)=\frac{4}{\pi}\frac{N_{\mathrm{s}}i_{\mathrm{C}}(t)}{2} \tag{2-149}$$

在磁动势空间矢量 f_{A}、f_{B} 和 f_{C} 的作用下，三相绕组可以产生各气隙正弦分布的磁场。磁动势空间矢量 f_{A}、f_{B} 和 f_{C} 沿 A、B、C 轴线脉动的规律取决于相电流 $i_{\mathrm{A}}(t)$、$i_{\mathrm{B}}(t)$ 和 $i_{\mathrm{C}}(t)$ 随时间变化的规律。显然，由三相绕组产生的基波合成磁动势 f_{s}，也为空间矢量，有

$$f_{\mathrm{s}}=f_{\mathrm{A}}+f_{\mathrm{B}}+f_{\mathrm{C}}=F_{\mathrm{A}}(t)e^{\mathrm{j}0^{\circ}}+F_{\mathrm{B}}(t)e^{\mathrm{j}120^{\circ}}+F_{\mathrm{C}}(t)e^{\mathrm{j}240^{\circ}}=F_{\mathrm{A}}(t)+aF_{\mathrm{B}}(t)+a^{2}F_{\mathrm{C}}(t) \tag{2-150}$$

式中，a 和 a^{2} 为空间算子，有 $a=e^{\mathrm{j}120^{\circ}}$、$a^{2}=e^{\mathrm{j}240^{\circ}}$。在式（2-150）中，若 $i_{\mathrm{A}}(t)>0$，即 $F_{\mathrm{A}}(t)>0$，则 f_{A} 与 A 轴方向一致，否则相反；同理，f_{B} 和 f_{C} 也符合上述规律。f_{s} 为矢量 $F_{\mathrm{A}}(t)$、$aF_{\mathrm{B}}(t)$ 和 $a^{2}F_{\mathrm{C}}(t)$ 的合成矢量。在任意时刻，由 $i_{\mathrm{A}}(t)$、$i_{\mathrm{B}}(t)$ 和 $i_{\mathrm{C}}(t)$ 的瞬时值可以确定 f_{s} 的位置和幅值。因此，f_{s} 的运动轨迹取决于 $i_{\mathrm{A}}(t)$、$i_{\mathrm{B}}(t)$ 和 $i_{\mathrm{C}}(t)$ 的变化规律。

在动态情况下，定子三相电流是非正弦电流（任意波形），三相绕组产生的基波合成磁动势为

$$f_{\mathrm{s}}=\frac{4}{\pi}\frac{N_{\mathrm{s}}k_{\mathrm{ws1}}}{2}\left[i_{\mathrm{A}}(t)+ai_{\mathrm{B}}(t)+a^{2}i_{\mathrm{C}}(t)\right] \tag{2-151}$$

式中，k_{ws1} 为基波磁动势的绕组因数，$k_{\mathrm{ws1}}<1$。f_{s} 的运动轨迹不再为圆形，可以是任意的，具体的运动轨迹由电流 $i_{\mathrm{A}}(t)$、$i_{\mathrm{B}}(t)$ 和 $i_{\mathrm{C}}(t)$ 的变化规律决定。换而言之，如图 2-31 所示，通过控制 $i_{\mathrm{A}}(t)$、$i_{\mathrm{B}}(t)$ 和 $i_{\mathrm{C}}(t)$ 可以达到控制 f_{s} 的目的。反之，可以由 f_{s} 的期望运动轨迹推断 $i_{\mathrm{A}}(t)$、$i_{\mathrm{B}}(t)$ 和 $i_{\mathrm{C}}(t)$ 的变化规律，这为交流电机矢量控制提供了有效方法。

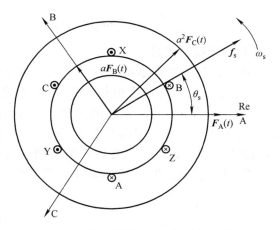

图 2-31　定子磁动势矢量 f_{s} 及其运动轨迹

2. 定子电流和电压矢量

图 2-32 所示为定、转子的电流矢量与单轴线圈，图中定子三相绕组被表示成 3 个轴线圈，分别位于各自绕组的轴线上，通入相电流后，会产生与实际相绕组等同的磁动势矢量——3 个轴线圈磁动势矢量合成可得到磁动势矢量 f_{s}。图中，电流 i_{A}、i_{B} 和 i_{C} 的方向为相电流正方向，此时，产生的磁动势矢量与绕组轴线一致；若相电流方向为负时，磁动势矢量与绕组轴线相反。

若在 f_{s} 轴线上放置一个单轴线圈，与 f_{s} 一起旋转，且满足输入线圈的功率与原定子三相绕组的输入功率相等，设定单轴线圈有效匝数为定子每相绕组有效匝数的 $\sqrt{3}/\sqrt{2}$ 倍。假设在单轴线圈中通入电流 i_{s} 后，产生的磁动势矢量为 f_{s}，即

$$f_{\mathrm{s}}=\frac{4}{\pi}\sqrt{\frac{3}{2}}\frac{N_{\mathrm{s}}k_{\mathrm{ws1}}}{2}i_{\mathrm{s}}=\frac{4}{\pi}\sqrt{\frac{3}{2}}\frac{N_{\mathrm{s}}k_{\mathrm{ws1}}}{2}(i_{\mathrm{A}}+ai_{\mathrm{B}}+a^{2}i_{\mathrm{C}}) \tag{2-152}$$

由（2-152）可得定子电流空间矢量为

$$i_s = \sqrt{\frac{2}{3}}(i_A + ai_B + a^2 i_C) \qquad (2\text{-}153)$$

显然，式（2-152）和式（2-153）是等同的，且 i_s 与 f_s 方向一致。因为绕组磁动势与绕组电流间存在固定的倍数关系，所以式（2-153）实质上表示的是 ABC 轴系内三相绕组磁动势矢量的合成。由前述分析已确定，当绕组匝数和分布形式确定后，相绕组磁动势矢量 f_A、f_B 和 f_C 在 ABC 轴线上的幅值和方向仅取决于相电流 $i_A(t)$、$i_B(t)$ 和 $i_C(t)$ 的变化规律，由此可以确定，原本是时间变量的相电流 $i_A(t)$、$i_B(t)$ 和 $i_C(t)$ 在式（2-153）中被赋予了空间含义，作为轴电流被表示成空间矢量后与磁动势矢量相当。

式（2-153）表明，通过控制 $i_A(t)$、$i_B(t)$ 和 $i_C(t)$ 来控制 i_s，可以进一步控制 f_s，从而控制了三相绕组在电机气隙内产生的基波合成磁场，最终实现对电磁转矩的控制。

在图 2-32 中，对电机系统而言，施加定子相电压 u_A、u_B 和 u_C 相当于外部激励，可以通过调节相电压改变相电流，进而改变作用于相绕组轴线上的磁动势和磁场，因此可以将相电压表示为空间矢量。

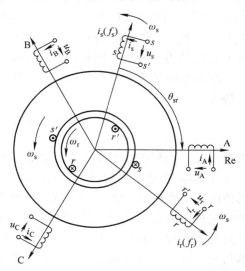

假设相电压正方向与相电流正方向一致，定子电压矢量可表示为

$$u_s = \sqrt{\frac{2}{3}}(u_A + au_B + a^2 u_C) \qquad (2\text{-}154)$$

3. 定子磁链矢量

电机内气隙磁场是按正弦分布的，这是能够运用空间矢量理论分析电机的前提和基础。如图 2-33 所示为 A 相绕组产生的正弦分布的磁动势波沿 θ_s 展开，其在气隙内产生了正弦分布的径向磁场强度 H_{gA}，进而在气隙内产生了同样为正弦分布的磁感应强度 B_{gA}，两者轴线与磁动势矢量 f_A 一致。

图 2-32 定、转子电流矢量和单轴线圈

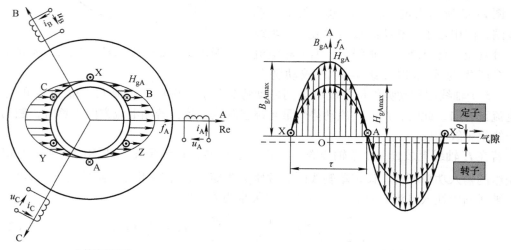

a) 基波磁动势　　　　　　　　　b) 正弦分布磁场

图 2-33 A 相绕组产生的正弦分布的磁动势波

A 相绕组的励磁磁链可表示为

$$\psi_{mA} = N_s k_{ws1} \psi_{mA} = N_s k_{ws1} \frac{2}{\pi} l_s \tau B_{gAmax} \tag{2-155}$$

式（2-155）表明，当电机结构确定后，ψ_{mA} 与 B_{gAmax} 仅存在固定的倍数关系。可以用矢量 ψ_{mA} 来表示这个正弦磁场，其大小与磁场幅值成正比，当它为正值时，磁场轴线与 A 轴一致，否则相反。

将定子磁链矢量 ψ_s 定义为

$$\psi_s = \sqrt{\frac{2}{3}}(\psi_A + a\psi_B + a^2\psi_C) \tag{2-156}$$

式中，ψ_A、ψ_B 和 ψ_C 分别为 ABC 三相绕组的全磁链，不仅计及相绕组的自感磁链，还计及了其他绕组对其产生的互感磁链。同理，在 ABC 轴系中，将转子磁链矢量 ψ_r 定义为

$$\psi_r = \sqrt{\frac{2}{3}}(\psi_a + a\psi_b + a^2\psi_c)e^{j\theta_r} \tag{2-157}$$

式中　ψ_a、ψ_b 和 ψ_c——分别为 abc 三相绕组的全磁链；

　　　θ_r——转子的空间方位角。

当与电机绕组交链的磁通变化时，会在绕组中产生感应电动势。根据电磁感应定律，有

$$e = -\frac{d\psi}{dt} \tag{2-158}$$

感应电动势矢量 e 又可以表示为

$$e = \sqrt{\frac{2}{3}}(e_A + ae_B + a^2 e_C) \tag{2-159}$$

对电动机的控制实质上可以转化为对电磁转矩的控制，更重要的是电动机在动态过程中对其瞬态电磁转矩的控制。可以采用矢量控制很好地解决这一问题，具体控制方法将在后面给出。

习　题

2-1　铁心中存在的损耗有哪些？各是怎样产生的？可以采用哪些方法减小铁心损耗？

2-2　磁路的磁阻是如何计算的？其单位是什么？

2-3　基本磁化曲线和初始磁化曲线有什么区别？磁路计算时采用哪一种磁化曲线？

2-4　为什么控制定子三相电流 i_A、i_B 和 i_C 即可控制矢量 $i_s(f_s)$ 的运动轨迹？

2-5　对于一个闭合铁心磁路，铁心截面积 $S = 4 \times 10^{-4} \text{m}^2$，磁路的平均长度 $l = 0.2\text{m}$，铁心的磁导率 $\mu_{Fe} = 4000\mu_0$（μ_0 为真空磁导率，且 $\mu_0 = 4\pi \times 10^{-7}\text{H/m}$），铁心励磁绕组的匝数为 800 匝，磁路漏磁可忽略不计。求在铁心产生 2T 的磁通密度时，所需的励磁磁动势和励磁电流。

参 考 文 献

［1］汤蕴璆．电机学［M］．北京：机械工业出版社，2014．

［2］蒋文艳．应用 Green 公式、Gauss 公式证明安培环路定理与高斯定律［J］．科技视界，2016（20）：150，152．

［3］朱彬．电动汽车用无刷直流电机控制系统研究［D］．西安：西安石油大学，2022．

［4］刘婷．表贴式永磁同步电机齿槽转矩削弱方法研究［D］．长沙：湖南大学，2013．

［5］林伟杰．永磁同步电机伺服系统控制策略的研究［D］．杭州：浙江大学，2005．

第3章 功率电子与变换技术

目前，我国电动汽车的保有量逐年上升，相比于传统燃油汽车，电动汽车的电气系统结构更加复杂、功能更加多样化。电动汽车电驱动系统离不开功率电子与变换技术的发展与应用，电动汽车电机的用电需求以及电机控制器的逆变器结构更是与功率电子与变换技术紧密相关。

本章以电动汽车的电驱动系统结构为切入点，首先介绍在汽车电驱动系统中最常用的两类典型功率电子器件的结构与类型和工作原理；然后，基于电动汽车永磁同步电机的用电需求，分别介绍整流技术与逆变技术，其中整流技术详细阐述最常用的电容滤波整流电路，逆变技术分别分析单相、三相逆变器的工作原理以及各自的脉冲宽度调制技术。

3.1 功率半导体器件

随着半导体功率开关器件的不断发展，对电压、电流、功率以及频率进行控制的成本不断降低。同时，随着集成电路、微处理器在控制电路中的使用，控制的精度大大提高。功率半导体器件如金属氧化物场效应晶体管（Metal Oxide Semiconductor Field Effect Transistor，MOSFET）和绝缘栅双极型晶体管（Insulated Gate Bipolar Transistor，IGBT）在永磁同步电机中得到了广泛应用，本节重点描述这两种功率半导体器件的结构和工作原理。

3.1.1 金属氧化物场效应晶体管 （MOSFET）

金属氧化物场效应晶体管是一类只需低电压即可控制开通、关断的场效应晶体管，并具有 30kHz ~ 1MHz 范围的高开关频率，但它的耐电压能力不高、通态电阻大。

1. MOSFET 的结构与类型

MOSFET 是功率电子中极为关键的组件，它主要由三个电极组成：源极（Source）、漏极（Drain）和栅极（Gate）。源极和漏极之间的半导体区域称为沟道，其导电性质由栅极上的电压控制。MOSFET 的基本结构包括一个半导体基底，其中包含一个通过电压控制的导电沟道。根据沟道中主要载流子的类型，沟道可以是 N 型的（以电子为主要载流子）或 P 型的（以空穴为主要载流子）。MOSFET 的操作和性能主要依赖于其栅极和半导体衬底之间的绝缘层，这层通常是纯净的氧化物，如氧化硅。MOSFET 可分为增强型 MOSFET 和耗尽型 MOSFET。

1）增强型 MOSFET：这是最常见的类型，特别是在开关电源和驱动电路中。增强型

MOSFET 在零栅极电压时保持关闭状态，只有当栅极电压超过一定阈值（对于 N 沟道是正值，对于 P 沟道是负值）时，沟道区域才会积累足够的载流子（电子或空穴），从而使设备导电。图 3-1 所示为 N 沟道增强型 MOSFET 的结构与电气符号。

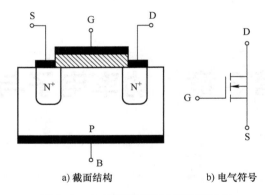

a) 截面结构   b) 电气符号

图 3-1   N 沟道增强型 MOSFET 的结构与电气符号

2）耗尽型 MOSFET：在耗尽型 MOSFET 中，即使在没有栅极电压的情况下，沟道也已经有足够的载流子进行导电，因此它默认是开启的。要关闭这种 MOSFET，需要施加一个相反符号的栅极电压（对于 N 沟道是负值，对于 P 沟道是正值），以消耗沟道中的载流子。

2. MOSFET 的工作原理

MOSFET 是一种可控的电流开关，通过调整在门极上施加的电压，可以控制导电通道的电阻，从而调节通过 MOSFET 的电流。当没有在门极上施加电压时，绝缘层中的载流子无法通过，形成一个绝缘层。这时，源极和漏极之间没有电流流动，MOSFET 处于关闭状态；当在金属门极上施加正电压时，会在绝缘层下形成一个电场。这个电场会影响绝缘层下的半导体，导致半导体中的自由电子或空穴被推向绝缘层中。另外，当电场强到足以穿透绝缘层时，就会在源极和漏极之间形成一个导电通道。这个导电通道允许电流流经，从而使 MOSFET 处于导通状态。

3.1.2　绝缘栅双极型晶体管（IGBT）

MOSFET 的输入阻抗大、工作频率高、驱动电路较简单，但耐电压能力差、容量较小；而早期的双极结型功率半导体器件如晶闸管和功率晶体管则相反，通态压降小、耐电压值高，但驱动电路比较复杂。为此有人把它们结合起来，使器件既具有小的输出电流，又具有较低饱和压降和高耐压值。20 世纪 80 年代中后期，绝缘栅双极型晶体管被发明出来，它综合了上述两种器件各自的优点，例如具有高可靠性、高开关速度、高耐电压、大电流、低通态压降和低功耗驱动等特性，已经成为当前电动汽车电机控制器的主流器件。

1. IGBT 的结构与类型

绝缘栅双极型晶体管（IGBT）是一种关键的功率半导体器件，其结构如图 3-2 所示。IGBT 的基本结构由 3 个主要区域组成：N 型沟道、P 型底层，以及在两者之间的氧化物绝缘层。N 型沟道和 P 型底层形成了晶体管的主体，而氧化物绝缘层则在栅极和沟道之间形成绝缘隔离。

IGBT 的 N 型沟道和 P 型底层之间形成的 PN 结是其关键部分，展现了其双极型特性。这一 PN 结允许电子在 N 型沟道内流动，同时也允许空穴在 P 型底层中传导，形成了双向的电流导通通道。这种双极型的特性使得 IGBT 具有可控的电流传导能力，既能够通过电子的负载，也能够通过空穴的正载。

在这个结构中，氧化物绝缘层发挥着关键的隔离作用。位于栅极和 N 型沟道之间的绝缘层是一层高质量的绝缘材料，通常是氧化硅。这一绝缘层的作用是有效地隔离栅极和 N 型沟道，防止电流的不必要损失。同时，通过外部电源施加在栅极上的电压，可以调节绝缘层下 N 型沟道中电子的导电性，从而精确控制 IGBT 的导通与截止状态。

IGBT 的结构融合了场效应晶体管（FET）和双极型晶体管（BJT）的优势，具备高输入阻抗和双极型的导电性。这种复合结构使得 IGBT 成为广泛应用于功率放大和开关电源等领域的重要器件。

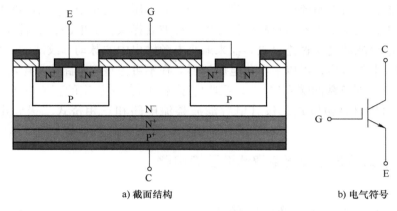

a) 截面结构   b) 电气符号

图 3-2 IGBT 的结构与电气符号

2. IGBT 的基本工作原理

IGBT 的关键在于栅极对电流的控制。通过在栅极上施加不同的电压，可以精确地调控 N 型沟道中电子的注入和导电性，从而实现对电流的控制。IGBT 的工作可以分为导通和截止两个主要阶段。

1）导通阶段：IGBT 的导通过程始于栅极施加正电压时。这个正电压击穿了栅极和 N 型沟道之间的氧化物绝缘层，形成电子注入区域。这一过程使得 N 型沟道中的电子得以注入，同时在 P 型底层中产生空穴。这些载流子的存在形成了一个导电通道，允许电流自源极流向漏极，使得器件处于导通状态。在导通状态下，IGBT 表现出较低的电压降和较小的导通损耗，适用于高效率的功率控制。

2）截止阶段：当栅极的电压变为负值或接近零时，栅极和 N 型沟道之间的绝缘层恢复其正常状态，电子注入区域消失。因此，N 型沟道中的电子和 P 型底层中的空穴无法再形成有效的导电通道，导致电流的截止。在这个状态下，IGBT 处于高阻态，不再允许电流流动。通过控制栅极电压，IGBT 能够快速切换至截止状态，减少能量损耗，适用于需要精确控制的应用。

3.2 整流技术

电动汽车上应用广泛的永磁同步电机需要频率可变的电压、电流作为输入进行控制。但是由于电网具有固定频率及电压，无法直接使用。从具有固定频率及电压的交流电源获取频率可变的可变电压/电流有以下两种方法。

1）直接变换方式：从固定频率的交流电源到频率可变的交流电源可通过一步的功率变

换的方式进行电源转换，这种可以直接变换的功率变换器被称为矩阵变换器。到目前为止，成本和控制的复杂性限制了这种变换器在工业上的应用，本书中不予介绍。

2）间接变换方式：这是一种两步的功率变换过程。首先将电网的交流电变换为直流电（整流），然后将直流电变为频率可变的交流电源（逆变）。本节将介绍整流技术，下一节介绍逆变技术。

整流器分可控型和不可控型两种。不可控整流器仅用二极管即可提供一个恒定的直流电压；有自换流器件的可控整流器可以提供可变的直流电压。近年来，在不间断电源、开关电源等应用场合中，大都采用不可控整流器经电容滤波后提供直流电源，供后级的逆变器等其他器件使用，电容滤波是通过连接电容器来减小电源输出中的脉动和纹波的一种技术。电容器具有充电和放电的能力，可以平滑化电压波形。在不可控整流电路中，电容器通常连接在整流器的输出端（即负载的输入端），以吸收电压脉动并提供稳定的直流电压。

本节将分别介绍单相桥式二极管电容滤波整流电路和三相桥式二极管电容滤波整流电路。

3.2.1　单相桥式二极管电容滤波整流电路

1. 电路结构

阻性负载的单相二极管整流电路如图3-3所示。该电路包括：

1）两个桥臂的四个整流二极管（VD_1、VD_2、VD_3和VD_4）。这些二极管构成一个桥式整流电路，允许电流单向流动。

2）电容器C。电容器连接在整流电路的输出端，用于滤波，它充当储能装置，在电压波动时提供额外电荷或吸收多余电荷，从而平滑输出电压。

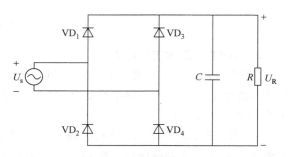

图3-3　单相桥式二极管电容滤波整流电路结构

3）负载电阻R。电阻模拟了实际应用中的负载，即连接到电路的设备。

4）整个电路的输入电压为U_s。

2. 工作原理

1）正半周：在正半周，当输入电压U_s的极性使得VD_1和VD_4导通，电流通过它们流向电容器C和负载R。电容器C开始充电，同时电流通过负载R，为负载提供电能。

2）负半周：在负半周，当输入电压U_s的极性反转，使得VD_2和VD_3导通，电流通过它们流向电容器C和负载R。电容器C继续充电，而负载R仍然接收电能。

3）电容滤波效果：由于电容器C的存在，它充当了一个能够存储电荷并平滑电流的元件。这有助于减小输出电压的脉动，提供相对稳定的直流电压给负载R。

4）负载工作：负载R在整个过程中都接收到相对平稳的电能，这是通过整流和电容滤波操作实现的。

总体而言，这个电路在每个半周中通过电容滤波实现了直流电压的平滑输出，以满足负载的需求。需要注意的是，这是一个基本的不可控整流电路，无法对输出电压进行精确的控制。在实际应用中，可能需要考虑附加的电路元件或控制方法以提高性能。

假设交流电压 U_s 为幅值 U_d 的单相正弦交流电压源，那么经过单相桥式整流器的电压波形和滤波后的电压波形如图 3-4 所示。图 3-4b 为电路中不包含滤波电容器的整流电压；图 3-4c 为滤波整流后的电压波形。

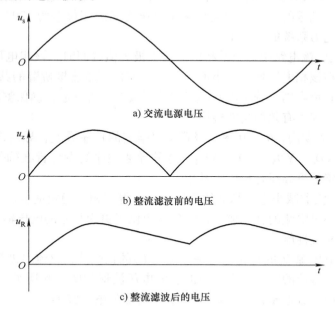

a) 交流电源电压

b) 整流滤波前的电压

c) 整流滤波后的电压

图 3-4　单向桥式二极管电容滤波整流电路的电压波形

3.2.2　三相桥式二极管电容滤波整流电路

1. 电路结构

阻性负载的单相二极管整流电路如图 3-5 所示。该电路包括：

1）6 个整流二极管 VD_1、VD_2、VD_3、VD_4、VD_5 和 VD_6。这些二极管构成一个桥式整流电路，允许电流单向流动。

2）电容器 C。电容器连接在整流电路的输出端，其作用和之前的描述一样，用于平滑输出电压。

3）负载电阻 R。电阻模拟了实际应用中的负载，即连接到电路的设备。

4）整个电路的输入电压为三相对称电压源 U_A、U_B、U_C，是一组相位差 120° 的三相对称交流电压。

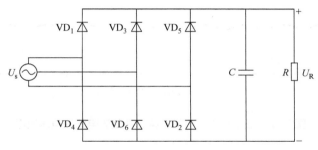

图 3-5　三相桥式二极管电容滤波整流电路结构

2. 工作原理

在三相对称正弦电压源 U_s 的作用下，电容滤波整流电路呈现出一系列显著的特点：

1）每相相电压的极大值和极小值的区间各占 120°。在整个电压周期内，每相的电压都经历了从零到峰值再到零的变化，而且每两相电压之间的相位差为 120°。这是三相电源的典型特性，常见于电力系统的应用中。

2）在三相桥式整流电路中，当某相电压处于极大值区间时，该相电压连接桥臂的共阴极二极管导通；而在该相电压处于极小值区间时，该相电压连接桥臂的共阳极二极管导通。这意味着在正半周和负半周，分别由共阴极和共阳极二极管导通，确保整流过程中的电流方向始终一致，从而实现了有效的电能转换。

3）在整个电压周期内，6 只功率二极管按照指定的顺序导通，导通次序为 $VD_1 \rightarrow VD_2$、VD_6，$VD_3 \rightarrow VD_2$、VD_4，$VD_5 \rightarrow VD_6$、VD_4。这种导通顺序的设计旨在确保电流的连续性和稳定性，为整体电路的可靠运行提供了基础。

4）负载 R 在滤波器减小电流脉动的作用下，获得了相对稳定的电压。这意味着电容滤波整流电路成功减小了电流的脉动成分，为负载提供了更为平稳的电压输出，有助于提高系统的稳定性和其他相关性能。

假设三相对称电压源 U_s 的每相电压是幅值为 U_d 的正弦波，整流二极管的导通压降为 0，那么经过三相桥式整流器的电压波形和滤波后的电压波形如图 3-6 所示。图 3-6b 为电路中不包含滤波电容器的整流电压；图 3-6c 为滤波整流后的电压波形。

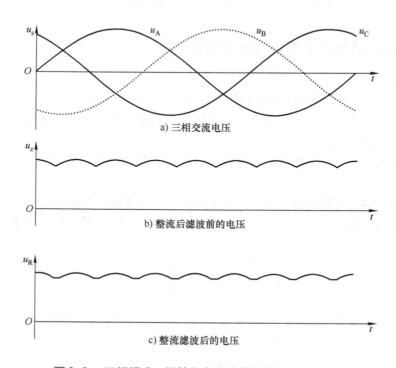

a) 三相交流电压

b) 整流后滤波前的电压

c) 整流滤波后的电压

图 3-6　三相桥式二极管电容滤波整流电路的电压波形

3.3 逆变技术

逆变器是一个将直流电变换成交流电的电路系统，它能够输出频率、幅值和相位可调的正弦波。因此，逆变器在交流电机调速领域被广泛应用。

本节首先介绍脉冲宽度调制（Pulse Width Modulation，PWM）原理，然后介绍单相电压源逆变电路的结构及其脉宽调制技术，最后在此基础上，介绍三相电压源逆变器及其脉宽调制技术。

3.3.1 脉冲宽度调制（PWM）原理

脉冲宽度调制是一种电子技术，通过调整脉冲信号的宽度来实现对模拟信号的模拟。PWM 信号的灵活性使其在电机控制、逆变器、LED 调光等领域得到广泛应用。这种数字信号调制技术允许系统高效模拟和控制模拟信号，为各种应用提供了精确的电能转换和控制手段。

1. PWM 信号的类型及其占空比

PWM 信号是一串频率和幅度固定而脉冲宽度变化的脉冲。在 PWM 周期内，每个脉冲的幅度是固定不变的，但是脉冲的宽度随着调制信号的不同而发生变化。

PWM 信号有两种基本类型：中心对称型和边沿对称型。在中心对称型 PWM 信号中，脉冲宽度的变化以信号中点为基准对称；而在边沿对称型 PWM 信号中，变化是以信号边缘为基准对称。这两种类型都具有相同的脉冲周期 T_p 和固定的幅值，但脉冲宽度 T_w 随调制信号的变化而变化。

PWM 信号会发生高低电平的跳变，如图 3-7 所示，设 PWM 信号的周期为 T_p、脉冲宽度为 T_w。将 PWM 信号的脉冲宽度与其周期之比，称为 PWM 信号的占空比，即

$$\delta = \frac{T_w}{T_p} \times 100\% \tag{3-1}$$

式中 δ——PWM 信号的占空比。

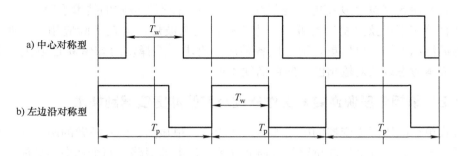

图 3-7 中心对称型 PWM 信号和边沿对称型 PWM 信号

2. 正弦波 PWM（SPWM）发生原理

在阐述 SPWM 发生原理前，我们必须介绍面积等效原理，它是 PWM 控制技术的重要理论基础。面积等效原理的描述为：冲量相等而形状不同的窄脉冲对惯性环节的输出响应波形

基本相同。

　　根据这个原理，如果两个窄脉冲在某个时间间隔内的冲量（即面积）相等，那么它们对同一个惯性环节的输出响应波形基本相同。虽然这两个脉冲的形状可能不同，但由于它们的冲量相等，它们在系统中引起的响应基本相同。

　　如图3-8所示，将一个正弦波半波形按宽度平均分为7等份，根据面积等效原理，使得与每一等份对应的矩形脉冲的面积分别相等，保持矩形脉冲的高度不变，这样与正弦波面积等效的矩形脉冲的宽度按正弦规律变化，此脉冲序列称为SPWM（Sine Pulse Width Modulation）波形。

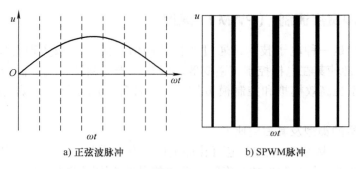

a) 正弦波脉冲　　　　　　　　　b) SPWM脉冲

图3-8　面积等效原理脉冲序列

　　在一些特定的使用场合中，通常使用SPWM波形代替直接的正弦波波形，有以下原因：

　　1）SPWM技术的最大优势在于可控性和灵活性。通过SPWM，可以动态地调节输出波形的幅值、频率和相位，适用于需要实时动态控制的场景，如交流电机调速和逆变器控制。这种调节能力是通过调整脉冲宽度来实现，从而高效地控制输出电压，满足系统对于调节性能的要求。

　　2）在功率电子应用中，SPWM被广泛运用于逆变器和交流电机驱动器等设备。其关键作用在于模拟正弦波形，有效控制设备的输出。另外，SPWM还能采用适当的调制方法减少输出中的谐波含量，产生更接近理想正弦波的输出，尤其适用于对电力质量要求较高的场景。这些特性使SPWM在功率电子控制领域中成为一种不可或缺的技术手段。

　　虽然直接使用正弦波发生器可以产生理想的正弦波形，但在实际应用中，使用SPWM往往更为灵活和可控，可以更好地适应各种应用需求。选择使用SPWM还取决于系统的特定要求、成本考虑以及对输出波形的精确度要求。

3.3.2　单相电压源逆变器工作原理及其脉冲宽度调制技术

　　全桥式单相电压源逆变器的电路如图3-9所示，很显然，同一桥臂的两个功率半导体开关不能同时导通，否则会造成桥臂的直通而导致直流电源短路。两个功率半导体开关的状态见表3-1。

　　由于三相PWM逆变电路大多采用双极性的调制方式，因此在单相电压源逆变器电路中，我们仅介绍双极性调制方法。双极性SPWM调制技术是指无论在正弦波的正半周还是负半周，逆变器的输出电压交替出现正负脉波。

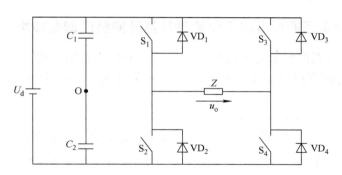

图 3-9　全桥式单相电压源逆变器电路

表 3-1　全桥式单相电压源逆变器的开关状态

开关状态		负载电压
导通	截止	u_o
S_1、S_4	S_2、S_3	U_d
S_2、S_3	S_1、S_4	$-U_d$
S_1、S_3	S_2、S_4	0
S_2、S_4	S_1、S_3	0

　　单相双极性 SPWM 技术的脉宽调制原理如图 3-10 所示。载波信号 u_c 为等腰三角波，调制信号 u_r 为正弦波。定义以下的调制规则：当调制信号大于载波信号时，即 $u_r > u_c$，给 S_1、S_4 导通信号，给 S_2、S_3 关断信号，若 $i_o > 0$，则 S_1、S_4 通，若 $i_o < 0$，则 VD_1、VD_4 通，此时输出电压 $u_o = U_d$；当调制信号小于载波信号时，即 $u_r < u_c$，给 S_2、S_3 导通信号，给 S_1、S_4 关断信号，若 $i_o > 0$，则 VD_2、VD_3 通，若 $i_o < 0$，则 S_2、S_3 通，此时输出电压 $u_o = -U_d$。输出电压波形如图 3-10b 所示。逆变器全控型功率半导体开关的开关状态为表 3-1 的前两行。

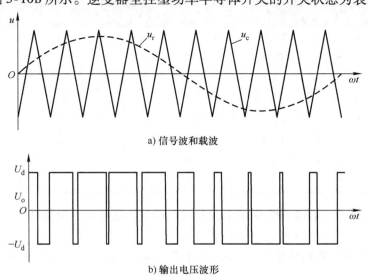

a) 信号波和载波

b) 输出电压波形

图 3-10　采用双极性 SPWM 技术的脉宽调制原理

3.3.3　三相电压源逆变器工作原理及其脉冲宽度调制技术

三相电压源逆变器的标准电路如图 3-11 所示。它由直流输入滤波电容和 3 组由两个开关元件串联组成的桥臂组成，每个功率半导体开关并联一个用于感性负载续流的反向二极管。

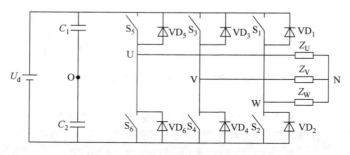

图 3-11　三相电压源逆变器的标准电路

三相星形联结负载 Z_U、Z_V、Z_W 的中性点为 N，当使用三相电压源逆变器时，共存在 8 个有效的开关模式。表 3-2 详细展示了这些模式下的相电压和线电压。其中包含两种特殊的零电压开关状态，表示上桥臂或下桥臂的 3 个开关完全关闭，使得感性负载的电流能够继续通过。这 2 个零电压开关状态对于优化其他 6 个开关状态的相互切换至关重要。

以开关模式 S_W、S_V、S_U 为例，当其值为 100 时，具体表明了各相桥臂开关的导通或截止状态：W 相连接桥臂的上桥臂开关 S_1 导通，下桥臂开关 S_2 截止；V 相连接桥臂的上桥臂开关 S_3 截止，下桥臂开关 S_4 导通；U 相连接桥臂的上桥臂开关 S_5 截止，下桥臂开关 S_6 导通。这种详细的开关状态描述了在特定逆变器模式下的运行情况。

表 3-2　三相电压源逆变器的开关状态

开关状态		相电压			线电压			开关模式		
导通	截止	U_{WN}	U_{VN}	U_{UN}	U_{WV}	U_{VU}	U_{UW}	S_W	S_V	S_U
S_1、S_4、S_6	S_2、S_3、S_5	$2U_d/3$	$-U_d/3$	$-U_d/3$	U_d	0	$-U_d$	1	0	0
S_1、S_3、S_6	S_2、S_4、S_5	$U_d/3$	$U_d/3$	$-2U_d/3$	0	U_d	$-U_d$	1	1	0
S_2、S_3、S_6	S_1、S_4、S_5	$-U_d/3$	$2U_d/3$	$-U_d/3$	$-U_d$	U_d	0	0	1	0
S_2、S_3、S_5	S_1、S_4、S_6	$-2U_d/3$	$U_d/3$	$U_d/3$	$-U_d$	0	U_d	0	1	1
S_2、S_4、S_5	S_1、S_3、S_6	$-U_d/3$	$-U_d/3$	$2U_d/3$	0	$-U_d$	U_d	0	0	1
S_1、S_4、S_5	S_2、S_3、S_6	$U_d/3$	$-2U_d/3$	$U_d/3$	U_d	$-U_d$	0	1	0	1
S_1、S_3、S_5	S_2、S_4、S_6	0	0	0	0	0	0	1	1	1
S_2、S_4、S_6	S_1、S_3、S_5	0	0	0	0	0	0	0	0	0

三相 SPWM 技术与单相 SPWM 技术的双极性调制方法相同，具体描述如下：

1）三相控制信号共用 1 个三角波载波信号 u_c。

2）调制信号为 3 个相位依次差 120° 的正弦波 u_{r1}、u_{r2} 和 u_{r3}，载波信号和调制信号如图 3-12 所示。

3）U、V、W 三相各自功率开关的控制规律相同，以 U 相为例：正弦调制信号 u_{r1} 与三

角载波信号 u_c 比较，当 $u_{r1} > u_c$ 时，给上桥臂 S_5 导通信号，下桥臂 S_6 关断信号，则 U 相对于直流电源中性点 O 的电压 $u_{UO} = U_d/2$；当 $u_{r1} < u_c$ 时，给下桥臂 S_6 导通信号，上桥臂 S_5 关断信号，则 U 相对于直流电源中性点 O 的电压 $u_{UO} = -U_d/2$。同一桥臂的上下两个驱动信号总是互补的。各相相对于直流电源中性点的电压波形如图 3-13 所示。

4）表 3-2 中的相电压及线电压均可由各相相对于直流电源中性点的电压计算得到，线电压如图 3-14 所示，相电压如图 3-15 所示。

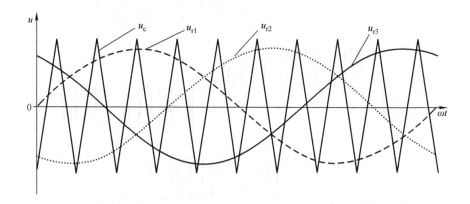

图 3-12　载波信号和调制信号

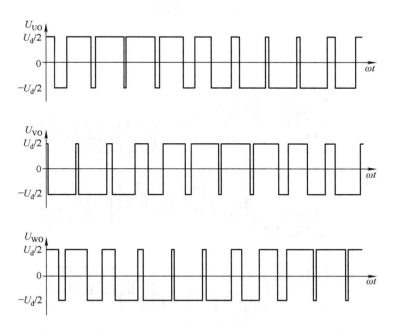

图 3-13　各相相对于直流电源中性点的电压波形

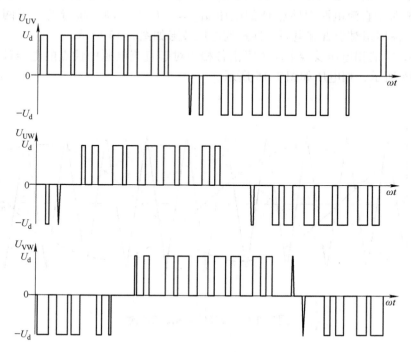

图 3-14　线电压

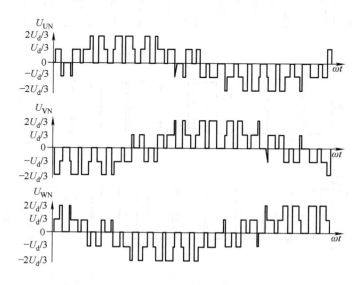

图 3-15　相电压

习　题

3-1　试说明 MOSFET 和 IGBT 各自的优缺点。

3-2　简述电容滤波整流电路中电容器的作用。

3-3　试叙述 SPWM 的工作原理。

参 考 文 献

[1] 程夕明.新能源汽车功率电子基础 [M].北京：机械工业出版社，2018.

[2] 王兆安.电力电子技术 [M].5 版.北京：机械工业出版社，2009.

[3] 钟再敏.车用驱动电机原理与控制基础 [M].北京：机械工业出版社，2020.

[4] 陈坚.电力电子学 [M].北京：高等教育出版社，2004.

[5] 莫正康.半导体变流技术 [M].2 版.北京：机械工业出版社，2007.

第4章 永磁同步电机控制

随着新型永磁材料及现代电力电子技术的迅猛发展，永磁同步电机（Permanent Magnet Sychronous Motor，PMSM）以其高效率、高功率密度等优点，正在被大量应用于电动汽车电机驱动系统。相比于异步电机，永磁同步电机采用永磁体产生转子磁场，体积小，结构简单，无需励磁电流，降低了电机的铁损和铜损，提高了电机效率；相比于传统直流电机，取消了电刷和换向器，操作方便，可靠性高。此外，永磁同步电机还具有转速平稳、过载能力强等优点。从资源的角度来看，中国的稀土金属产量占世界稀土金属总产量的 60% 以上，发展永磁同步电机具有得天独厚的优势。

本章从永磁同步电机的基本结构出发，介绍永磁同步电机的类型和工作原理；通过分析定子绕组和转子永磁体之间的电磁关系，建立永磁同步电机的动态数学模型；在模型分析的基础上，详述如今应用最为广泛的矢量控制方法及空间矢量脉宽调制技术；最后，简单介绍直接转矩控制方法。

4.1 永磁同步电机的结构与工作原理

永磁同步电机属于永磁无刷电机的一个分支，如图 4-1 所示，根据永磁体形成的气隙磁场分布形状的不同，可将永磁无刷电机分为正弦波永磁无刷电机和梯形波永磁无刷电机，其中正弦波永磁无刷电机也被称为永磁同步电机。以常见的三相永磁同步电机为例，其定子绕组为对称的三相短距、分布绕组，定子电流为频率相同的三相正弦电流；转子永磁体采用特殊的结构以产生正弦分布的转子磁场。

图 4-1　永磁无刷电机分类及命名

4.1.1　永磁同步电机转子永磁体结构

永磁同步电机的转子永磁体通常有两种结构。

1）表贴式永磁同步电机（Surface- mounted Permanent Magnet Sychronous Motor，SPMSM）

的永磁体贴装在转子铁心的外圆表面，永磁体产生的磁通不经过任何介质而直接进入气隙，这种结构可以提供最大的气隙磁通密度。但是由于永磁体在径向方向上没有得到固定，导致表贴式结构的整体性和可靠性较差，通常会在电机设计过程中，将永磁体嵌入转子一定深度，并用高强度的纤维材料将永磁体固定在转子上，以增强转子的结构强度。此外，这类电机直、交轴磁阻的差异很小，相应的直、交轴电感的差异也很小（小于 10%），这使得表贴式永磁同步电机在控制方法上可以很容易实现单位功率因数控制（Unit Power Factor，UPF）和最大转矩电流比控制（Maximum Torque Per Amper，MTPA）。

2）内置式永磁同步电机（Interior Permanent Magnet Sychronous Motor，IPMSM）的永磁体嵌在转子铁心内部，转子的机械结构可靠，比表贴式转子结构更加适用于高速电机。此外，相对于表贴式永磁同步电机，该结构的交、直轴电感差异很大，通常情况下，交轴电感可以达到直轴电感的 3 倍，由此产生的磁阻转矩可提高电机的转矩电流比，相同转矩需求下可降低永磁体励磁磁通，减小永磁体体积。同时，更大的交轴电感使得内置式永磁同步电机更适合弱磁工况下的运行，可以在相同直流母线电压下显著扩大永磁同步电机的速度范围。因而，车用永磁同步电机大多都采用内置式的转子结构。

4.1.2　永磁同步电机工作原理

永磁同步电机依靠定子电流形成的定子磁场和转子永磁体形成的转子磁场的相互作用产生电磁转矩，针对常见的三相永磁同步电动机，以极对数为 1 的转子永磁体 NS 为例阐述其转子旋转原理，如图 4-2 所示。

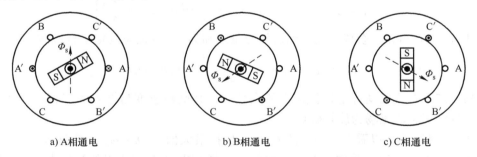

a) A相通电　　　　　　b) B相通电　　　　　　c) C相通电

图 4-2　永磁同步电机转子旋转原理

对三相永磁同步电机的 A、B、C 三相交替通电，并设定各相通电时的电流大小保持不变。如图 4-2a 所示，当仅有定子 A 相绕组通电时，采用右手定则可以判断通电线圈 A 产生方向向上的定子磁场 Φ_s。根据磁极的异性相吸原理，转子永磁体的 N 极会被定子磁场 Φ_s 吸引，转子 NS 极逆时针转动，直至与 Φ_s 重合；仅给定子 B 相绕组通电，则转子永磁体的 N 极会被吸引到图 4-2b 所示位置；仅给定子 C 相绕组通电，则转子永磁体的 N 极会被吸引到图 4-2c 所示位置。因而，给定子绕组依次单独通电即可实现转子的连续旋转。

可以看到，依次给定子绕组单相通电，作用是使定子磁场依次旋转至不同的角度，实际上，当给对称的三相定子绕组通以对称的三相电流时，将产生幅值恒定的定子旋转磁场。对称三相电流指的是三相电流的幅值相同，且彼此之间存在 120° 的相位差，对称的三相定子绕组具有相同的匝数且空间上互差 120° 电角度。证明过程如下：

设三相电流幅值为 I_m，角频率为 ω_e，且相位互差 120° 电角度，则三相定子电流为

$$\begin{cases} i_A = I_m \sin(\omega_e t) \\ i_B = I_m \sin\left(\omega_e t - \dfrac{2\pi}{3}\right) \\ i_C = I_m \sin\left(\omega_e t + \dfrac{2\pi}{3}\right) \end{cases} \tag{4-1}$$

设考虑节距、分布和斜槽因数后，三相定子绕组的有效匝数为 N_s、电机极对数为 p、电机转子电角度为 θ，则电机各相磁动势可以表示为

$$\begin{cases} F_A = \dfrac{N_s I_m}{p} \sin(\theta) \sin(\omega_e t) \\ F_B = \dfrac{N_s I_m}{p} \sin\left(\theta - \dfrac{2\pi}{3}\right) \sin\left(\omega_e t - \dfrac{2\pi}{3}\right) \\ F_C = \dfrac{N_s I_m}{p} \sin\left(\theta + \dfrac{2\pi}{3}\right) \sin\left(\omega_e t + \dfrac{2\pi}{3}\right) \end{cases} \tag{4-2}$$

三相定子绕组的合成磁动势为各相磁动势之和，为了方便计算，先将各相磁动势分解为正转和反转两个分量，即

$$\begin{cases} F_A = \dfrac{1}{2} \dfrac{N_s I_m}{p} \left[\cos(\theta - \omega_e t) - \cos(\theta + \omega_e t) \right] \\ F_B = \dfrac{1}{2} \dfrac{N_s I_m}{p} \left[\cos(\theta - \omega_e t) - \cos\left(\theta + \omega_e t - \dfrac{4\pi}{3}\right) \right] \\ F_C = \dfrac{1}{2} \dfrac{N_s I_m}{p} \left[\cos(\theta - \omega_e t) - \cos\left(\theta + \omega_e t - \dfrac{2\pi}{3}\right) \right] \end{cases} \tag{4-3}$$

由式（4-3）可得，合成磁动势的反转分量之和为 0，因而总的定子合成磁动势结果为

$$F_s = F_A + F_B + F_C = \dfrac{3}{2} \dfrac{N_s I_m}{p} \cos(\theta - \omega_e t) \tag{4-4}$$

显然，定子合成磁动势是幅值恒定的余弦波，其旋转速度与输入的三相电流角速度相同，因此称定子合成磁场为旋转磁场。

从式（4-4）还可以看出，为了使 F_s 始终保持最大值，$(\theta - \omega_e t)$ 应该等于 0，而转子电角度 θ 满足式（4-5）。其中，θ_0 为电机转子磁场和电机 A 相绕组的初始夹角，在电机控制中会提前将其矫正为 0；ω_e 为转子的电角速度；ω_m 为转子的机械角速度。所以，当转子的电角速度和定子磁场的角速度相同时，定子合成磁动势始终保持最大值，相同定子电流的情况下可以产生最大的电磁转矩。

$$\theta = \theta_0 + \int_0^t \omega_e(t)\,\mathrm{d}t = \theta_0 + \int_0^t p\omega_m(t)\,\mathrm{d}t \tag{4-5}$$

4.1.3 永磁同步电机电磁功率与电磁转矩

永磁同步电机的电磁功率为各相感应电动势有效值向量和电流有效值向量的点积之和，感应电动势的相位超前转子磁场 90°，感应电动势的幅值 E_m 表示为式（4-6）。其中，D 为定子内径；L 为定子叠片有效长度；B_m 为转子永磁体的磁通密度；永磁体极弧为 2β。从控制的角度来看，对于设计完成的永磁同步电机，N_s、D、L、B_m、$\sin\beta$ 等都是已经确定的常数，将它们的乘积用 ϕ_m 代替，简化后 E_m 的表达式为（4-7）。

$$E_m = N_s DLB_m \omega_m \sin\beta \tag{4-6}$$

$$E_m = \phi_m \omega_m \tag{4-7}$$

为了求得永磁同步电机的电磁功率，设定子电流和转子磁场间的角度是 δ（转矩角），则电磁功率的表达式为

$$P_e = 3\frac{E_m}{\sqrt{2}} \cdot \frac{I_m}{\sqrt{2}} = \frac{3}{2}E_mI_m\cos\left(\frac{\pi}{2} - \delta\right) = \frac{3}{2}\phi_m\omega_mI_m\sin\delta \tag{4-8}$$

电磁转矩和电磁功率之间满足：$P_e = T_e\omega_m$，电磁转矩的表达式为

$$T_e = \frac{3}{2}\phi_mI_m\sin\delta \tag{4-9}$$

分析式（4-9），ϕ_m 是在电机设计过程中已经确定的参数。从电机控制的角度而言，ϕ_m 被认为是一个已知的常量。则从式（4-9）出发，永磁同步电机控制的目标可以表达为：通过控制三相定子电流的幅值 I_m 和转矩角实现对电磁转矩的精确控制。4.3 节介绍的矢量控制方法可以很容易地实现定子电流矢量的控制目标，是目前应用最为广泛的永磁同步电机控制方法。

4.2 永磁同步电机动态数学模型

为了实现对永磁同步电机定子电流、电磁转矩、转速的精确控制，需要建立永磁同步电机的动态数学模型。本节首先在三相静止坐标系下建立永磁同步电机的动态模型，而后推导出两相静止坐标系和两相旋转坐标系下的永磁同步电机动态模型，为本章后续的矢量控制方法、直接转矩控制方法等提供数学分析基础。

4.2.1 ABC 三相静止坐标系下的数学模型

建立永磁同步电机的数学模型，需要对电机的部分特性进行理想化假设，假设条件是建立三相永磁同步电机数学模型的前提，如果假设条件不满足，PMSM 的数学模型也应随之修正，假设条件为：

1）忽略空间谐波，设三相定子绕组对称正弦分布，在空间互差 120° 电角度，所产生的磁势沿气隙周围按正弦规律分布。

2）忽略磁路饱和，定子各绕组的自感和互感为恒定值。

3）忽略铁心损耗。

4）不考虑频率变化和温度变化对绕组电阻的影响。

5）以定子 A 相绕组轴线为 α 轴，三相绕组轴线的交点为原点，通过原点与 α 轴垂直并为 β 轴。

6）逆时针为正方向。

基于上述假设条件，在 ABC 三相静止坐标系下，三相永磁同步电机可以简化为图 4-3 所示的结构。

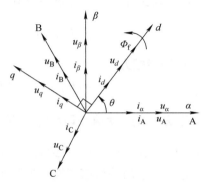

图 4-3 静止坐标系下三相永磁同步电机模型

1. 电压方程

$$\begin{bmatrix} u_A \\ u_B \\ u_C \end{bmatrix} = \begin{bmatrix} R_s & 0 & 0 \\ 0 & R_s & 0 \\ 0 & 0 & R_s \end{bmatrix} \begin{bmatrix} i_A \\ i_B \\ i_C \end{bmatrix} + \frac{d}{dt} \begin{bmatrix} \Phi_A \\ \Phi_B \\ \Phi_C \end{bmatrix} \tag{4-10}$$

式中 u_A、u_B、u_C——定子相电压瞬时值；

$\quad\quad i_A$、i_B、i_C——定子相电流瞬时值；

$\quad\quad \Phi_A$、Φ_B、Φ_C——定子每相磁链瞬时值；

$\quad\quad\quad R_s$——定子绕组相电阻。

2. 磁链方程

$$\begin{bmatrix} \Phi_A \\ \Phi_B \\ \Phi_C \end{bmatrix} = \begin{bmatrix} L_{AA} & L_{AB} & L_{AC} \\ L_{BA} & L_{BB} & L_{BC} \\ L_{CA} & L_{CB} & L_{CC} \end{bmatrix} \begin{bmatrix} i_A \\ i_B \\ i_C \end{bmatrix} + \begin{bmatrix} \Phi_{Af} \\ \Phi_{Bf} \\ \Phi_{Cf} \end{bmatrix} = \boldsymbol{L} \begin{bmatrix} i_A \\ i_B \\ i_C \end{bmatrix} + \begin{bmatrix} \Phi_{Af} \\ \Phi_{Bf} \\ \Phi_{Cf} \end{bmatrix} \tag{4-11}$$

式中，$\boldsymbol{L}$ 是 3×3 的电感矩阵，对角线上的 3 个元素是各绕组的自感，上三角和下三角 6 个元素是定子绕组之间的互感，由于定子绕组间的相对位置固定，互感值保持不变；Φ_{Af}、Φ_{Bf}、Φ_{Cf} 是转子磁场对各相定子绕组的电磁感应作用，随着转子位置角变化：

$$\Phi_{Af} = \Phi_f \cos\theta$$

$$\Phi_{Bf} = \Phi_f \cos\left(\theta - \frac{2\pi}{3}\right)$$

$$\Phi_{Cf} = \Phi_f \cos\left(\theta + \frac{2\pi}{3}\right) \tag{4-12}$$

式中 Φ_f——转子永磁体磁链。

接下来给出电感矩阵 $\boldsymbol{L}$ 内各元素的值，设定子绕组漏磁通所对应的电感为定子漏感 L_{Ls}，两相定子绕组交链的最大互感磁通对应的电感为定子互感 L_m，且 L_{Ls} 和 L_m 是已知量。

自感是指某相绕组产生的互感和漏感之和，则 L_{AA}、L_{BB}、L_{CC} 的大小为

$$L_{AA} = L_{BB} = L_{CC} = L_m + L_{Ls} \tag{4-13}$$

由于三相定子绕组完全对称，空间互差 120°，励磁磁场沿气隙正弦分布，则有定子绕组之间的互感大小相等，且满足下式

$$L_{AB} = L_{BA} = L_{AC} = L_{CA} = L_{BC} = L_{CB} = L_m \cos 120° = -\frac{L_m}{2} \tag{4-14}$$

3. 电磁转矩方程

$$T_e = p\Phi_f \left[i_A \sin\theta + i_B \sin(\theta - 120°) + i_C \sin(\theta + 120°) \right] \tag{4-15}$$

4.2.2 $\alpha\beta$ 两相静止坐标系下的数学模型

从 ABC 三相静止坐标系到 $\alpha\beta$ 两相静止坐标系的变换称为 Clarke 变换，本章对永磁同步电机的分析都采用等幅值变换。如图 4-3 所示，α 轴的位置和电机 A 相绕组磁链轴线的位置重合，变换后的定子电压、定子电流以及定子每相磁链的值，都满足变换公式（4-16）。

$$\begin{bmatrix} X_\alpha \\ X_\beta \end{bmatrix} = \frac{2}{3} \begin{bmatrix} 1 & -\dfrac{1}{2} & -\dfrac{1}{2} \\ 0 & \dfrac{\sqrt{3}}{2} & -\dfrac{\sqrt{3}}{2} \end{bmatrix} \begin{bmatrix} X_A \\ X_B \\ X_C \end{bmatrix} \tag{4-16}$$

Clarke 变换后，永磁同步电机在 $\alpha\beta$ 静止坐标系下的电压方程、磁链方程、电磁转矩方程表示如下。

1. 电压方程

$$\begin{bmatrix} u_\alpha \\ u_\beta \end{bmatrix} = \begin{bmatrix} R_s & 0 \\ 0 & R_s \end{bmatrix} \begin{bmatrix} i_\alpha \\ i_\beta \end{bmatrix} + \frac{d}{dt} \begin{bmatrix} \Phi_\alpha \\ \Phi_\beta \end{bmatrix} \tag{4-17}$$

式中 u_α、u_β——合成定子电压矢量在 α、β 轴上的分量；

$\quad$ i_α、i_β——合成定子电流矢量在 α、β 轴上的分量；

$\quad$ Φ_α、Φ_β——三相定子绕组的全磁链在 α、β 轴上的分量。

2. 磁链方程

$$\begin{bmatrix} \Phi_\alpha \\ \Phi_\beta \end{bmatrix} = \begin{bmatrix} \dfrac{3}{2}L_m + L_{Ls} & 0 \\ 0 & \dfrac{3}{2}L_m + L_{Ls} \end{bmatrix} \begin{bmatrix} i_\alpha \\ i_\beta \end{bmatrix} + \begin{bmatrix} \cos\theta \\ \sin\theta \end{bmatrix} \Phi_f \tag{4-18}$$

3. 电磁转矩方程

$$T_e = \frac{3}{2}p(\Phi_\alpha i_\beta - \Phi_\beta i_\alpha) \tag{4-19}$$

4.2.3 dq 两相旋转坐标系下的数学模型

分析 ABC 三相静止坐标系和 $\alpha\beta$ 两相静止坐标系下的数学模型，式（4-15）和式（4-19）的电磁转矩方程中都含有随电机转子位置角 θ 变化的交流量，相应地，为了获得稳定的电磁转矩，i_A、i_B、i_C、i_α、i_β 的解都是和 θ 相关的交流量。为了将控制对象从交流电流转换成直流电流，采用 Park 变换将 $\alpha\beta$ 静止坐标系下的数学模型转换成了 dq 旋转坐标系下的数学模型，dq 轴所在位置如图 4-3 所示。

经过 Park 变换后，dq 旋转坐标系下各变量的值与 $\alpha\beta$ 静止坐标系下各变量值的关系为

$$\begin{bmatrix} X_d \\ X_q \end{bmatrix} = \begin{bmatrix} \cos\theta & \sin\theta \\ -\sin\theta & \cos\theta \end{bmatrix} \begin{bmatrix} X_\alpha \\ X_\beta \end{bmatrix} \tag{4-20}$$

1. 电压方程

$$\begin{bmatrix} u_d \\ u_q \end{bmatrix} = \begin{bmatrix} R_s & \\ & R_s \end{bmatrix} \begin{bmatrix} i_d \\ i_q \end{bmatrix} + \begin{bmatrix} \dfrac{d}{dt} & -\omega_e \\ \omega_e & \dfrac{d}{dt} \end{bmatrix} \begin{bmatrix} \Phi_d \\ \Phi_q \end{bmatrix} \tag{4-21}$$

式中 u_d、u_q——合成定子电压矢量在 d、q 轴上的分量；

$\quad$ i_d、i_q——合成定子电流矢量在 d、q 轴上的分量；

$\quad$ Φ_d、Φ_q——三相定子绕组的全磁链在 d、q 轴上的分量。

2. 磁链方程

$$\begin{bmatrix} \Phi_d \\ \Phi_q \end{bmatrix} = \begin{bmatrix} L_d & \\ & L_q \end{bmatrix} \begin{bmatrix} i_d \\ i_q \end{bmatrix} + \begin{bmatrix} \Phi_f \\ 0 \end{bmatrix} \tag{4-22}$$

式中，Φ_f 为转子永磁体磁链，定向在 d 轴方向。

3. 电磁转矩方程

$$T_e = \frac{3}{2}p(\Phi_d i_q - \Phi_q i_d) = \underset{\text{永磁转矩}}{\frac{3}{2}p\Phi_f i_q} + \underset{\text{磁阻转矩}}{\frac{3}{2}p(L_d - L_q)i_d i_q}$$

$$\tag{4-23}$$

从式（4-23）可以看出，在 dq 旋转坐标系下，通过控制定子电流 i_d、i_q 即可实现对电磁转矩的控制，由于 Φ_f、L_d、L_q 是固定的常数，因此，i_d、i_q 都是和转子角度解耦的直流量。

4.2.4　永磁体转子凸极比的影响

根据式（4-23），永磁同步电机的电磁转矩方程可以分为永磁转矩和磁阻转矩，设永磁同步电机转子的凸极比为：$\rho = L_q/L_d$，则磁阻转矩可以表达为：$3/2pL_d(1-\rho)i_d i_q$。定义 $\rho > 1$ 是正凸极，$\rho < 1$ 是反凸极，则由 dq 轴电流所在象限即可决定永磁同步电机的磁阻转矩极性和定子绕组 d 轴电流的励磁作用，见表4-1。

表4-1　PMSM 的磁阻转矩极性和 d 轴电流的励磁作用

电流象限		Ⅰ	Ⅱ	Ⅲ	Ⅳ
磁阻转矩	正凸极 $\rho > 1$	−	+	−	+
	反凸极 $0 < \rho < 1$	+	−	+	−
定子 d 轴电流作用		增磁	去磁	去磁	增磁

在表4-1中，符号" + "表示磁阻转矩极性为正，对电磁转矩具有增强作用；符号" − "表示磁阻转矩极性为负，对电磁转矩具有减小作用。例如，在第Ⅱ象限，正凸极电动机的磁阻转矩为正，同时对转子磁场具有去磁作用，这有助于永磁同步电机在弱磁阶段的转矩增强作用。

4.3　永磁同步电机矢量控制

永磁同步电机控制的目标是使永磁同步电机输出的转速、电磁转矩等快速而准确地跟随指令值。为了实现永磁同步电机控制快速的动态响应和准确的稳态性能，出现了诸如恒压频比控制（Constant Voltage/Frequency Control，VFC）、磁场定向矢量控制（Field-Oriented Vector Control，FOC）、直接转矩控制（Direct Torque Control，DTC）等控制方法。其中，磁场定向矢量控制（简称矢量控制）对电磁转矩和磁通进行解耦控制，可以单独地控制电磁转矩和磁通，其控制方式和直流电机非常相似，便于理解和普及，且矢量控制可以实现优异的电机控制性能，是如今应用最为广泛的永磁同步电机控制方法。

本节首先介绍矢量控制的基本原理，而后介绍矢量控制如何实现特定的性能指标，如：

零 d 轴电流（$i_d = 0$）、最大转矩电流比（MTPA）、单位功率因数（UPF）、高速区弱磁控制等。

4.3.1　矢量控制基本原理

永磁同步电机磁场定向矢量控制是通过控制定子电流矢量的幅值和转矩角实现电磁转矩控制的，根据式（4-23）电磁转矩的表达式，在 dq 旋转坐标系下控制 dq 轴电流的大小，即可实现定子电流矢量的幅值和转矩角的控制。此外，如图 4-4 所示，在永磁同步电机向量图中，d 轴电流分量 i_d 和转子磁链的方向相同，二者共同形成了转子磁通，因而将之称为定子电流的磁通分量；q 轴电流分量 i_q 与转子磁通正交，与转子磁通相互作用产生电磁转矩，因而将之称为定子电流的转矩分量。从这个角度来看，矢量控制实现了对电机磁通和转矩的单独控制，使交流电机具备了和直流电机相同的控制特性。

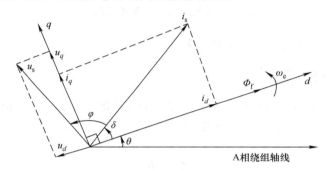

图 4-4　dq 旋转坐标系下永磁同步电机向量图

图 4-4 中，u_s 为定子电压矢量，其在 dq 轴上的分量分别为 u_d、u_q；φ 为功率因数角，是定子电压矢量和定子电流矢量间的夹角；δ 为转矩角，是定子电流矢量和转子磁通间的夹角；θ 为转子位置角，是转子磁通和 A 相绕组磁链间的夹角。

dq 旋转坐标系的 d 轴固定在转子永磁体磁链方向且跟随转子永磁体转动，因此矢量控制的第一步是要实现转子磁场定向，也就是求得转子永磁体磁链和 A 相绕组轴线之间的角度 θ。电机控制系统中通常采用光电编码器或者旋转变压器采集转子位置信息进而求得角度 θ。

矢量控制的基本框图如图 4-5 所示。利用得到的转子位置角 θ，通过 Clarke 变换和 Park 变换将采集的 A、B、C 三相电流变换为 dq 轴下的电流 i_d、i_q，然后计算得到指令电流和实际电流之间的电流跟随误差，电压调节器根据电流跟随误差计算得到 dq 轴定子电压 u_d、u_q。图 4-5 采用常用的比例积分（Proportional Integral，PI）控制代表电压调节器。最后，通过空间矢量脉宽调制技术（Space Vector Pulse Width Modulation，SVPWM）将目标电压分解为两电平电压源逆变器各桥臂的开关时间。SVPWM 技术将在 4.4 节进行详细的介绍，这里直接引用 4.4 节的结论，即 SVPWM 技术可以准确地控制作用在电机上的定子电压矢量。

矢量控制通过转子磁场定向和坐标变换，将定子电流解耦成磁通分量 i_d 和转矩分量 i_q，通过 SVPWM 控制逆变器输出的电压矢量，进而实现 i_d、i_q 的控制，即可分别控制电机的磁通和电磁转矩。笔者总结已有文献对矢量控制的描述后认为，凡是进行了 abc-$\alpha\beta$-dq 这一坐标变换的控制方法，都可以认为是矢量控制方法的一种，也就是说凡是在 dq 坐标系下发展的控制算法，都属于矢量控制。接下来将介绍矢量控制如何实现特定的控制目标，这些控制

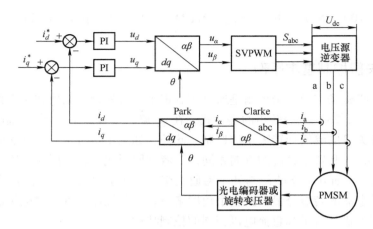

图 4-5　永磁同步电机矢量控制框图

目标也是工程上最常见的永磁同步电机控制需求。

4.3.2　零 d 轴电流控制

零 d 轴电流控制策略，是指保持定子绕组 d 轴电流的参考值为 0。相应的 d 轴定子磁链方程仅保留了转子磁链，q 轴定子磁链方程保持不变，dq 旋转坐标系下的磁链方程由式（4-22）变为

$$\Phi_d = \Phi_f$$
$$\Phi_q = L_q i_q \tag{4-24}$$

零 d 轴电流控制策略的情况下，永磁同步电机的转矩不再含有磁阻转矩分量，只有永磁转矩部分：

$$T_e = \frac{3}{2} p \Phi_f i_q \tag{4-25}$$

永磁同步电机零 d 轴电流控制框图如图 4-6 所示，图中给出的是转速环控制策略，q 轴定子电流参考值 i_q^* 由 PI 控制器根据转速误差给出，在转矩环控制策略中，i_q^* 由 PI 控制器根据转矩误差给出。对比图 4-5 和图 4-6，零 d 轴电流控制只是在矢量控制的基础上将 d 轴参考电流 i_d^* 设置为 0，其余环节没有改变。

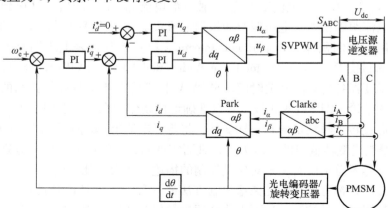

图 4-6　永磁同步电机零 d 轴电流控制矢量控制框图

零 d 轴电流控制策略的优点是：

1）只需要调节 q 轴定子电流，相对传统的矢量控制方法更加简单。

2）对于表贴式永磁同步电机而言，由于其直交轴电感几乎相同，其电磁转矩可以用式（4-25）表示，因而表贴式永磁同步电机采用零 d 轴电流控制策略可以在产生相同转矩的情况下，使定子电流最小，也就是能同时实现最大转矩电流比控制。

零 d 轴电流控制策略的缺点是：无法利用交直轴电感之差产生的磁阻转矩，应用于内置式永磁同步电机无法实现最大转矩电流比控制。

因此，零 d 轴电流控制策略通常应用于表贴式永磁同步电机的控制，或者是对转矩电流比不敏感的控制场景。

4.3.3　最大转矩电流比（MTPA）控制

根据 4.3.2 节的结论，对于表贴式永磁同步电机而言，零 d 轴电流控制即可实现最大转矩电流比的控制目标。本节主要介绍内置式永磁同步电机的最大转矩电流比控制。

根据式（4-23），内置式永磁同步电机的电磁转矩是 dq 轴定子电流的一个函数，当电机稳定运行在恒转矩状态时，其恒转矩曲线上任意一点对应着一对 dq 轴定子电流 (i_d, i_q)，有多个 dq 轴定子电流对能产生相同大小的电磁转矩。其中，存在一个对应的定子电流矢量幅值最小的定子电流对 (i_d, i_q)，采用这组定子电流，可以降低定子绕组中的电流，有利于减少永磁同步电机运行过程中的铜耗，提高整个永磁同步电机驱动系统的运行效率。

MTPA 优化方法的核心是构造一个式（4-26）所示的拉格朗日目标函数：

$$f_L(i_d, i_q) = \sqrt{i_d^2 + i_q^2} + L_\lambda \left\{ T_e - \frac{3}{2} p \left[\varPhi_f i_q + (L_d - L_q) i_d i_q \right] \right\} \tag{4-26}$$

式中　f_L——构造的目标函数；

　　　L_λ——拉格朗日乘数。

对拉格朗日函数 f_L 求偏导，即可求得最优的 i_d 和 i_q，求偏导公式为

$$\begin{cases} \dfrac{\partial f_L(i_d, i_q)}{\partial i_d} = 0 \\[2mm] \dfrac{\partial f_L(i_d, i_q)}{\partial i_q} = 0 \\[2mm] \dfrac{\partial f_L(i_d, i_q)}{\partial L_\lambda} = 0 \end{cases} \tag{4-27}$$

将式（4-26）代入式（4-27）后，求解的结果为

$$i_d = \frac{-1}{1-p} \frac{\varPhi_f}{2L_d} - \sqrt{\left(\frac{1}{1-\rho} \frac{\varPhi_f}{2L_d}\right)^2 + i_q^2} \tag{4-28}$$

$$i_q = \frac{2}{3} \frac{1}{p} \frac{T_e}{\left[\varPhi_f + (1-\rho) L_d i_d\right]}$$

根据式（4-28），已知参数 $\varPhi_f$、L_d、L_q 和给定电磁转矩 T_e^* 的情况下，由上述方程即可求解出最优的直轴和交轴电流作为矢量控制的参考电流 i_d^* 和 i_q^*，与其反馈电流输入至电流调节器产生 u_d 和 u_q。

式（4-28）需要准确的永磁同步电机参数，然而，电机参数往往会因为加工误差或工

作环境的不同产生偏移，且式（4-28）的计算量较大，会导致电机控制器主控芯片的成本增加。在实际的工程应用上，为了减少计算量并避免因电机参数不准确导致的计算误差，常采用拟合的方法进行 MTPA 控制，也称为查表法。对于相同参数的内置式永磁同步电机，在相同转矩下，满足 MTPA 条件的 (i_d, i_q) 电流组是固定的，且和电机的转速无关，因而可以在一些代表性的转矩下对永磁同步电机的 MTPA 点进行标定，根据标定的数据点拟合出对应的 MTPA 曲线，将之预先写入电机控制程序，即可在给定转矩的情况下直接得到对应的 i_d 和 i_q。显然，标定的数据点越多，拟合的 MTPA 曲线就越准确，但同时对应的电机标定工作量也就越大。因此，在工程应用中要合理选择 MTPA 标定点的数量。

4.3.4 单位功率因数控制 （UPF）

在 dq 旋转坐标系下，永磁同步电机的功率表示为

$$\begin{cases} P_m = P_a + P_r \\ P_a = u_s i_s \cos\varphi = u_d i_d + u_q i_q \\ P_r = u_s i_s \sin\varphi = u_d i_q - u_q i_d \end{cases} \tag{4-29}$$

式中，P_m 为永磁同步电机的总功率；P_a 为永磁同步电机的有功功率；P_r 为无功功率。其中有功功率 P_a 也是永磁同步电机能输出的最大功率，忽略电机损耗的情况下，P_a 可以表示为式（4-30）。无功功率 P_r 只是用来提供磁通的功率，不对外输出功率。

$$P_a = \frac{nT_e}{9.55} \tag{4-30}$$

式中 n——电机输出转速，单位为转/分钟（r/min）。

永磁同步电机的单位功率因数控制，即是使无功功率 $P_r = 0$、功率因数角 $\varphi = 0$，此时的永磁同步电机向量图如图 4-7 所示。根据图 4-7 和简单的三角形几何原理，定子电压和定子电流之间满足：

$$\frac{u_d}{i_d} = \frac{u_q}{i_q} \tag{4-31}$$

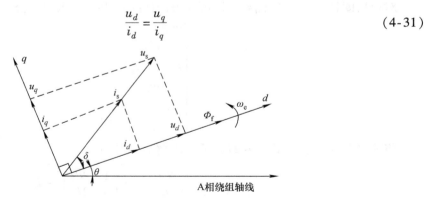

图4-7 永磁同步电机单位功率因数控制向量图

永磁同步电机的电压方程（4-21）在稳态情况下可表示为

$$\begin{cases} u_d = R_s i_d - \omega_e \Phi_q \\ u_q = R_s i_q + \omega_e \Phi_d \end{cases} \tag{4-32}$$

将（4-31）代入（4-32）可得到

$$\frac{\Phi_d}{i_q} + \frac{\Phi_q}{i_d} = 0 \tag{4-33}$$

代入永磁同步电机磁链方程（4-21），得

$$\Phi_f i_d + L_d i_d^2 + L_q i_q^2 = 0 \tag{4-34}$$

式（4-34）是永磁同步电机单位功率因数控制方程，使传统矢量控制的 dq 轴参考电流满足式（4-34），即可实现单位功率因数控制的目标。

单位功率因数控制策略可以使逆变器的容量等级完全作为永磁同步电机的有功功率，相对 MTPA 控制策略，其对逆变器的伏安容量需求更小。但是其缺点也很明显：①同样输出转矩情况下，相比于 MTPA 控制策略需要更大的定子电流；②转矩输出存在极大值点，无法发挥电机的最大转矩性能。

对于大多数永磁同步电机驱动系统而言，效率往往是最重要的指标，而分析单位功率因数控制的优缺点发现，相较于 MTPA 控制，它会导致电机的铜损增大，进而使系统的效率降低，所以实际应用中很少采用这种策略。

4.4 空间矢量脉宽调制（SVPWM）

如图 4-5 所示，矢量控制通过电压调节器输出 u_d、u_q，经过 Park 反变换变为 u_α、u_β 作为 SVPWM 模块的输入，SVPWM 根据输入的 u_α、u_β，计算逆变器各桥臂的开关时间。电机控制芯片根据 SVPWM 计算的开关时间，生成对应的开关信号，而后驱动模块根据相应的开关信号实现对逆变器各个桥臂功率模块的控制。

本节首先介绍 SVPWM 合成目标电压矢量的基本原理，而后推导 SVPWM 的计算过程，并结合七段式 PWM 给出了逆变器桥臂的开关过程。此外，本节对逆变器的死区时间和非线性因素导致的合成电压矢量误差进行了分析。

4.4.1 SVPWM 基本原理

SVPWM 的求解过程是根据目标电压矢量计算逆变器各桥臂的开关时间。本书主要介绍适用于三相永磁同步电机的 SVPWM 方法，其对应的拓扑结构如图 4-8a 所示。逆变器工作过程中，同一桥臂的上下两个功率管不能同时开通，将逆变器开关状态记为 S_x，$S_x = 1$ 代表上管开通下管关闭；$S_x = 0$ 代表上管关闭下管开通。因此在正常工作状态下，3 个桥臂的开关状态共有 $2^3 = 8$ 种组合，如图 4-8b 所示。表 4-2 还列出了每个开关组合对应的电机相电压 u_A、u_B、u_C 和 u_α、u_β，且 A、B、C 三相电压和 $\alpha\beta$ 两相电压之间满足关系式（4-16）。

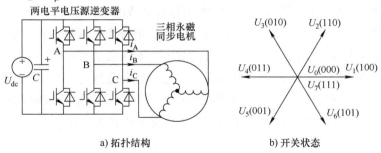

a）拓扑结构　　　　　b）开关状态

图 4-8　三相永磁同步电机逆变器拓扑结构及对应开关状态

表 4-2　逆变器开关状态组合及其对应的电压矢量

开关状态	S_A	S_B	S_C	u_A	u_B	u_C	u_α	u_β
U_0（000）	0	0	0	0	0	0	0	0
U_1（100）	1	0	0	$\frac{2}{3}U_{dc}$	$-\frac{1}{3}U_{dc}$	$-\frac{1}{3}U_{dc}$	$\frac{2}{3}U_{dc}$	0
U_2（110）	1	1	0	$\frac{1}{3}U_{dc}$	$\frac{1}{3}U_{dc}$	$-\frac{2}{3}U_{dc}$	$\frac{1}{3}U_{dc}$	$\frac{\sqrt{3}}{3}U_{dc}$
U_3（010）	0	1	0	$-\frac{1}{3}U_{dc}$	$\frac{2}{3}U_{dc}$	$-\frac{1}{3}U_{dc}$	$-\frac{1}{3}U_{dc}$	$\frac{\sqrt{3}}{3}U_{dc}$
U_4（011）	0	1	1	$-\frac{2}{3}U_{dc}$	$\frac{1}{3}U_{dc}$	$\frac{1}{3}U_{dc}$	$-\frac{2}{3}U_{dc}$	0
U_5（001）	0	0	1	$-\frac{1}{3}U_{dc}$	$-\frac{1}{3}U_{dc}$	$\frac{2}{3}U_{dc}$	$-\frac{1}{3}U_{dc}$	$-\frac{\sqrt{3}}{3}U_{dc}$
U_6（101）	1	0	1	$\frac{1}{3}U_{dc}$	$-\frac{2}{3}U_{dc}$	$\frac{1}{3}U_{dc}$	$\frac{1}{3}U_{dc}$	$-\frac{\sqrt{3}}{3}U_{dc}$
U_7（111）	1	1	1	0	0	0	0	0

根据表 4-2，8 个开关状态组合共产生了 2 个零电压矢量（U_0，U_7）和 6 个有效电压矢量（$U_1 \sim U_6$），有效电压矢量的幅值都是 $\frac{2}{3}U_{dc}$，则逆变器能合成的全部电压矢量就是以 6 个有效电压矢量为顶点的等边六边形，如图 4-9 所示。由几何知识可知，逆变器能连续合成的最大电压矢量为六边形的内切圆，对应幅值为 $U_{max} = \frac{2}{3}U_{dc}$ $\sin 60° = \frac{\sqrt{3}}{3}U_{dc}$。当定子电压矢量 u_s 的幅值小于 U_{max} 时，都可以由 6 个有效电压矢量合成。

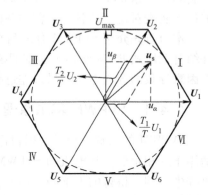

图 4-9　SVPWM 电压矢量合成示意图

4.4.2　SVPWM 计算过程

如图 4-9 所示，定子电压矢量 u_s 可以由相邻的有效电压矢量 U_1、U_2 合成，为了确定目标定子电压矢量与哪两个有效电压矢量相邻，将六边形分为 Ⅰ ~ Ⅵ 共 6 个扇区。显然，通过求解 u_α 和 u_β 之间的反正切值，可以很容易确定定子电压矢量所在的区域。但是反正切函数需要大量的计算资源，在实际的电机控制系统中通常避免直接计算反正切函数。接下来将介绍实际应用的扇区分区方法，这种分区方法可结合有效电压矢量持续时间的计算，是 SVP-WM 算法的核心，如今的电机控制芯片例程几乎全都采用这种方法。

首先根据几何关系可求出各扇区间 u_α 和 u_β 满足的数学关系，如图 4-10a 所示，根据图 4-10a 构建等式

$$\begin{cases} X = \sqrt{3}u_\alpha - u_\beta \\ Y = -\sqrt{3}u_\alpha - u_\beta \end{cases} \tag{4-35}$$

则通过判断 u_β 和 X、Y 的正负号，即可判断电压矢量所处扇区，如表 4-3 和图 4-10b 所示。为了简化代码，程序中通常会设置一个变量 Sector，其初值为 0，每个控制周期根据变量 u_β、X、Y 的正负计算对应的 Sector 值：

$$\begin{cases} 当 u_\beta > 0 时，\text{Sector} = 1 \\ 当 X > 0 时，\text{Sector} = \text{Sector} + 2 \\ 当 Y > 0 时，\text{Sector} = \text{Sector} + 4 \end{cases} \tag{4-36}$$

则根据式（4-36）可得到每个扇区对应的 Sector 值，见表 4-3。

表 4-3　扇区判断规则

u_β	X	Y	扇区	Sector
$u_\beta > 0$	$X > 0$	–	Ⅰ	3
	$X < 0$	$Y < 0$	Ⅱ	1
	$X < 0$	$Y > 0$	Ⅲ	5
$u_\beta < 0$	$X < 0$	–	Ⅳ	4
	$X > 0$	$Y > 0$	Ⅴ	6
	$X > 0$	$Y < 0$	Ⅵ	2

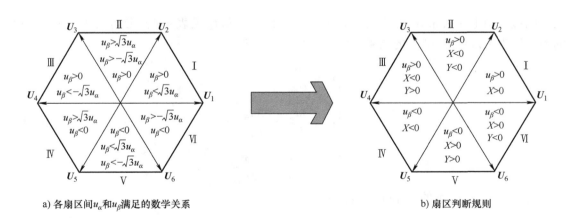

a) 各扇区间 u_α 和 u_β 满足的数学关系　　b) 扇区判断规则

图 4-10　各扇区间电压矢量满足的数学关系

扇区判断完成后，即确定了用于合成电压矢量的两个有效电压矢量，然后计算出有效电压矢量的占空比，进而确定逆变器每个桥臂的开关时间，最后根据开关时间生成对应各桥臂的 PWM 波。接下来，以图 4-9 中定子电压矢量 $\boldsymbol{u}_s$ 处于扇区 Ⅰ 为例，给出有效电压矢量占空比的计算过程。图 4-9 中，T 代表控制周期；T_1 代表 U_1 的作用时间；T_2 代表 U_2 的作用时间；U_1、U_2 的占空比定义为

$$\begin{cases} t_1 = \dfrac{T_1}{T} \\ t_2 = \dfrac{T_2}{T} \end{cases} \tag{4-37}$$

式中，t_1 表示 $U_1(100)$ 的占空比；t_2 表示 $U_2(110)$ 的占空比。在后续计算中，t_1 用来表示 $U_1(100)$、$U_3(010)$、$U_5(001)$ 的占空比，t_2 用来表示 $U_2(110)$、$U_4(011)$、$U_6(101)$ 的占空比，以方便计算各相桥臂的开关时间。

根据图 4-9 可建立等式

$$\begin{cases} \dfrac{2}{3}U_{dc}T_1 + \dfrac{2}{3}U_{dc}T_2\cos 60° = u_\alpha T \\ \dfrac{2}{3}U_{dc}T_2\sin 60° = u_\beta T \end{cases} \tag{4-38}$$

将式（4-37）代入式（4-38），得

$$\begin{cases} \dfrac{2}{3}U_{dc}(t_1 + t_2\cos 60°) = u_\alpha \\ \dfrac{2}{3}U_{dc}t_2\sin 60° = u_\beta \end{cases} \tag{4-39}$$

解方程，得

$$\begin{cases} t_1 = \dfrac{3u_\alpha}{2U_{dc}} - \dfrac{\sqrt{3}u_\beta}{2U_{dc}} \\ t_2 = \dfrac{\sqrt{3}u_\beta}{U_{dc}} \end{cases} \tag{4-40}$$

同理，当电压矢量 $\boldsymbol{u}_s$ 处于其他扇区时，可解得 t_1 和 t_2 见表 4-4。分析表 4-4 中 t_1 和 t_2 的值，发现可以将 t_1 和 t_2 的结果用以下 3 个变量代替：

$$\begin{cases} t_x = \dfrac{\sqrt{3}u_\beta}{U_{dc}} \\ t_y = \dfrac{3u_\alpha}{2U_{dc}} + \dfrac{\sqrt{3}u_\beta}{2U_{dc}} \\ t_z = -\dfrac{3u_\alpha}{2U_{dc}} + \dfrac{\sqrt{3}u_\beta}{2U_{dc}} \end{cases} \tag{4-41}$$

用 t_x、t_y、t_z 表示的 t_1 和 t_2 见表 4-4。

表 4-4　各扇区有效电压矢量对应占空比

扇区	Sector	t_1	t_2	t_1	t_2	T_A	T_B	T_C
Ⅰ	3	$\dfrac{3u_\alpha}{2U_{dc}} - \dfrac{\sqrt{3}u_\beta}{2U_{dc}}$	$\dfrac{\sqrt{3}u_\beta}{U_{dc}}$	$-t_z$	t_x	$\dfrac{1-t_1-t_2}{2}$	$T_A + t_1$	$T_B + t_2$
Ⅱ	1	$-\dfrac{3u_\alpha}{2U_{dc}} + \dfrac{\sqrt{3}u_\beta}{2U_{dc}}$	$\dfrac{3u_\alpha}{2U_{dc}} + \dfrac{\sqrt{3}u_\beta}{2U_{dc}}$	t_z	t_y	$T_B + t_1$	$\dfrac{1-t_1-t_2}{2}$	$T_A + t_2$
Ⅲ	5	$\dfrac{\sqrt{3}u_\beta}{U_{dc}}$	$-\dfrac{3u_\alpha}{2U_{dc}} - \dfrac{\sqrt{3}u_\beta}{2U_{dc}}$	t_x	$-t_y$	$T_C + t_2$	$\dfrac{1-t_1-t_2}{2}$	$T_B + t_1$

（续）

扇区	Sector	t_1	t_2	t_1	t_2	T_A	T_B	T_C
IV	4	$-\dfrac{\sqrt{3}u_\beta}{U_{dc}}$	$-\dfrac{3u_\alpha}{2U_{dc}}+\dfrac{\sqrt{3}u_\beta}{2U_{dc}}$	$-t_x$	t_z	T_B+t_2	T_C+t_1	$\dfrac{1-t_1-t_2}{2}$
V	6	$-\dfrac{3u_\alpha}{2U_{dc}}-\dfrac{\sqrt{3}u_\beta}{2U_{dc}}$	$\dfrac{3u_\alpha}{2U_{dc}}-\dfrac{\sqrt{3}u_\beta}{2U_{dc}}$	$-t_y$	$-t_z$	T_C+t_1	T_A+t_2	$\dfrac{1-t_1-t_2}{2}$
VI	2	$\dfrac{3u_\alpha}{2U_{dc}}+\dfrac{\sqrt{3}u_\beta}{2U_{dc}}$	$-\dfrac{\sqrt{3}u_\beta}{U_{dc}}$	t_y	$-t_x$	$\dfrac{1-t_1-t_2}{2}$	T_C+t_2	T_A+t_1

4.4.3　PWM 波生成

按照 4.4.2 节介绍的计算方法，得到扇区和有效电压矢量的占空比 t_1 和 t_2 后，需根据 t_1 和 t_2 确定逆变器各桥臂的开关时间。接下来同样以定子电压矢量处于第一扇区为例，结合七段式 PWM 介绍如何确定逆变器各桥臂的开关时间。如图 4-11 所示，PWM波是通过三角载波和计数比较器的值比较产生的，本书假设：载波值小于计数比较器的值时 PWM 输出低电平，大于计数比较器的值时 PWM 输出高电平，则产生 PWM 波的关键在于如何确定计数比较器的值，即图 4-11 中的 T_A、T_B、T_C。根据几何知识可知：

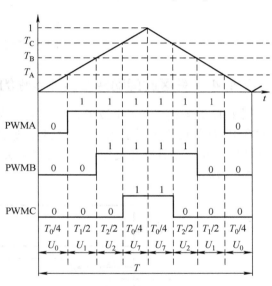

图 4-11　七段式 PWM 开关时间

$$\begin{cases} \dfrac{T_A}{1}=\dfrac{T_0/4}{T/2} \\ \dfrac{T_B-T_A}{1}=\dfrac{T_1/2}{T/2} \\ \dfrac{T_C-T_B}{1}=\dfrac{T_2/2}{T/2} \end{cases} \tag{4-42}$$

式中，T_0 为零电压矢量的持续时间，其和 T_1、T_2 满足关系式

$$T=T_1+T_2+T_0 \tag{4-43}$$

将式（4-43）和式（4-37）代入（4-42），解得

$$\begin{cases} T_A=\dfrac{1-t_1-t_2}{2} \\ T_B=T_A+t_1 \\ T_C=T_B+t_2 \end{cases} \tag{4-44}$$

同理，当定子电压矢量处于其他扇区时，可按照上述过程计算 T_A、T_B、T_C 的值，这里直接给出结果，见表 4-4。

图 4-8a 所示的三相两电平逆变器共包括 6 个功率管，所以需要 6 路 PWM 波，而图 4-11 只产生了 3 个 PWM 波，这是因为逆变器同一桥臂上下管的 PWM 波是互补的，已知

上管 PWM 波的情况下可以很容易得到下管的 PWM 波。如图 4-12 所示，PWMA_H 表示驱动 A 相桥臂上管的 PWM 波，PWMA_L 表示驱动 A 相桥臂下管的 PWM 波，显然二者的波形是互补的。

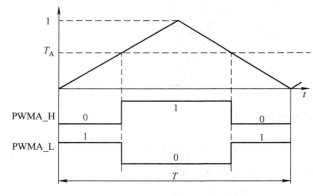

图 4-12　同一桥臂上下管互补式 PWM 波

4.4.4　死区时间和逆变器非线性的影响

图 4-12 是理想的 PWM 波形，实际上，为了避免逆变器同一桥臂的上下管同时导通，通常在 PWM 波的上升沿加入一小段延时，这段延时称为死区时间。此外，考虑逆变器的非线性特性（功率管具有开关延时，且开通和关断过程都需要一定时间），实际的 PWM 波形如图 4-13 所示。

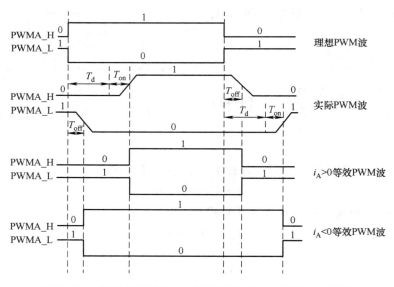

图 4-13　理想 PWM 波、实际 PWM 波、等效 PWM 波

图 4-13 中，T_d 表示死区时间，T_{on} 表示开通延时，T_{off} 表示关断延时。设上管理想导通时间为 T_H^*，则上管实际的导通时间为 $T_H = T_H^* - T_{com}$、$T_{com} = T_d + T_{on} - T_{off}$；设下管理想开通时间为 T_L^*，则下管实际的导通时间为 $T_L = T_L^* - T_{com}$。上下管的实际导通时间和理想时间

不同，会导致最终合成的电压矢量产生误差，接下来分析合成电压矢量误差。

逆变器同一桥臂上下管都关断时，电流会通过续流二极管流动，电流的路径如图 4-14 所示。在电流正向流动时（$i_A > 0$），电流会从下管二极管通过，此时逆变器的状态可等效于上管关断、下管开通（$S_A = 0$）。在电流反向流动时（$i_A < 0$），电流会从上管二极管通过，此时逆变器的状态可等同于上管开通、下管关断（$S_A = 1$）。考虑二极管续流作用的等效 PWM 波如图 4-13 所示，死区时间和逆变器非线性的影响可以总结为：$i_A > 0$ 时导致 A 相电压矢量持续时间减少了 T_{com}；$i_A < 0$ 时导致 A 相电压矢量持续时间增加了 T_{com}。

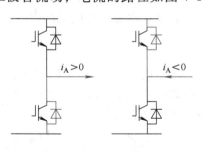

图 4-14　上下管都关断时电流路径

定义符号函数为

$$\mathrm{sgn}(i_x) = \begin{cases} -1 & i_x > 0 \\ 1 & i_x < 0 \end{cases} \tag{4-45}$$

式中，i_x 表示电机相电流。则在 1 个控制周期 T 内，由死区时间和逆变器非线性导致的电机相电压误差为

$$\begin{cases} u_{A\_error} = \dfrac{U_{dc}}{3} \dfrac{T_{com}}{T} \big[2\mathrm{sgn}(i_A) - \mathrm{sgn}(i_B) - \mathrm{sgn}(i_C) \big] \\[2mm] u_{B\_error} = \dfrac{U_{dc}}{3} \dfrac{T_{com}}{T} \big[2\mathrm{sgn}(i_B) - \mathrm{sgn}(i_A) - \mathrm{sgn}(i_C) \big] \\[2mm] u_{C\_error} = \dfrac{U_{dc}}{3} \dfrac{T_{com}}{T} \big[2\mathrm{sgn}(i_C) - \mathrm{sgn}(i_A) - \mathrm{sgn}(i_B) \big] \end{cases} \tag{4-46}$$

代入式（4-16）可得到对应的 $\alpha\beta$ 轴电压误差为

$$\begin{cases} u_{\alpha\_error} = \dfrac{U_{dc}}{3} \dfrac{T_{com}}{T} \big[2\mathrm{sgn}(i_A) - \mathrm{sgn}(i_B) - \mathrm{sgn}(i_C) \big] \\[2mm] u_{\beta\_error} = \dfrac{U_{dc}}{3} \dfrac{T_{com}}{T} \sqrt{3} \big[\mathrm{sgn}(i_B) - \mathrm{sgn}(i_C) \big] \end{cases} \tag{4-47}$$

由式（4-47）可知，已知定子电流 i_A、i_B、i_C 和 T_{com} 的情况下，可以计算得到由死区时间和逆变器非线性导致的合成电压矢量误差，进而设计相应的补偿方法。

4.5　永磁同步电机直接转矩控制

永磁同步电机直接转矩控制方法出现在矢量控制之后，是一种比较新颖的控制方法，它通过定子磁场定向的方式实现电机的转矩和磁链的控制。与矢量控制相比，直接转矩控制的优点是：

1）以电磁转矩和磁链作为直接的控制对象，动态响应更快。

2）采用定子磁场定向控制，不需要光电编码器或旋转变压器采集电机转子位置信息。

直接转矩控制方法的缺点是转矩脉动较大，且逆变器开关频率不固定，这些缺点严重限制了直接转矩控制方法的应用，车用电机很少会采用直接转矩控制方法。

本节以表贴式永磁同步电机为例，简单介绍直接转矩控制的理论基础和实现方式。

4.5.1 直接转矩控制的理论基础

表贴式永磁同步电机的电磁转矩方程为

$$T_e = \frac{3}{2}p\Phi_f i_q \tag{4-48}$$

永磁同步电机定子磁链 $\Phi_s = L_s i_s$，方向如图 4-15，则式（4-48）的电磁转矩方程还可表示为

$$T_e = \frac{3p}{2L_s}\Phi_f\Phi_s\sin\delta = \frac{3p}{2L_s}\Phi_f\Phi_q \tag{4-49}$$

对电磁转矩取微分可得

$$\frac{\mathrm{d}T_e}{\mathrm{d}t} = \frac{3p}{2L_s}\Phi_f\frac{\mathrm{d}\Phi_q}{\mathrm{d}t} = \frac{3p}{2L_s}\Phi_f u_q \tag{4-50}$$

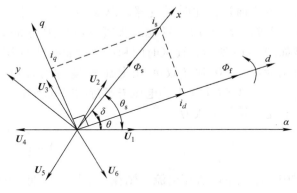

图 4-15　直接转矩控制向量图

从式（4-50）可知，通过调整 q 轴定子电压可以实现对永磁同步电机电磁转矩的控制，且 u_q 越大，电磁转矩变化就越快。

4.5.2 直接转矩控制的实现方式

直接转矩控制是一种开关控制方法，其根据参考转矩和实际转矩之间的差值输出开关变量 τ，而后根据开关变量 τ 的值选择最优的电压矢量。开关变量 τ 的表达式为

$$\tau = \begin{cases} 1 & T_e^* > T_e \\ 0 & T_e^* = T_e \\ -1 & T_e^* < T_e \end{cases} \tag{4-51}$$

式中，$\tau = 1$ 表示要增加电磁转矩；$\tau = 0$ 表示要保持电磁转矩；$\tau = -1$ 表示要减小电磁转矩。

逆变器合成的 6 个有效电压矢量 U_1、U_2、U_3、U_4、U_5、U_6，如图 4-15 所示。随着转子位置角 θ 的变化，这 6 个电压矢量在 q 轴上的分量表示为

$$\begin{cases} u_{1q} = \sin(0 - \theta) \\ u_{2q} = \sin\left(\dfrac{\pi}{3} - \theta\right) \\ u_{3q} = \sin\left(\dfrac{2\pi}{3} - \theta\right) \\ u_{4q} = \sin\left(\dfrac{3\pi}{3} - \theta\right) \\ u_{5q} = \sin\left(\dfrac{4\pi}{3} - \theta\right) \\ u_{6q} = \sin\left(\dfrac{5\pi}{3} - \theta\right) \end{cases} \tag{4-52}$$

根据式（4-52），可画出定子电压分量 U_q 随转子角度变化的波形图，如图 4-16 所示。

根据式（4-52）和图 4-16，在 θ 和 τ 已知的情况下，可以选择使电磁转矩变化最快的电压矢量。以转子角度 θ 在 $0 \sim \pi/3$ 之间为例，若 $\tau = 1$，选择电压矢量 U_3 以使电磁转矩增加最快；若 $\tau = 0$，选择电压矢量 U_0 或 U_7 以使电磁转矩保持不变；若 $\tau = -1$，选择电压矢量 U_6 以使电磁转矩减小最快。表贴式永磁同步电机直接转矩控制的电压矢量选择表见表 4-5。

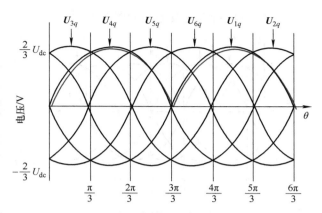

图 4-16　定子电压分量随转子角度变化波形图

表 4-5　表贴式永磁同步电机直接转矩控制电压矢量选择表

τ	θ					
	$0 \sim \dfrac{\pi}{3}$	$\dfrac{\pi}{3} \sim \dfrac{2\pi}{3}$	$\dfrac{2\pi}{3} \sim \dfrac{3\pi}{3}$	$\dfrac{3\pi}{3} \sim \dfrac{4\pi}{3}$	$\dfrac{4\pi}{3} \sim \dfrac{5\pi}{3}$	$\dfrac{5\pi}{3} \sim \dfrac{6\pi}{3}$
1	U_3	U_4	U_5	U_6	U_1	U_2
0	U_0，U_7	U_0，U_7	U_0，U_7	U_0，U_7	U_0，U_7	U_0，U_7
1	U_6	U_1	U_2	U_3	U_4	U_5

4.5.3　考虑磁链限制的电压矢量选择表

表 4-5 给出了以电磁转矩最大变化率为目标的电压矢量选择表。然而当有效电压矢量作用于电机上时，不仅会使交轴磁链发生变化，也会使直轴磁链发生变化，进而导致总磁链发生变化。电机定子磁链的幅值由交轴磁链和直轴磁链共同决定，若定子磁链幅值超出额定值，会导致定子绕组磁链饱和，导致电机控制失效。

为了避免定子磁链饱和，需要对定子磁链幅值进行监测，在其大于额定值时优先选择可以降低磁链幅值的电压矢量，同时兼顾电机转矩的控制需求。如图 4-15 所示，定子磁链固定在 x 轴上，则有效电压矢量的 x 轴分量可以直接实现对定子磁链的控制，而有效电压矢量的 y 轴分量则可以影响转矩角。有效电压矢量在 x 轴和 y 轴分量的表达式为

$$\begin{cases} u_{1x} = \cos\left(0 - \theta_s\right), u_{1y} = \sin\left(0 - \theta_s\right) \\[2mm] u_{2x} = \cos\left(\dfrac{\pi}{3} - \theta_s\right), u_{2y} = \sin\left(\dfrac{\pi}{3} - \theta_s\right) \\[2mm] u_{3x} = \cos\left(\dfrac{2\pi}{3} - \theta_s\right), u_{3y} = \sin\left(\dfrac{2\pi}{3} - \theta_s\right) \\[2mm] u_{4x} = \cos\left(\dfrac{3\pi}{3} - \theta_s\right), u_{4y} = \sin\left(\dfrac{3\pi}{3} - \theta_s\right) \\[2mm] u_{5x} = \cos\left(\dfrac{4\pi}{3} - \theta_s\right), u_{5y} = \sin\left(\dfrac{4\pi}{3} - \theta_s\right) \\[2mm] u_{6x} = \cos\left(\dfrac{5\pi}{3} - \theta_s\right), u_{6y} = \sin\left(\dfrac{5\pi}{3} - \theta_s\right) \end{cases} \tag{4-53}$$

式（4-53）对应的波形图如图 4-17 所示。

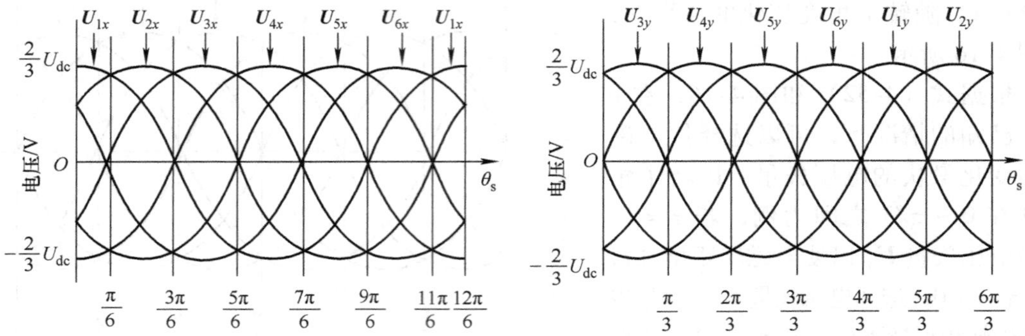

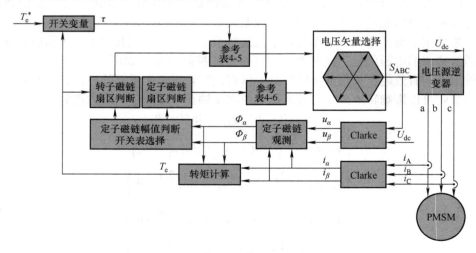

图 4-17　有效电压矢量 x 、y 轴分量随定子磁链角度变化波形图

以定子磁链角度 θ_s 在 $\pi/6 \sim \pi/2$ 之间为例分析，如图 4-17 所示。显然，根据 x 轴分量波形图，为了减小定子磁链幅值，应该选择电压矢量 U_4、U_5 或 U_6，而根据 y 轴分量波形图，U_4 会使电磁转矩增大，U_5 则会使电磁转矩保持不变，U_6 会使电磁转矩减小，因而根据开关变量 τ 即可确定选择的电压矢量。考虑磁链限制的电压矢量选择表见表 4-6。

表 4-6　考虑磁链限制的直接转矩控制电压矢量选择表

τ	θ_s					
	$\dfrac{11\pi}{6} \sim \dfrac{\pi}{6}$	$\dfrac{\pi}{6} \sim \dfrac{3\pi}{6}$	$\dfrac{3\pi}{6} \sim \dfrac{5\pi}{6}$	$\dfrac{5\pi}{6} \sim \dfrac{7\pi}{6}$	$\dfrac{7\pi}{6} \sim \dfrac{9\pi}{6}$	$\dfrac{9\pi}{6} \sim \dfrac{11\pi}{6}$
1	u_3	u_4	u_5	u_6	u_1	u_2
0	u_4	u_5	u_6	u_1	u_2	u_3
1	u_5	u_6	u_1	u_2	u_3	u_4

综上所述，不考虑磁链限制的电压矢量选择表为表 4-5，考虑磁链限制的电压矢量选择表为表 4-6，直接转矩控制的系统框图如图 4-18 所示。

图 4-18　永磁同步电机直接转矩控制系统框图

图 4-18 中，定子磁链观测对应等式为

$$\begin{cases} \varPhi_\alpha = \int (u_\alpha - R_s i_\alpha)\, \mathrm{d}t \\ \varPhi_\beta = \int (u_\beta - R_s i_\beta)\, \mathrm{d}t \end{cases} \tag{4-54}$$

定子磁链幅值判断指的是，将定子磁链幅值 $\varPhi_s$ 和最大定子磁链相比较。其中 $\varPhi_s$ 的表达式为

$$\varPhi_s = \sqrt{\varPhi_\alpha^2 + \varPhi_\beta^2} \tag{4-55}$$

当 $\varPhi_s$ 小于最大定子磁链时，不考虑定子磁链的限制，选择使转矩变化最快的电压矢量（表4-5）；当 $\varPhi_s$ 大于最大定子磁链时，则优先选择使定子磁链变小的电压矢量（表4-6）。同时，根据 $\alpha\beta$ 轴的定子磁链，也可以计算出定子磁链的位置角 θ_s：

$$\theta_s = \arctan \frac{\varPhi_\beta}{\varPhi_\alpha} \tag{4-56}$$

表 4-6 根据 θ_s 和转矩开关变量 τ 即可选择电压矢量。表4-5 则需要根据转子磁链位置角 θ 和开关变量 τ 选择电压矢量。而为了避免使用光电编码器或旋转变压器等转子位置检测装置，需计算得到转子位置角 θ。根据图4-15，$\theta = \theta_s - \delta$，而根据式（4-44），在已知电磁转矩和定子磁链的情况下，可计算得到转矩角 δ

$$\delta = \arcsin \frac{2 T_e L_s}{3 p \varPhi_s \varPhi_f} \tag{4-57}$$

根据式（4-56）得到的 θ_s 和式（4-57）得到的 δ，即可得到转子位置角 θ；根据 θ 和转矩开关变量 τ，通过表4-6 即可选择电压矢量。

习　题

4-1　简要介绍永磁同步电机的分类与特点。

4-2　分析永磁同步电机的起动过程的电磁关系。

4-3　矢量控制为什么要进行坐标变换？

4-4　永磁同步电机变频调速中的变频指的是什么？结合 SVPWM 解释矢量控制是如何实现变频的。

4-5　基于 4.4.4 部分，死区时间和逆变器非线性对合成定子电压矢量影响的分析结果，提出一种死区补偿方法（答案不唯一）。

参 考 文 献

[1] 唐任远. 现代永磁电机理论与设计 [M]. 北京：机械工业出版社，2011.

[2] 克里斯南. 永磁无刷电机及其驱动技术 [M]. 柴凤，等译. 北京：机械工业出版社，2012.

[3] 孙晓. 基于电流预测的永磁同步电机矢量控制算法研究 [D]. 成都：西南交通大学，2017.

[4] 谢运祥，卢柱强. 基于 MATLAB/Simulink 的永磁同步电机直接转矩控制仿真建模 [J]. 华南理工大学学报（自然科学版），2004，（1）. 19-23.

[5] 袁宏，郭淑芳，汪海鹰，等. 交流永磁伺服电机的弱磁控制 [J]. 沈阳工业大学学报，1994，（3）：58-61.

[6] 周卫平，吴正国，唐劲松，等. SVPWM 的等效算法及 SVPWM 与 SPWM 的本质联系 [J]. 中国电机工程学报，2006，（2）：133-137.

第5章 永磁同步电机预测控制

早在20世纪60年代，针对最优控制理论的应用问题，模型预测控制（MPC）这一概念就被提出。20世纪70年代晚期，MPC技术在工业领域受到关注并在化工行业得到成功应用。近几十年来，随着高速微处理器技术的发展，控制算法的计算时间变短，MPC技术逐渐被应用于电力电子和电气传动领域。

对于永磁同步电机的控制系统而言，MPC相较于经典的比例积分（PI）控制有以下优势：概念直观易于理解；适用于多种环路控制；可顺利应用于多变量系统；可实现死区时间补偿；约束条件构造简单，容易设计控制器；模型可呈现非线性特性。

然而，MPC也存在计算量大、模型参数准确与否直接影响控制效果等问题，在采用MPC进行永磁同步电机的控制时，还需考虑模型参数敏感性及延时补偿等问题。

本章基于模型预测控制在永磁同步电机中的应用，对模型预测控制基本原理、永磁同步电机预测控制、延时补偿及参数敏感性分析、永磁同步电机无速度传感器控制等几个方面进行介绍。

5.1 模型预测控制基本原理

使用系统模型来预测控制变量未来的变化是预测控制的主要特点，控制器将根据预先定义的最优化准测来确定最优的控制方式。而具体到电力电子系统中，MPC使用系统模型来预测变量在一段时间内的变化，并采用代价函数最小化的方式选择最合适的系统输入，基本思路包括以下几步：

1）构建系统模型。

2）利用系统模型预测变量在未来周期的变化。

3）根据预定目标构造代价函数。

4）选择代价函数最小的系统输入。

MPC的工作原理如图5-1所示。在数字处理系统中，常用离散型的状态空间方程来描述一个线性定常系统：

$$\begin{cases} X(k+1) = AX(k) + BU(k) \\ Y(k) = CX(k) + DU(k) \end{cases} \tag{5-1}$$

式中，$X(k)$ 代表系统的状态变量为系统的 n 个状态变量在 k 时刻的取值，$X(k) = [x_1(k), x_2(k), \cdots, x_n(k)]^T$；$U(k)$ 代表系统在 k 时刻的输入，$U(k) = [u_1(k), u_2(k), \cdots, u_m(k)]^T$，

一般地，对于采用功率变换器的电力电子系统，在 k 时刻的输入可有确定的 N 种情况，即 $U_1(k)$，$U_2(k)$，$\cdots$，$U_i(k)$，$\cdots$，$U_N(k)$。

根据预定的控制目标构造合适的代价函数，一般将代价函数设定为目标变量预测值与参考值的差值，同时应考虑参考值，目标变量未来状态和系统输入：

$$J = f\left[X(k+1), X^*(k+1), U_i(k)\right] \tag{5-2}$$

在预定的 N 种系统输入中，应按照系统模型和限制条件要求下实现代价函数 J 的最小化，找到实现代价函数 J 最小化的一组输入变量 $U_i(k)$，进而实现对系统的控制。而在下一个控制周期即 $k+1$ 时刻，通过使用新的测量数据重新进行输入变量的优化选择。

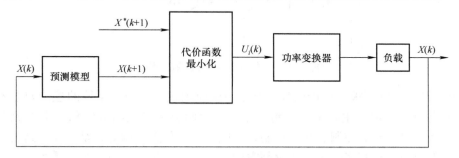

图 5-1　MPC 工作原理

近年来，随着数字处理系统的飞速发展，MPC 逐渐被应用于具有高开关频率的电力电子和电气传动系统中。考虑到这类系统采样频率高、计算时间短等特点，一种被称为显式 MPC 的控制策略被提出。这种控制策略在考虑系统模型、约束条件和控制目标等因素下，将 MPC 的优化问题进行离线处理，得到不同系统状态变量在有限系统输入下最优解的函数对照表。该方法不仅在三相逆变器和 DC-DC 变换器中得到应用，还被应用于永磁同步电机的控制上。考虑到功率变换器的开关状态数量有限，在进行控制时仅允许有限个可能的操作，可利用微处理器在线评价各开关状态并计算最优操作，这种方法也被称为有限控制指令 MPC。下面将对有限控制指令 MPC 的控制原理进行具体的介绍。

对于采用功率变换器的电力电子系统，建立 MPC 控制器需要考虑以下几个方面：

1）确定功率变换器所有可能的开关状态，以及在特定开关状态下输入/输出的电压或电流。在创建功率变换器模型时，需要了解功率器件基本的工作原理及工作状态，如电力二极管、金属氧化物半导体场效应晶体管（MOSFET）、绝缘栅双极型晶体管（IGBT）等其他类型功率器件。对于这种功率器件，可将其视为仅有导通和关断两种情况的理想开关，那么一个功率变换器所有可能的开关状态就是所有功率器件导通和关断的组合，可用下式表示：

$$N = x^y \tag{5-3}$$

式中，x 为各相桥臂上功率器件开关状态的数量；y 为功率变换器的相数。应注意的是，在考虑功率器件开关状态时，不能出现同一相桥所有功率器件同时导通的情况，这样会导致 DC 环节短路。对于常见的三相两电平逆变器如图 5-2 所示，总共有 $N = 2^3 = 8$ 个可能的开关状态，而三相三电平逆变器则具有 $N = 3^3 = 27$ 个可能的开关状态。

此外，功率变换器不同的开关状态可能会产生相同的电压电流输出，如三相两电平逆变器，所有上桥臂导通和所有下桥臂导通虽然是两个不同的开关状态，输出的都是零电压矢量，这种情况在建立功率变换器模型时也是需要考虑的。

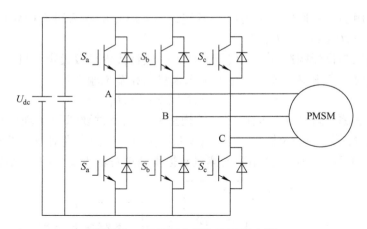

图5-2　三相两电平电压源逆变器

2）定义符合控制要求的代价函数。对于不同应用领域，控制系统的控制要求不同，以永磁同步电机为例，MPC主要用于控制电流，代价函数可取预测电流和参考电流差值的二次方，类似地，对于转矩控制、功率控制、速度控制、位置控制等，都需要构造可最小化的代价函数。当控制目标有多个时，代价函数中各个控制变量可乘以一个权重系数，调整权重系数就能实现对多个控制目标不同程度的控制。

3）建立离散的系统状态空间表达式，用于预测控制变量在未来时刻的数值。由于功率器件具有一定的开关频率，因此在使用数字信号处理器时，需要建立相应的离散时间系统模型。连续时间系统的状态空间方法同样适用于离散时间系统，对于一阶系统，在建立系统状态空间表达式之后，可采用一阶欧拉展开法将状态空间表达式离散化：

$$\dot{x} = \frac{x(k+1) - x(k)}{T_s} \tag{5-4}$$

式中，T_s代表采样时间。对于高阶系统，需要使用更规范的离散方法。

4）计算所有开关状态下控制变量的预测值，并代入代价函数的计算中。代价函数的计算量与功率变换器的开关状态数量正相关，开关状态数量越多，计算量越大，系统越复杂，计算量也会相应增加。对于采用三相两电平逆变器进行电流控制的永磁同步电机而言，只需要进行8次不同开关状态下电流预测值的计算，但对于多相多电平的系统如三相九电平级联型H桥逆变器，其开关状态的数量可达1.6×10^7次以上，必须考虑适当的优化方法来降低计算量。

5）选择代价函数最小的开关状态。在计算完所有开关状态下的代价函数后，选择其中最小的，说明在该开关状态下，控制变量的预测值最接近参考值。对于需要同时控制多个变量的系统，在计算最小代价函数时还应考虑权重系数的影响。

5.2　永磁同步电机预测控制

根据控制对象的不同，永磁同步电机模型预测控制可分为模型预测转矩控制（Model Predictive Torque Control，MPTC）和模型预测电流控制（Model Predictive Current Control，MPCC）。转矩预测控制的控制变量为电磁转矩，代价函数中包含电磁转矩和定子磁链。由于两者量纲不同，因此需要选择合适的权重系数来保证系统在运行时具有良好的控制性能。然而目前并没有合适的分析、数值方法或控制设计理论能够指导调整这类参数，各项权重系数的确定需要在实验中反复调试，因此 MPTC 的通用性有待进一步提高。在 MPCC 中，代价函数仅包含电流控制变量，从本质上消除了权重因子，降低了系统复杂度，通用性和实用性更强，在本书后续内容中，永磁同步电机的模型预测控制均为电流预测控制。

根据单个控制周期作用在电机上电压矢量个数不同，模型预测控制可分为有限集模型预测控制（Finite Control Set Model Predictive Control，FCS-MPC）和连续集模型预测控制（Continuous Control Set Model Predictive Control，CCS-MPC）。FCS-MPC 考虑了逆变器的离散开关特性，根据逆变器不同拓扑结构输出的不同基本电压矢量，择优作用于永磁同步电机，可供选择的电压矢量个数是有限的，电压矢量有固定幅值和固定相位。FCS-MPC 能够快速跟踪参考目标和减少计算量，但是有限的开关状态会导致电流谐波分量较大。CCS-MPC 结合了调制策略，可以利用逆变器能够输出的基本电压矢量，根据平均值等效原理进行合成，调制出最优的电压矢量作用于电机，可供选择的电压矢量可以是任意幅值和任意相位，控制动态响应速度快且稳定精度高。

5.2.1　采用磁场定向控制的模型预测电流控制

磁场定向控制（FOC）是通过坐标变换，将三相交流电的控制转换为产生转矩的 q 轴电流和产生磁场的 d 轴电流的控制，从而实现转矩和励磁的独立控制，具体原理和公式推导可参考本书 4.3 节内容，在此处仅给出 PMSM 在 dq 旋转参考系的电压方程：

$$\frac{\mathrm{d}i_d}{\mathrm{d}t} = \frac{1}{L_d}u_d - \frac{R_\mathrm{s}}{L_d}i_d + \frac{L_q}{L_d}\omega_e i_q \tag{5-5}$$

$$\frac{\mathrm{d}i_q}{\mathrm{d}t} = \frac{1}{L_q}u_q - \frac{R_\mathrm{s}}{L_q}i_q - \frac{L_q}{L_d}\omega_e i_d - \frac{1}{L_q}\omega_e \varphi_\mathrm{f} \tag{5-6}$$

式中，u_d、u_q 分别为定子电压在 d、q 轴的分量；i_d、i_q 分别为定子电流在 d、q 轴的分量；L_d、L_q 分别为定子电感在 d、q 轴的分量；R_s 为定子电阻；ω_e 为转子电角速度；φ_f 为永磁体转子磁链。

采用 dq 旋转参考系后，定子电流各部分具有了实际的物理意义，将 d 轴作为实部、q 轴作为虚部、实部 i_d 与无功功率成正比、虚部 i_q 与电磁转矩成正比。经过旋转参考系的坐标变换，实现了电机磁链和电磁转矩的解耦，分别控制 i_d 和 i_q 即可控制电机的磁链和转矩。

MPCC 的基本原理是根据系统预测模型来预测未来定子电流，并基于代价函数的最小化原则来选择最优的逆变器开关状态。采用磁场定向控制的永磁同步电机 MPCC 原理如图 5-3 所示，位置传感器采集转子角度和转速信息，将实际转速与目标转速作对比，通过 PI 控制器得到产生转矩的 q 轴参考电流。电流预测模型根据当前时刻采集到电流信息和逆变器产生的 8 个不同开关状态的电压矢量进行下一时刻的电流预测，并将预测结果输入到代价函数中计算。选择能使代价函数最小化的电压矢量，控制逆变器开关状态并将其应用于整个采样周期。在一个完整的控制结构中，还需要不同的坐标变换模块，实现三相参考系、静止参考系和旋转参考系互相变换。

1. 离散电流预测模型

对式（5-5）和式（5-6）中的定子电流离散化处理，可采用一阶前向欧拉法：

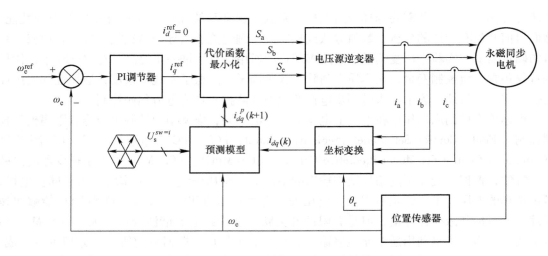

图 5-3   永磁同步电机 MPCC 方法框图

$$\frac{\mathrm{d}i}{\mathrm{d}t} = \frac{i(k+1) - i(k)}{T_\mathrm{s}} \tag{5-7}$$

式中，T_s 代表系统的采样周期。得到离散化的预测电流表达式为

$$i_d^p(k+1) = \left(1 - \frac{T_\mathrm{s}R_\mathrm{s}}{L_d}\right)i_d(k) + \frac{L_q}{L_d}T_\mathrm{s}\omega_\mathrm{e}i_q(k) + \frac{T_\mathrm{s}}{L_d}u_d \tag{5-8}$$

$$i_q^p(k+1) = \left(1 - \frac{T_\mathrm{s}R_\mathrm{s}}{L_q}\right)i_q(k) - \frac{L_d}{L_q}T_\mathrm{s}\omega_\mathrm{e}i_d(k) - \frac{1}{L_q}T_\mathrm{s}\omega_\mathrm{e}\varphi_\mathrm{f} + \frac{T_\mathrm{s}}{L_q}u_q \tag{5-9}$$

式中，$i_d^p(k+1)$、$i_q^p(k+1)$ 分别为 $k+1$ 时刻的 d 轴预测电流和 q 轴预测电流；$i_d(k)$、$i_q(k)$ 分别为 k 时刻的 d 轴采样电流和 q 轴采样电流。

对于图 5-2 所示的电压源型三相两电平逆变器，直流侧的母线电压为 U_dc，三相桥臂上的 6 个开关管分别为 S_a、$\bar{S}_\mathrm{a}$、S_b、$\bar{S}_\mathrm{b}$、S_c、$\bar{S}_\mathrm{c}$。若定义每一相上半桥臂导通为 1、下半桥臂导通为 0，同一相的上下桥臂不能同时导通，则该电压源型逆变器一共可以产生 8 种开关状态，分别为 $(0,0,0)$、$(1,0,0)$、$(1,1,0)$、$(0,1,0)$、$(0,1,1)$、$(0,0,1)$、$(1,0,1)$、$(1,1,1)$。在静止参考系下，逆变器所产生的电压矢量是确定的，表 5-1 中列出了所有开关状态下逆变器施加的电压矢量。

表 5-1   逆变器开关状态和电压矢量的对应关系表

A、B、C 相开关状态	输出电压矢量	α 轴电压值	β 轴电压值
$(0,0,0)$	$U_\mathrm{s}^{sw=0} = 0$	$u_\mathrm{s}^{sw=0} = 0$	$u_\beta^{sw=0} = 0$
$(1,0,0)$	$U_\mathrm{s}^{sw=1} = \dfrac{2}{3}U_\mathrm{dc}$	$u_\alpha^{sw=1} = \dfrac{2}{3}U_\mathrm{dc}$	$u_\beta^{sw=1} = 0$
$(1,1,0)$	$U_\mathrm{s}^{sw=2} = \dfrac{1}{3}U_\mathrm{dc} + \mathrm{j}\dfrac{\sqrt{3}}{3}U_\mathrm{dc}$	$u_\alpha^{sw=2} = \dfrac{1}{3}U_\mathrm{dc}$	$u_\beta^{sw=2} = \dfrac{\sqrt{3}}{3}U_\mathrm{dc}$
$(0,1,0)$	$U_\mathrm{s}^{sw=3} = -\dfrac{1}{3}U_\mathrm{dc} + \mathrm{j}\dfrac{\sqrt{3}}{3}U_\mathrm{dc}$	$u_\alpha^{sw=3} = -\dfrac{1}{3}U_\mathrm{dc}$	$u_\beta^{sw=3} = \dfrac{\sqrt{3}}{3}U_\mathrm{dc}$
$(0,1,1)$	$U_\mathrm{s}^{sw=4} = -\dfrac{2}{3}U_\mathrm{dc}$	$u_\alpha^{sw=4} = -\dfrac{2}{3}U_\mathrm{dc}$	$u_\beta^{sw=4} = 0$

（续）

A、B、C 相开关状态	输出电压矢量	α 轴电压值	β 轴电压值
$(0,0,1)$	$U_s^{sw=5} = -\dfrac{1}{3}U_{dc} - j\dfrac{\sqrt{3}}{3}U_{dc}$	$u_\alpha^{sw=5} = -\dfrac{1}{3}U_{dc}$	$u_\beta^{sw=5} = -\dfrac{\sqrt{3}}{3}U_{dc}$
$(1,0,1)$	$U_s^{sw=6} = \dfrac{1}{3}U_{dc} - j\dfrac{\sqrt{3}}{3}U_{dc}$	$u_\alpha^{sw=6} = \dfrac{1}{3}U_{dc}$	$u_\beta^{sw=6} = -\dfrac{\sqrt{3}}{3}U_{dc}$
$(1,1,1)$	$U_s^{sw=7} = 0$	$u_\alpha^{sw=7} = 0$	$u_\beta^{sw=7} = 0$

式（5-8）和式（5-9）可分别对逆变器施加的 8 个电压矢量中每个矢量产生的电流进行预测，但在 dq 旋转参考系下，需要将这些电压矢量展开坐标变换：

$$u_d^{sw=i} = u_\alpha^{sw=i}\cos\theta_r + u_\beta^{sw=i}\sin\theta_r \tag{5-10}$$

$$u_q^{sw=i} = -u_\alpha^{sw=i}\sin\theta_r + u_\beta^{sw=i}\cos\theta_r \tag{5-11}$$

式中，θ_r 表示电机的电角度。

2. 代价函数

和需要设计权重因子的 MPTC 方法的代价函数不同，MPCC 方法由于控制目标只有电流量，因此代价函数不需要考虑权重因子的设计。代价函数的作用是衡量模型预测值与目标值之间差距的一类函数，预测电流控制的目标包括转矩电流参考跟踪、转矩电流比值优化和限制电流幅值等，这些目标可表示为如下代价函数：

$$J = \left[i_d^p(k+1)\right]^2 + \left[i_q^{ref} - i_q^p(k+1)\right]^2 + \hat{f}\left[i_d^p(k+1), i_q^p(k+1)\right] \tag{5-12}$$

式中，第一项 $\left[i_d^p(k+1)\right]^2$ 代表无功功率最小化；第二项 $\left[i_q^{ref} - i_q^p(k+1)\right]^2$ 代表跟踪转矩生成电流；最后一项为限制定子电流过大的限幅函数，可表示为

$$\hat{f}\left[i_d^p(k+1), i_q^p(k+1)\right] = \begin{cases} \infty & \text{当 } |i_d^p(k+1)| > i_{max} \text{ 或 } |i_q^p(k+1)| > i_{max} \\ 0 & \text{当 } |i_d^p(k+1)| < i_{max} \text{ 且 } |i_q^p(k+1)| < i_{max} \end{cases} \tag{5-13}$$

式中，i_{max} 为最大允许定子电流幅值，若某一开关状态施加的电压矢量导致预测电流幅值大于 i_{max}，代价函数 J 为无穷大，因此不会选择该开关状态；若预测电流小于 i_{max}，则根据代价函数前两项决定逆变器的开关状态。

5.2.2　永磁同步电机无差拍预测电流控制

相比于施加有限个逆变器开关状态下电压矢量的 MPCC 方法，无差拍电流预测控制（Deadbeat Predictive Current Control，DPCC）方法要求闭环系统对于目标电流信号在最少个采样周期内达到系统无静差稳态，迫使系统的输出电流值可以尽快跟随目标电流值。DPCC 方法需要利用电压空间矢量脉宽调制技术（Space Vetor Pulse Width Modulation，SVPWM）对电压矢量进行调制，是一种连续集模型预测控制方法。

DPCC 也称为最小拍电流控制，其原理框图如图 5-4 所示。不同于 MPCC 方法，DPCC 方法基于脉冲宽度调制技术可以在一个系统控制周期中产生任意的空间电压矢量，而不仅仅是有限个逆变器开关状态下的空间电压矢量。

DPCC 方法选取最优电压矢量的原则是选取到的电压矢量可以迫使下一时刻的预测电流以最少个控制周期来跟踪目标电流，因此可将预测电流表示为

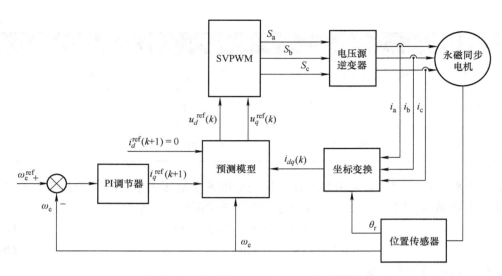

图 5-4　永磁同步电机 DPCC 原理框图

$$i_d^p(k+1) = i_d^{\text{ref}}(k+1) \tag{5-14}$$

$$i_q^p(k+1) = i_q^{\text{ref}}(k+1) \tag{5-15}$$

式中，$i_d^{\text{ref}}(k+1)$ 和 $i_q^{\text{ref}}(k+1)$ 分别代表 $k+1$ 时刻定子 d 轴和 q 轴参考电流，在恒转矩角（$\delta=0$）的矢量控制中，令 $i_d^{\text{ref}}=0$，i_q^{ref} 为 PI 控制器通过转速反馈所得。根据最小拍控制原理，将式（5-14）和式（5-15）分别代入式（5-8）和式（5-9）中，可得到旋转参考系下 k 时刻的参考电压：

$$u_d^{\text{ref}}(k) = \frac{L_d}{T_s}\left[i_d^{\text{ref}}(k+1) - i_d(k)\right] + R_s i_d(k) - L_q \omega_e i_q(k) \tag{5-16}$$

$$u_q^{\text{ref}}(k) = \frac{L_q}{T_s}\left[i_q^{\text{ref}}(k+1) - i_q(k)\right] + R_s i_q(k) + L_d \omega_e i_d(k) + \omega_e \varphi_f \tag{5-17}$$

式中，$u_d^{\text{ref}}(k)$ 和 $u_q^{\text{ref}}(k)$ 分别代表旋转参考系下 k 时刻的 d 轴参考电压和 q 轴参考电压。在获得电机的参考电压后，可以通过相应的脉冲宽度调制技术来作用于电驱动控制系统中。

5.3　延时补偿及参数敏感性分析

5.3.1　延时补偿

上述理想情况下得到的预测控制方法未考虑系统延时，然而在实际采用微控制器的控制系统中，控制算法需要进行大量计算，这将会导致施加控制效果时产生延时。如果未考虑系统的延时补偿，将会导致控制系统的性能恶化。

面对微控制器存在计算延时的问题，各国学者针对延时补偿展开了广泛的研究，其中无差拍预测控制中的一拍延时补偿就是一种经典的补偿方法。本节将介绍系统计算产生的延时影响，并说明 MPCC 和 DPCC 中的延时补偿方法。

1. 产生延时的原因及影响

在预测控制的实际应用中，由于控制器计算能力有限，控制算法的计算将耗费大量的时间，数字系统中还会产生诸如电流采样、PWM 占空比更新、死区补偿等各种各样的数字延迟，因此，控制器实际的输出将滞后于系统的状态。在 MPCC 中，控制算法在 k 时刻计算出的最优电压矢量无法在 k 时刻作用于电机上。

理想条件下的控制算法计算时间可以忽略不计，电流预测控制的效果如图 5-5 所示，在第 k 个采样周期中，可直接测量 k 时刻的电流值，通过预测控制模型和代价函数计算出最优的电压作用矢量，并在 k 时刻施加在电机上，使得在 $k+1$ 时刻，电机的实际电流 $i_s(k)$ 可以最大程度跟踪参考电流 $i_s^{\text{ref}}(k)$。

实际数字控制系统中，预测电流的计算和代价函数的选择都会占用大量的计算时间，与整个采样周期相比，控制算法的计算和运行时间无法忽略不计，如图 5-6 所示，在 k 时刻采样电流计算出的最佳电压矢量最早能够在 $k+t_c$ 时刻作用在电机上。一方面，在 $k+t_c$ 时刻施加的最优电压矢量并不能让实际电流 $i_s(k+1)$ 在 $k+1$ 时刻最好地跟踪参考电流 $i_s^{\text{ref}}(k+1)$，另一方面，在 k 时刻选定的最优电压矢量将在第 $k+1$ 时刻后继续作用，导致实际电流偏离参考电流。这两种情况都会导致电流围绕参考值产生较大的波动。

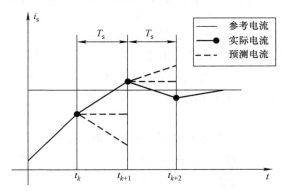

图 5-5　理想状况下的电流预测控制

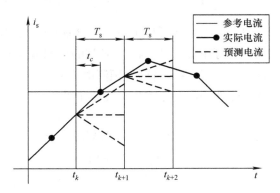

图 5-6　实际状况下的电流预测控制

2. MPCC 延时补偿策略

补偿延时最简单的方法，是在考虑采样周期的情况下，将第 k 时刻选择的开关状态最优矢量 $U_s(k+1)$ 在 $k+1$ 时刻作用，并在电流预测模型中进行延时补偿，有延时补偿的预测电流控制如图 5-7 所示。

对于 MPCC 方法，可采用下述几个步骤来补偿：首先测量第 k 时刻的定子电流 $i_s(k)$，根据已知的上一时刻的电压矢量 $U_s(k)$ 来预测第 $k+1$ 时刻的定子电流 $i_s^p(k+1)$；其次利用预测的定子电流 $i_s^p(k+1)$，结合八种开关状态，预测

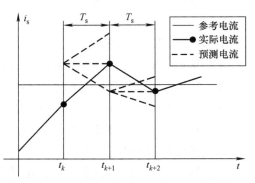

图 5-7　有延迟补偿下的电流预测控制

$k+2$ 时刻的定子电流 $i_s^p(k+2)$，进行代价函数的计算，确定使代价函数最小的开关状态和最优电流矢量 $U_s(k+1)$；最后在 $k+1$ 时刻施加上一时刻计算出的最优电压矢量 $U_s(k+1)$，并测量 $k+1$ 时刻的实际定子电流 $i_s(k+1)$，如此往复循环。

由于采样周期 T_s 很短，在电机稳态运行时，故可将电机的电角速度 ω_e 视为恒定不变的。则 $k+1$ 时刻的预测电流可表示为

$$i_d^p(k+1) = \left(1 - \frac{T_s R_s}{L_d}\right)i_d(k) + \frac{L_q}{L_d}T_s\omega_e i_q(k) + \frac{T_s}{L_d}u_d(k) \tag{5-18}$$

$$i_q^p(k+1) = \left(1 - \frac{T_s R_s}{L_q}\right)i_q(k) - \frac{L_d}{L_q}T_s\omega_e i_d(k) - \frac{1}{L_q}T_s\omega_e\varphi_f + \frac{T_s}{L_q}u_q(k) \tag{5-19}$$

式中，$i_d^p(k+1)$ 和 $i_q^p(k+1)$ 分别代表预测出 $k+1$ 时刻定子 d 轴和 q 轴电流；$u_d(k)$ 和 $u_q(k)$ 为 $k-1$ 时刻计算出使代价函数最小化的开关状态下的电压矢量。

在得到 $k+1$ 时刻的预测电流 $i_d^p(k+1)$ 和 $i_q^p(k+1)$ 后，根据 8 个不同的开关状态分别计算 $k+2$ 时刻的预测电流：

$$i_d^p(k+2) = \left(1 - \frac{T_s R_s}{L_d}\right)i_d^p(k+1) + \frac{L_q}{L_d}T_s\omega_e i_q^p(k+1) + \frac{T_s}{L_d}u_d^{sw=i}(k+1) \tag{5-20}$$

$$i_q^p(k+2) = \left(1 - \frac{T_s R_s}{L_q}\right)i_q^p(k+1) - \frac{L_d}{L_q}T_s\omega_e i_d^p(k+1) - \frac{1}{L_q}T_s\omega_e\varphi_f + \frac{T_s}{L_q}u_q^{sw=i}(k+1) \tag{5-21}$$

式中，$i_d^p(k+2)$ 和 $i_q^p(k+2)$ 分别代表预测出的 $k+2$ 时刻定子 d 轴和 q 轴电流。

值得注意的是，$k+1$ 时刻的预测电流 $i_d^p(k+1)$ 和 $i_q^p(k+1)$ 由于 $U_s(k)$ 确定只需要计算一次，而 $k+2$ 时刻的预测电流 $i_d^p(k+2)$ 和 $i_q^p(k+2)$ 要根据不同的开关状态进行多次计算，此外还需要考虑坐标变换下的转子电角度补偿，如下式所示：

$$\theta_r(k+1) = \theta_r(k) + \omega_e T_s \tag{5-22}$$

式中，$\theta_r(k+1)$ 代表 $k+1$ 时刻的转子电角度，定子 dq 轴空间电压矢量可通过 Park 变换实现：

$$u_d^{sw=i}(k+1) = u_\alpha^{sw=i}\cos[\theta_r(k+1)] + u_\beta^{sw=i}\sin[\theta_r(k+1)] \tag{5-23}$$

$$u_q^{sw=i}(k+1) = -u_\alpha^{sw=i}\sin[\theta_r(k+1)] + u_\beta^{sw=i}\cos[\theta_r(k+1)] \tag{5-24}$$

将预测出的 $k+2$ 时刻的电流代入代价函数，可根据式（5-12）将代价函数改写为

$$J = [i_d^p(k+2)]^2 + [i_q^{ref} - i_q^p(k+2)]^2 + \hat{f}[i_d^p(k+2), i_q^p(k+2)] \tag{5-25}$$

选择能够使得代价函数最小化的开关状态，确定相应的电压矢量，并将其应用于下一个采样周期。

3. DPCC 延时补偿策略

对于 DPCC 方法，延迟补偿的步骤包括：首先根据第 k 时刻的定子电流 $i_s(k)$ 和上一时刻计算出的参考电压矢量 $U_s^{ref}(k)$，预测第 $k+1$ 时刻的定子电流 $i_s^p(k+1)$；之后将 $k+2$ 时刻的预测电流 $i_s^p(k+2)$ 以最少个控制周期来跟踪目标电流 $i_s^{ref}(k+2)$ 为目标，确定最优空间电压矢量 $U_s^{ref}(k+1)$。最后在 $k+1$ 时刻通过 SVPWM 施加最优电压矢量 $U_s^{ref}(k+1)$，并测量 $k+1$ 时刻的实际定子电流 $i_s(k+1)$，如此往复循环。

采用 DPCC 方法的控制系统，首先要预测第 $k+1$ 时刻的定子电流，公式如下：

$$i_d^p(k+1) = \left(1 - \frac{T_s R_s}{L_d}\right)i_d(k) + \frac{L_q}{L_d}T_s\omega_e i_q(k) + \frac{T_s}{L_d}u_d^{ref}(k) \tag{5-26}$$

$$i_q^p(k+1) = \left(1 - \frac{T_s R_s}{L_q}\right)i_q(k) - \frac{L_d}{L_q}T_s\omega_e i_d(k) - \frac{1}{L_q}T_s\omega_e\varphi_f + \frac{T_s}{L_q}u_q^{ref}(k) \tag{5-27}$$

式中　$i_d^p(k+1)$ 和 $i_q^p(k+1)$ ——预测出的 $k+1$ 时刻定子 d 轴和 q 轴电流。

以下一时刻的预测电流跟踪参考电流为目标，可将 $k+2$ 时刻定子 d 轴和 q 轴预测电流表示为

$$i_d^p(k+2) = i_d^{\text{ref}}(k+2) \tag{5-28}$$

$$i_q^p(k+2) = i_q^{\text{ref}}(k+2) \tag{5-29}$$

式中　$i_d^p(k+2)$、$i_q^p(k+2)$——预测出的 $k+2$ 时刻定子 d 轴和 q 轴电流；

$i_d^{\text{ref}}(k+2)$、$i_q^{\text{ref}}(k+2)$——$k+2$ 时刻定子 d 轴和 q 轴参考电流。

在恒转矩角（$\delta=0$）的矢量控制中，令 $i_d^{\text{ref}}=0$，i_q^{ref} 为 PI 控制器通过转速反馈所得。根据最小拍控制原理，可得到 $k+1$ 时刻的参考电压矢量，公式如下：

$$u_d^{\text{ref}}(k+1) = \frac{L_d}{T_s}\left[i_d^{\text{ref}}(k+2) - i_d^p(k+1)\right] + R_s i_d^p(k+1) - L_q \omega_e i_q^p(k+1) \tag{5-30}$$

$$u_q^{\text{ref}}(k+1) = \frac{L_q}{T_s}\left[i_q^{\text{ref}}(k+2) - i_q^p(k+1)\right] + R_s i_q^p(k+1) + L_d \omega_e i_d^p(k+1) + \omega_e \varphi_f \tag{5-31}$$

式中　$u_d^{\text{ref}}(k+1)$ 和 $u_q^{\text{ref}}(k+1)$——$k+1$ 时刻的 d 轴参考电压和 q 轴参考电压。

在获得 $k+1$ 时刻的参考电压矢量后，可通过 SVPWM 技术产生相应的空间电压矢量。

5.3.2　参数敏感性分析

模型预测控制能够明确利用系统模型选择最优控制，然而考虑到实际系统中某些参数会发生变化，如温升导致的电阻和永磁体磁场强度的变化，无法获得准确的系统模型参数，因此需要分析模型参数不确定对控制性能的影响。

在参数不失配的情况下，永磁同步电机的实际参数值等同于铭牌参数值，此时预测模型不会产生误差，以 R_{s0}、L_{s0} 和 φ_{f0} 等下标带 0 的符号表示铭牌参数值，电机的电流预测方程可表示为

$$i_d(k+1) = \left(1 - \frac{T_s R_{s0}}{L_{d0}}\right)i_d(k) + \frac{T_s}{L_{d0}}u_d(k) + \frac{L_{q0}}{L_{d0}}T_s \omega_e i_q(k) \tag{5-32}$$

$$i_q(k+1) = \left(1 - \frac{T_s R_{s0}}{L_{q0}}\right)i_q(k) + \frac{T_s}{L_{q0}}u_q(k) - \frac{L_{d0}}{L_{q0}}T_s \omega_e i_d(k) - \frac{1}{L_{q0}}T_s \omega_e \varphi_{f0} \tag{5-33}$$

在电机持续工作的过程中，电机内部的实际参数可能存在与电机铭牌参数不相符的情况，例如当环境温度增加 $100\,^\circ\!C$，永磁体转子磁链大小将减少大约 20%，电机的定子电阻值也会相应升高，定子电流不断增大会导致定子电感的减小等，此时预测模型会出现预测误差，将上述公式中的铭牌参数矫正为电机内部实际参数，则实际的预测模型为

$$\widetilde{i}_d(k+1) = \left(1 - \frac{T_s(R_{s0}+\Delta R_s)}{L_{d0}+\Delta L_d}\right)i_d(k) + \frac{T_s}{L_{d0}+\Delta L_d}u_d(k) + \frac{L_{q0}+\Delta L_q}{L_{d0}+\Delta L_d}T_s \omega_e i_q(k) \tag{5-34}$$

$$\widetilde{i}_q(k+1) = \left(1 - \frac{T_s(R_{s0}+\Delta R_s)}{L_{q0}+\Delta L_q}\right)i_q(k) + \frac{T_s}{L_{q0}+\Delta L_q}u_q(k) - \frac{L_{d0}+\Delta L_d}{L_{q0}+\Delta L_q}T_s \omega_e i_d(k) -$$
$$\frac{1}{L_{q0}+\Delta L_q}T_s \omega_e(\varphi_{f0}+\Delta\varphi_f) \tag{5-35}$$

式中，ΔR_s 代表定子电阻失配量；ΔL_d 和 ΔL_q 分别代表旋转参考系下的 d 轴和 q 轴电感失配量，$\Delta\varphi_f$ 代表永磁体转子磁链失配量。将式（5-36）与式（5-38）、式（5-37）与式（5-39）分别作差，即可获得在模型参数失配下，预测模型产生的电流误差：

$$\Delta i_d(k+1) = T_s \left[\frac{R_{s0}\Delta L_d - L_{d0}\Delta R_s}{L_{d0}(L_{d0}+\Delta L_d)}i_d(k) - \frac{\Delta L_d}{L_{d0}(L_{d0}+\Delta L_d)}u_d(k) + \frac{L_{d0}\Delta L_q - L_{q0}\Delta L_d}{L_{d0}(L_{d0}+\Delta L_d)}\omega_e i_q(k) \right]$$

$$(5\text{-}36)$$

$$\Delta i_q(k+1) = T_s \left[\frac{R_{s0}\Delta L_q - L_{q0}\Delta R_s}{L_{q0}(L_{q0}+\Delta L_q)}i_q(k) - \frac{\Delta L_q}{L_{q0}(L_{q0}+\Delta L_q)}u_q(k) + \frac{L_{d0}\Delta L_q - L_{q0}\Delta L_d}{L_{q0}(L_{q0}+\Delta L_q)}\omega_e i_d(k) + \right.$$

$$\left. \frac{\varphi_{f0}\Delta L_q + L_{q0}\Delta\varphi_f}{L_{q0}(L_{q0}+\Delta L_q)}\omega_e \right]$$

$$(5\text{-}37)$$

从式（5-36）和式（5-37）可以看出，当定子电阻和定子电感参数失配时，d 轴预测电流会出现扰动，而 q 轴预测电流同时受到定子电阻、定子电感和转子磁链参数的影响。当电机内部参数发生改变时，预测电流出现误差，进而导致作用于永磁同步电机的电压矢量发生变化，影响电机的控制效果，导致电机转矩脉动增大和谐波含量升高。

5.3.3　参数失配改善及扰动抑制方法

针对系统模型参数不确定性引起的扰动，各种不同的扰动抑制方法被提出，按照电机是否运转可分为离线式和在线式。离线式方法主要为模型参数离线辨识法，而在线式方法根据失配改善的思想不同又可分为模型参数在线辨识法和扰动状态观测器法。

模型参数离线辨识法需要电机在非运行状态下进行参数辨识，例如通过有限元仿真，根据电机尺寸、材料、结构等分析电机的模型参数。此外还有在电机静止下注入高频信号的方法，来获取电机的相关参数。

1. 模型参数在线辨识法

模型参数离线辨识法能够在一定程度上改善参数失配造成的影响，但这种基于离线的参数辨识方法难以穷尽电机实际运行时的所有可能工况。模型参数在线辨识法较好地解决了离线方法的不足，其中较为常用的方法包括最小二乘法和卡尔曼滤波算法。

最小二乘法作为一种经典的优化算法，可基于当前时刻的数据通过最小化误差的二次方和得到最优的函数表达式，数据量越多越规律，辨识的结果就会越收敛，但每引入一个新的数据，都会导致计算矩阵增大，加大计算量和存储空间占用。为了降低算法复杂度，递推最小二乘法被提出。递推最小二乘法的基本原理是在最小二乘法基础上进一步推广，当被辨识系统在运行时，利用新引入的观测数据对前次估计的结果进行修正，得出新的参数估计值，减少估计误差。这样，随着新观测数据的逐次引入，一次接一次地进行参数估计，直到参数估计值达到满意的精确程度。接下来以辨识定子电感和定子电阻为例，介绍如何将递推最小二乘法应用于永磁同步电机的参数辨识。对于一般系统而言，递推最小二乘法的表达式如下：

$$y(k) = x^T(k)\hat{\theta} \tag{5-38}$$

式中，$y(k)$ 为系统输出序列；$x^T(k)$ 为系统输入序列的转置；$\hat{\theta}$ 为待辨识的参数系列。根据永磁同步电机电压方程，可将电压方程改写为与式（5-42）相符合的格式，改写参数辨识表达式如下：

$$\begin{bmatrix} u_q(k) - \omega_e\varphi_f \\ u_d(k) \end{bmatrix} = \begin{bmatrix} i_q(k) & \omega_e i_d(k) & \dfrac{i_q(k) - i_q(k-1)}{T_s} \\ i_d(k) & \dfrac{i_d(k) - i_d(k-1)}{T_s} & -\omega_e i_q(k) \end{bmatrix} \begin{bmatrix} R_s \\ L_d \\ L_q \end{bmatrix} \tag{5-39}$$

递推最小二乘法的公式推导较为复杂，因篇幅原因未详细推导，此处直接给出最小二乘法的递推公式：

$$\begin{cases} \hat{\boldsymbol{\theta}}(m+1) = \hat{\boldsymbol{\theta}}(m) + \boldsymbol{K}(m+1)\left[\boldsymbol{y}(m+1) - \boldsymbol{x}^{\mathrm{T}}(m+1)\hat{\boldsymbol{\theta}}(m)\right] \\ \boldsymbol{K}(m+1) = \dfrac{\boldsymbol{P}(m)\boldsymbol{x}(m+1)}{1 + \boldsymbol{x}^{\mathrm{T}}(m+1)\boldsymbol{P}(m)\boldsymbol{x}(m+1)} \\ \boldsymbol{P}(m+1) = \boldsymbol{P}(m) - \boldsymbol{K}(m+1)\boldsymbol{x}^{\mathrm{T}}(m+1)\boldsymbol{P}(m) \end{cases} \tag{5-40}$$

式中，$\boldsymbol{K}$ 和 $\boldsymbol{P}$ 为中间过程的递推矩阵。在递推之初，需要 $\boldsymbol{P}$ 和 $\hat{\boldsymbol{\theta}}$ 的初始矩阵，一般取：

$$\begin{cases} \boldsymbol{P}(0) = \alpha \boldsymbol{I} \\ \hat{\boldsymbol{\theta}}(0) = \boldsymbol{\varepsilon} \end{cases} \tag{5-41}$$

式中，α 为充分大的正实数（$10^3 \sim 10^6$）；$\boldsymbol{\varepsilon}$ 取零向量。经过多次数据的迭代，即可求出待辨识的定子电感和定子电阻等参数。

　　相较于最小二乘法最小化误差平方和的思想，卡尔曼滤波算法采用最小方差估计，通过更新卡尔曼增益实现系统的最优估计。算是一种特殊情况下的最小二乘法。卡尔曼滤波算法需要利用系统状态方程，通过系统输入输出对系统状态进行最优估计。无论是离散还是连续的卡尔曼滤波算法，都要求系统是线性系统。对于非线性系统，则有扩展形式的卡尔曼滤波，对非线性系统进行线性化处理。卡尔曼滤波算法将系统噪声视为高斯白噪声，需要在已知系统内外噪声的前提下建立信号数学模型。图 5-8 所示为离散型卡尔曼滤波算法的系统框图。

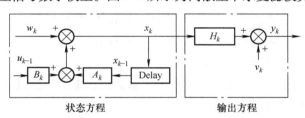

图 5-8　离散型卡尔曼滤波算法系统框图

　　该离散系统可分为状态方程和输出方程两部分，分别为

$$\begin{cases} \boldsymbol{x}_k = \boldsymbol{A}_k\boldsymbol{x}_{k-1} + \boldsymbol{B}_k\boldsymbol{u}_{k-1} + \boldsymbol{w}_k \\ \boldsymbol{y}_k = \boldsymbol{H}_k\boldsymbol{x}_k + \boldsymbol{v}_k \end{cases} \tag{5-42}$$

式中　$\boldsymbol{x}_k$ 和 $\boldsymbol{x}_{k-1}$——k 时刻和 $k-1$ 时刻系统的状态变量；

　　　　$\boldsymbol{u}_{k-1}$——系统 $k-1$ 时刻的输入；

　　　　$\boldsymbol{y}_k$——系统 k 时刻的输出；

　　　　$\boldsymbol{A}_k$——相邻时刻的系统矩阵；

　　　　$\boldsymbol{B}_k$——系统输入矩阵；

　　　　$\boldsymbol{w}_k$——系统噪声；

　　　　$\boldsymbol{v}_k$——测量噪声。

这两种噪声的本质为高斯白噪声，其统计学特性为

$$\begin{cases} E\left[\boldsymbol{w}_k, \boldsymbol{w}_j^{\mathrm{T}}\right] = \begin{cases} 0, j \neq k \\ R_k, j = k \end{cases} \\ E\left[\boldsymbol{v}_k, \boldsymbol{v}_j^{\mathrm{T}}\right] = \begin{cases} 0, j \neq k \\ G_k, j = k \end{cases} \\ E\left[\boldsymbol{v}_i, \boldsymbol{w}_j^{\mathrm{T}}\right] = 0 \end{cases} \tag{5-43}$$

定义 k 时刻的最优估计为 $\hat{\boldsymbol{x}}_k$，$\boldsymbol{x}_k$ 的先验估计为 $\hat{\boldsymbol{x}}_{k/(k-1)}$，则状态估计误差 $\boldsymbol{X}_k$ 和先验估计误差 $\boldsymbol{X}_{k/(k-1)}$ 可表示为

$$\begin{cases} X_k = \boldsymbol{x}_k - \hat{\boldsymbol{x}}_k \\ X_{k/(k-1)} = \boldsymbol{x}_k - \hat{\boldsymbol{x}}_{k/(k-1)} \end{cases} \tag{5-44}$$

卡尔曼滤波算法的原理是估计状态变量的最小方差，当偏差最小时，即 $E(X_k)=0$，$E[X_{k/(k-1)}]=0$，此时状态估计误差的方差矩阵 $\boldsymbol{P}_k$ 和先验估计误差的方差矩阵 $\boldsymbol{P}_{k/(k-1)}$ 可表示为

$$\begin{cases} \boldsymbol{P}_k = E[X_k, X_k^{\mathrm{T}}] = E[(\boldsymbol{x}_k - \hat{\boldsymbol{x}}_k)(\boldsymbol{x}_k - \hat{\boldsymbol{x}}_k)^{\mathrm{T}}] \\ \boldsymbol{P}_{k/(k-1)} = E[X_{k/(k-1)}, X_{k/(k-1)}^{\mathrm{T}}] = E[(\boldsymbol{x}_k - \hat{\boldsymbol{x}}_{k/(k-1)})(\boldsymbol{x}_k - \hat{\boldsymbol{x}}_{k/(k-1)})^{\mathrm{T}}] \end{cases} \tag{5-45}$$

通过最小方差估计出的状态变量 $\boldsymbol{x}_k$ 可认为是最优估计 $\hat{\boldsymbol{x}}_k$，其具体的步骤包括以下两步：预测和更新。在预测部分，已知 $k-1$ 时刻状态变量的最优估计 $\hat{\boldsymbol{x}}_{k-1}$ 和系统输入 $\boldsymbol{u}_{k-1}$，根据系统矩阵 $\boldsymbol{A}_k$ 和输入矩阵 $\boldsymbol{B}_k$ 预测 k 时刻的状态，预测出的结果即为 k 时刻的先验估计 $\hat{\boldsymbol{x}}_{k/(k-1)}$。先验估计误差的方差矩阵为 $\boldsymbol{P}_{k/(k-1)}$，可用下式表示：

$$\hat{\boldsymbol{x}}_{k/(k-1)} = \boldsymbol{A}_k \hat{\boldsymbol{x}}_{k-1} + \boldsymbol{B}_k \boldsymbol{u}_{k-1} \tag{5-46}$$

$$\boldsymbol{P}_{k/(k-1)} = \boldsymbol{A}_k \boldsymbol{P}_{k-1} \boldsymbol{A}_k^{\mathrm{T}} + \boldsymbol{R}_k \tag{5-47}$$

在更新部分，计算卡尔曼滤波器增益 $\boldsymbol{K}_k$ 并更新下一时刻状态变量的最优估计，公式为

$$\boldsymbol{K}_k = \boldsymbol{P}_{k/(k-1)} \boldsymbol{H}_k^{\mathrm{T}} (\boldsymbol{H}_k \boldsymbol{P}_{k/(k-1)} \boldsymbol{H}_k^{\mathrm{T}} + \boldsymbol{G}_k)^{-1}$$

$$\hat{\boldsymbol{x}}_k = \hat{\boldsymbol{x}}_{k/(k-1)} + \boldsymbol{K}_k (\boldsymbol{y}_k - \boldsymbol{H}_k \hat{\boldsymbol{x}}_{k/(k-1)}) \tag{5-48}$$

$$\boldsymbol{P}_k = \boldsymbol{P}_{k/(k-1)} - \boldsymbol{K}_k \boldsymbol{H}_k \boldsymbol{P}_{k/(k-1)}$$

与递推最小二乘法类似，可通过构建相应的参数辨识矩阵，经过卡尔曼滤波算法多次预测与更新，提高参数辨识的准确性。

2. 扰动状态观测器法

扰动状态观测器法的基本思想是构造一个没有误差的理想系统，通过对比实际被控系统和理想被控系统，将两个系统的差值处理后得到实际被控系统的扰动量，并将得到的扰动量对实际系统进行补偿，从而抑制参数失配，其本质是系统状态的重构。在永磁同步电机的预测控制系统中，常采用的状态观测器包括龙伯格观测器（Luenberger Observer，LOB），滑模观测器（Sliding Mode Observer，SMO）和扩张状态观测器（Extended State Observer，ESO）。

由龙伯格提出的状态观测器理论最早解决了在确定性条件下受控系统的状态重构问题，从而使状态反馈成为一种可实现的控制率。龙伯格观测器的基本思想是设计合适的反馈增益矩阵 $\boldsymbol{G}$，使 $(\boldsymbol{A}-\boldsymbol{GC})$ 的特征值均为负实部，来实现系统状态的重构。龙伯格观测器的原理如图 5-9 所示，相比于开环观测器，龙伯格观测器增加了利用输出信息对状态误差进行矫正的反馈矫正通道，当观测器的状态 $\hat{\boldsymbol{x}}$ 与系统实际状态 $\boldsymbol{x}$ 不相等时，反映到的输出 $\hat{\boldsymbol{y}}$ 与 $\boldsymbol{y}$ 也不相等，这将会产生一个误差信号 $\boldsymbol{y}-\hat{\boldsymbol{y}} = \boldsymbol{y}-\boldsymbol{C}\hat{\boldsymbol{x}}$，经反馈增益矩阵 $\boldsymbol{G}$ 送至输入端，参与调整观测器状态 $\hat{\boldsymbol{x}}$，使观测器状态 $\hat{\boldsymbol{x}}$ 以一定速度和精度趋近于系统的真实状态 $\boldsymbol{x}$。

采用龙伯格状态观测器进行扰动抑制的基本思路可总结为以下 3 步：

1）构建电机模型参数与实际参数不同下产生的扰动项。

2）根据系统状态方程设计龙伯格观测器，用于观测扰动。

3）最后将观测得到的扰动项作为前馈输入控制系统中。

此思路不仅可用于龙伯格观测器，对于滑模观测器和扩张状态观测器也同样适用，只需

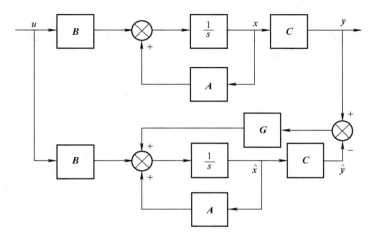

图 5-9　龙伯格观测器

要将第二步中的龙伯格观测器换成相应的状态观测器即可。

接下来以龙伯格观测器为例说明扰动抑制具体控制策略。可用下式表示电机参数变化时的电压方程：

$$\begin{cases} u_d = (R_{s0} + \Delta R_s)i_d + (L_{s0} + \Delta L_s)\dfrac{\mathrm{d}i_d}{\mathrm{d}t} - (L_{s0} + \Delta L_s)\omega_e i_q \\ u_q = (R_{s0} + \Delta R_s)i_q + (L_{s0} + \Delta L_s)\dfrac{\mathrm{d}i_q}{\mathrm{d}t} + (L_{s0} + \Delta L_s)\omega_e i_d + (\varphi_{f0} + \Delta\varphi_f)\omega_e \end{cases} \tag{5-49}$$

将式（5-49）改写为含有扰动项的形式：

$$\begin{cases} u_d = R_{s0}i_d + L_{s0}\dfrac{\mathrm{d}i_d}{\mathrm{d}t} - L_{s0}\omega_e i_q + f_d \\ u_q = R_{s0}i_q + L_{s0}\dfrac{\mathrm{d}i_q}{\mathrm{d}t} + L_{s0}\omega_e i_d + \varphi_{f0}\omega_e + f_q \end{cases} \tag{5-50}$$

可以看出当发生参数失配时，系统实际最优电压矢量与模型预测出的最优电压矢量相差了 f_d 与 f_q，扰动项具体表示为

$$\begin{cases} f_d = \Delta R_s i_d + \Delta L_s \dfrac{\mathrm{d}i_d}{\mathrm{d}t} - \Delta L_s \omega_e i_q \\ f_q = \Delta R_s i_q + \Delta L_s \dfrac{\mathrm{d}i_q}{\mathrm{d}t} + \Delta L_s \omega_e i_d + \Delta\varphi_f \omega_e \end{cases} \tag{5-51}$$

以定子 dq 轴电流和扰动项作为系统状态变量，可得到如下状态方程：

$$\begin{cases} \dot{\boldsymbol{x}} = \boldsymbol{A}\boldsymbol{x} + \boldsymbol{B}\boldsymbol{u} \\ \boldsymbol{y} = \boldsymbol{C}\boldsymbol{x} \end{cases} \tag{5-52}$$

式中，$\boldsymbol{A} = \begin{bmatrix} -\dfrac{R_{s0}}{L_{s0}} & \omega_e & -\dfrac{1}{L_{s0}} & 0 \\ -\omega_e & -\dfrac{R_{s0}}{L_{s0}} & 0 & -\dfrac{1}{L_{s0}} \\ 0 & 0 & 0 & 0 \\ 0 & 0 & 0 & 0 \end{bmatrix}$；$\boldsymbol{B} = \begin{bmatrix} \dfrac{1}{L_{s0}} & 0 & 0 & 0 \\ 0 & \dfrac{1}{L_{s0}} & 0 & 0 \\ 0 & 0 & 0 & 0 \\ 0 & 0 & 0 & 0 \end{bmatrix}$；$\boldsymbol{C} = \begin{bmatrix} 1 & 0 & 0 & 0 \\ 0 & 1 & 0 & 0 \\ 1 & 0 & 0 & 0 \\ 0 & 1 & 0 & 0 \end{bmatrix}$；$\boldsymbol{x} =$

$[\,i_d \quad i_q \quad f_d \quad f_q\,]^{\mathrm{T}}$; $\boldsymbol{u} = [\,u_d \quad u_q - \varphi_{\mathrm{f}0}\omega_e \quad 0 \quad 0\,]^{\mathrm{T}}$; $\boldsymbol{y} = [\,i_d \quad i_q \quad i_d \quad i_q\,]^{\mathrm{T}}$。

根据龙伯格观测器的原理，设计观测器来重构系统状态，得到如下所示的观测状态方程：

$$\begin{cases} \dot{\hat{\boldsymbol{x}}} = \boldsymbol{A}\hat{\boldsymbol{x}} + \boldsymbol{B}\boldsymbol{u} + \boldsymbol{G}(\boldsymbol{y} - \hat{\boldsymbol{y}}) \\ \hat{\boldsymbol{y}} = \boldsymbol{C}\hat{\boldsymbol{x}} \end{cases} \tag{5-53}$$

式中，$\hat{\boldsymbol{x}} = [\,\hat{i}_d \quad \hat{i}_q \quad \hat{f}_d \quad \hat{f}_q\,]^{\mathrm{T}}$；$\hat{\boldsymbol{y}} = [\,\hat{i}_d \quad \hat{i}_q \quad \hat{i}_d \quad \hat{i}_q\,]^{\mathrm{T}}$。

为了方便后续特征值的计算，取反馈增益矩阵 $\boldsymbol{G} = \begin{bmatrix} k_1 & 0 & 0 & 0 \\ 0 & k_1 & 0 & 0 \\ 0 & 0 & k_2 & 0 \\ 0 & 0 & 0 & k_2 \end{bmatrix}$，$k_1$ 与 k_2 为增益。

将观测状态方程离散化，可得到离散形式下的龙伯格观测器：

$$\hat{\boldsymbol{x}}(k+1) = \boldsymbol{E}\hat{\boldsymbol{x}}(k) + \frac{T_{\mathrm{s}}}{L_{\mathrm{s}0}}\boldsymbol{u}(k) + \boldsymbol{G}\big[\boldsymbol{y}(k) - \hat{\boldsymbol{y}}(k)\big] \tag{5-54}$$

式中，$\boldsymbol{E} = \begin{bmatrix} 1 - \dfrac{T_{\mathrm{s}}R_{\mathrm{s}0}}{L_{\mathrm{s}0}} & T_{\mathrm{s}}\omega_e & -\dfrac{T_{\mathrm{s}}}{L_{\mathrm{s}0}} & 0 \\ -T_{\mathrm{s}}\omega_e & 1 - \dfrac{T_{\mathrm{s}}R_{\mathrm{s}0}}{L_{\mathrm{s}0}} & 0 & -\dfrac{T_{\mathrm{s}}}{L_{\mathrm{s}0}} \\ 0 & 0 & 1 & 0 \\ 0 & 0 & 0 & 1 \end{bmatrix}$，在求解（$\boldsymbol{E} - \boldsymbol{GC}$）特征值时，为了简化

计算，当采样时间 T_{s} 足够小且电机转速 ω_e 不够大的情况下，可得到 $\boldsymbol{H} = \boldsymbol{E} - \boldsymbol{GC}$，矩阵 $\boldsymbol{H}$ 可表示为

$$\boldsymbol{H} = \begin{bmatrix} 1 - k_1 & 0 & -\dfrac{T_{\mathrm{s}}}{L_{\mathrm{s}0}} & 0 \\ 0 & 1 - k_1 & 0 & -\dfrac{T_{\mathrm{s}}}{L_{\mathrm{s}0}} \\ -k_2 & 0 & 1 & 0 \\ 0 & -k_2 & 0 & 1 \end{bmatrix} \tag{5-55}$$

令 $|\lambda\boldsymbol{I} - \boldsymbol{H}| = 0$，可得到矩阵 $\boldsymbol{H}$ 有两个不同的特征值 λ_1 和 λ_2，分别为

$$\lambda_{1,2} = 1 + \frac{-k_1 \pm \sqrt{k_1^2 + 4k_2\varepsilon}}{2} \tag{5-56}$$

式中，$\varepsilon = T_{\mathrm{s}}/L_{\mathrm{s}0}$。取合适的 k_1 与 k_2，使矩阵 $\boldsymbol{H}$ 的特征根均具有负的实部，就能够保证观测器的收敛，至此完成了对龙伯格观测器的设计。将观测出的扰动项 $\hat{f}_d$ 与 $\hat{f}_q$ 作为前馈代入控制系统，即可实现扰动抑制。

滑模观测器作为一种常用的状态观测器，是一种解决非线性系统稳定的综合方法。滑模观测器采用变结构控制，通过设定滑模切换面和滑模趋近函数，可迫使系统状态沿着规定的状态轨迹来回运动。如图 5-10 所示，滑模控制下的系统运动状态可分为两步：第一步是向滑模切换面趋近的趋近运动；第二步是沿着滑模切换面的滑模运动。设计滑模观测器要遵循

几个基本原则：首先，被控系统的状态能够按照设计的趋近函数趋近滑模切换面；其次，系统状态在沿滑模面来回运动时，能够在有限时间内收敛至滑模切换面；最后，需要设计的滑模切换面和滑模趋近函数满足稳定性定律。

滑模切换面的设计需要考虑被控系统的运动状态。对于滑模趋近函数，一般有等速趋近函数、指数趋近函数和幂次趋近函数。这些趋近函数决定了系统向滑模面的趋近速度以及在滑模面上运动的抖振程度。

扩张状态观测器的观测对象也可以是未知的非线性系统，且要求已知的被控系统信息比较少。扩张状态观测器的基本思想是将原系统状态方程与观测方程相结合，把能够影响被控

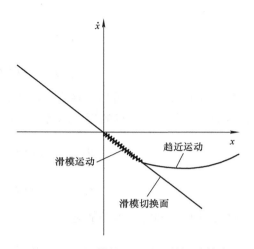

图 5-10　滑模控制下的系统运动状态

输出的扰动作用扩张成新的状态变量，并用特殊的反馈机制，将扩张状态转换为可观测的状态。扩张状态观测器作为自抗扰控制（Active Disturbance Rejection Control，ADRC）理论的核心，能够将一个非线性系统转化为一个线性系统，并设计合适的控制器来控制。

5.4　永磁同步电机无速度传感器控制

大多数高精度永磁同步电机驱动系统需要两个电流传感器和一个速度传感器，用来实时采集定子电流和转子位置信息，光电编码器、霍尔传感器和旋转变压器都是目前采用较多的速度传感器。然而这些传感器不仅会增大电机体积和重量，也会极大增加小功率电机系统的成本，此外恶劣环境和振动噪声都可能影响传感器的精度，从而降低电机的控制品质。在此背景下，无速度传感器控制被提出，无速度传感器控制即不采用速度传感器采集位置信息，仅根据电流和磁链等信息推测出转子位置和角速度，来实现对电机驱动系统的控制。基于无速度传感器的永磁同步电机驱动系统有助于提高其在传感器故障时提供备用方案或降低成本场合下的适用性。本节将讨论以下几种无速度传感器控制算法：①反电动势计算法，利用电机运行时的反电动势直接计算转子位置和速度；②电流模型自适应法，利用相邻两个时刻的电流差来估算转子位置和速度；③外加信号注入法，通过注入不同频率的信号获得转子的位置信息。

5.4.1　反电动势计算法

反电动势法是一种基于电机理想模型的开环计算方法，这种方法计算过程简单、可理解性好，在电机参数正确的情况下能够得到较为准确的转子信息估算结果。对于气隙均匀的隐极式永磁同步电机而言，定子两相静止坐标系下的电压方程包含了定子电压、定子电流和转子位置等信息，可直接根据改写的电压方程，推算出转子的位置信息。隐极式永磁同步电机在两相静止坐标系下的电压方程如下：

$$
\begin{cases}
u_{\alpha} = R_{s}i_{\alpha} + L_{s}\dfrac{\mathrm{d}i_{\alpha}}{\mathrm{d}t} - \omega_{e}\varphi_{f}\sin\theta_{r} \\[3mm]
u_{\beta} = R_{s}i_{\beta} + L_{s}\dfrac{\mathrm{d}i_{\beta}}{\mathrm{d}t} + \omega_{e}\varphi_{f}\cos\theta_{r}
\end{cases}
\tag{5-57}
$$

从式（5-57）可以看出，在定子电压、定子电流和电感等信息已知的情况下，可得到包含转子位置和转速信息的反电动势，可用下式表示：

$$
e_{\alpha} = -\omega_{e}\varphi_{f}\sin\theta_{r} = u_{\alpha} - R_{s}i_{\alpha} - L_{s}\frac{\mathrm{d}i_{\alpha}}{\mathrm{d}t}
$$

$$
e_{\beta} = \omega_{e}\varphi_{f}\cos\theta_{r} = u_{\beta} - R_{s}i_{\beta} - L_{s}\frac{\mathrm{d}i_{\beta}}{\mathrm{d}t}
\tag{5-58}
$$

将 α 轴与 β 轴的反电动势之比取反正切，可得到转子位置：

$$
\theta_{r} = -\arctan\left(\frac{e_{\alpha}}{e_{\beta}}\right)
\tag{5-59}
$$

类似地，取反电动势的二次方和可得到转子速度信息：

$$
\omega_{e} = \frac{1}{\varphi_{f}}\sqrt{e_{\alpha}^{2} + e_{\beta}^{2}}
\tag{5-60}
$$

反电动势法可以根据测量结果实时估算转子位置和速度，计算过程简单，动态响应快，但反电动势法作为一种开环计算方法，容易受到电流测量误差与噪声干扰的影响，系统的模型参数不准确也会影响估算结果。此外，凸极式永磁同步电机由于其结构导致的气隙不均匀，电感参数中也包含了转子的位置信息，采用反电动势直接计算的方法不能直接应用于凸极式永磁同步电机，对于这类电机，需要采用搭配观测器的扩展反电动势计算法。

5.4.2　电流模型自适应法

电流模型自适应控制策略基于电流测量值与模型电流计算值之间的误差，确定转速估计值与实际值的差异，采用该策略进行无速度传感器控制时，需要保证电机驱动系统工作在恒转矩区而非弱磁区。

图 5-11 展示了电流模型自适应策略的基本原理。电机在实际转速 ω_{e} 下运行，基于模型假设的电机以转速 $\hat{\omega}_{e}$ 运行，假设的电机转子位置 $\hat{\theta}_{r}$ 相较于实际转子位置 θ_{r} 落后了 $\Delta\theta$，转子位置与转速关系如下：

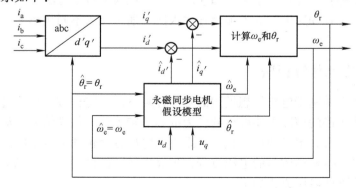

图 5-11　电流模型自适应策略基本原理

$$\theta_r = \int \omega_e \mathrm{d}t$$

$$\hat{\theta}_r = \int \hat{\omega}_e \mathrm{d}t \qquad (5\text{-}61)$$

$$\Delta \theta = \theta_r - \hat{\theta}_r = \int (\omega_e - \hat{\omega}_e)\mathrm{d}t$$

建立在假设转速下定子两相旋转坐标系下的电压方程，根据该电压方程可得到定子电流的状态空间表达式。需要注意的是，此时的参考坐标系并非实际的 dq 旋转坐标系，而是与 dq 坐标系相差 $\Delta \theta$ 的 $d'q'$ 坐标系，其向量图如图 5-12 所示。

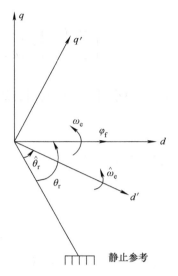

图 5-12　实际转子与估计转子的旋转坐标系

在假设转速的 $d'q'$ 参考坐标系下，定子电流的表达式为

$$\begin{bmatrix} \dfrac{\mathrm{d}\hat{i}_{d'}}{\mathrm{d}t} \\[3mm] \dfrac{\mathrm{d}\hat{i}_{q'}}{\mathrm{d}t} \end{bmatrix} = \begin{bmatrix} -\dfrac{R_s}{L_d} & \dfrac{L_q}{L_d}\hat{\omega}_e \\[3mm] -\dfrac{L_d}{L_q}\hat{\omega}_e & -\dfrac{R_s}{L_q} \end{bmatrix} \begin{bmatrix} \hat{i}_{d'} \\[3mm] \hat{i}_{q'} \end{bmatrix} + \begin{bmatrix} 0 \\[3mm] -\dfrac{1}{L_q}\hat{\omega}_e \varphi_f \end{bmatrix} + \begin{bmatrix} \dfrac{u_{d'}}{L_d} \\[3mm] \dfrac{u_{q'}}{L_q} \end{bmatrix}$$

$$(5\text{-}62)$$

在假设的模型中，转子磁场均位于 d' 轴，而在实际情况下，由于假设模型的 $d'q'$ 坐标系与实际 dq 坐标系存在角度和转速差，从 d 轴给出的转子磁链应为转子误差 $\Delta \theta_r$ 的函数。从实际的 dq 轴坐标系出发，经过坐标变换到 $d'q'$ 坐标系下的定子电流表达式为

$$\begin{bmatrix} \dfrac{\mathrm{d}i_{d'}}{\mathrm{d}t} \\[3mm] \dfrac{\mathrm{d}i_{q'}}{\mathrm{d}t} \end{bmatrix} = \begin{bmatrix} -\dfrac{R_s}{L_d} & \dfrac{L_q}{L_d}\hat{\omega}_e \\[3mm] -\dfrac{L_d}{L_q}\hat{\omega}_e & -\dfrac{R_s}{L_q} \end{bmatrix} \begin{bmatrix} i_{d'} \\[3mm] i_{q'} \end{bmatrix} + \begin{bmatrix} \dfrac{\omega_e \varphi_f}{L_d}\sin\Delta\theta_r \\[3mm] -\dfrac{\omega_e \varphi_f}{L_q}\cos\Delta\theta_r \end{bmatrix} + \begin{bmatrix} \dfrac{u_{d'}}{L_d} \\[3mm] \dfrac{u_{q'}}{L_q} \end{bmatrix} \qquad (5\text{-}63)$$

在式（5-62）与式（5-63）中，带 $^\wedge$ 上标的变量代表假设电机模型变量或估计变量，无上标的则表示电机的实际变量。将模型电流方程和实际电流方程离散化：

$$\begin{bmatrix} \hat{i}_{d'}(k) \\[2mm] \hat{i}_{q'}(k) \end{bmatrix} = \begin{bmatrix} \hat{i}_{d'}(k-1) \\[2mm] \hat{i}_{q'}(k-1) \end{bmatrix} + T_s \begin{bmatrix} \dot{\hat{i}}_{d'}(k-1) \\[2mm] \dot{\hat{i}}_{q'}(k-1) \end{bmatrix} \qquad (5\text{-}64)$$

$$\begin{bmatrix} i_{d'}(k) \\[2mm] i_{q'}(k) \end{bmatrix} = \begin{bmatrix} i_{d'}(k-1) \\[2mm] i_{q'}(k-1) \end{bmatrix} + T_s \begin{bmatrix} \dot{\hat{i}}_{d'}(k-1) \\[2mm] \dot{\hat{i}}_{q'}(k-1) \end{bmatrix} \qquad (5\text{-}65)$$

式中　k——当前采样时刻；

　　　T_s——采样时间。

将式（5-62）与式（5-63）中的微分项分别代入式（5-64）和式（5-65）中，并将 k 时刻的估计电流和实际电流作差，基于以下两个原则进行推导和简化：①乘以采样时间 T_s 后，估计电流与实际电流之间的差可忽略不计；②采样时间与系统的电气时间常数和机械时间常数相比很小。可得到电流误差为

$$\begin{bmatrix} \Delta i_{d'}(k) \\ \Delta i_{q'}(k) \end{bmatrix} = \begin{bmatrix} i_{d'}(k) - \hat{i}_{d'}(k) \\ i_{q'}(k) - \hat{i}_{q'}(k) \end{bmatrix} = T_s \begin{bmatrix} \dfrac{\omega_e \varphi_f}{L_d} \sin \Delta \theta_r \\ -\dfrac{\varphi_f}{L_q}(\omega_e \cos \Delta \theta_r - \hat{\omega}_r) \end{bmatrix} \tag{5-66}$$

当 $\Delta \theta_r$ 很小时，可以利用有效近似进一步简化式（5-66）

$$\begin{cases} \sin \Delta \theta_r \approx \Delta \theta_r \\ \cos \Delta \theta_r \approx 1 \end{cases} \tag{5-67}$$

将式（5-67）代入电流误差方程，可得到不含三角函数的公式为

$$\begin{cases} \Delta i_{d'}(k) = \dfrac{\varphi_f}{L_d} T_s \omega_e \Delta \theta_r \\ \Delta i_{q'}(k) = -\dfrac{\varphi_f}{L_q} T_s (\omega_e - \hat{\omega}_e) \end{cases} \tag{5-68}$$

对式（5-68）做进一步处理，即可得到转子实际转速与实际位置：

$$\begin{cases} \omega_e = \hat{\omega}_e - \dfrac{L_q}{T_s \varphi_f} \Delta i_{q'}(k) \\ \theta_r = \hat{\theta}_r + \dfrac{L_d \Delta i_{d'}(k)}{T_s \varphi_f \hat{\omega}_e - L_q \Delta i_{q'}(k)} \end{cases} \tag{5-69}$$

在下一时刻，ω_e 和 θ_r 将作为模型的估算值，即 $\hat{\omega}_e = \omega_e$、$\hat{\theta}_r = \theta_r$，提供给控制模块或坐标变换模块。

电流模型自适应法利用模型电流与实际电流间的误差来估算实际转子的转速和位置，相较于反电动势计算法，这种方法作为一种闭环控制策略，能够有效避免系统受到较大干扰下的发散，并能够适用于凸极式永磁同步电机。然而，对于从静止状态下起动的电机，需要知道电机转子位置，以便确定初始的模型估计值，转速和转子位置初始值的精确输入有助于估算过程中的连续性和准确性，对于零速起动和低速运转的情况下，还需要采取其他技术加以辅助。

5.4.3　外加信号注入法

外加信号注入法利用电机的凸极特性提取转子信息，可以实现在低速和零速下转子位置的获取。这类方法的原理是通过逆变器向定子绕组中输入不同于基波频率的电压信号，根据反馈出的电流信息，解析转子位置。对于如何施加信号以及施加何种信号，各国学者提出了大量的文献及方案，本节以传统的注入高频旋转矢量为例，介绍外加信号注入法的基本思想。

在电机静止情况下，向电机的三相绕组注入高频的旋转电压矢量，定子绕组会产生对应频率的旋转磁场。此时电机转速较低，可忽略电阻压降与电机反电动势，从而获得电机的高频电压方程为

$$\begin{bmatrix} u_{\alpha h} \\ u_{\beta h} \end{bmatrix} = \begin{bmatrix} L_0 + L_1 \cos(2\theta_r) & L_1 \sin(2\theta_r) \\ L_1 \sin(2\theta_r) & L_0 - L_1 \cos(2\theta_r) \end{bmatrix} \dfrac{\mathrm{d}}{\mathrm{d}t} \begin{bmatrix} i_{\alpha h} \\ i_{\beta h} \end{bmatrix} \tag{5-70}$$

式中 $u_{\alpha h}$ 和 $u_{\beta h}$——两相静止坐标系中的高频定子电压；

　　　$i_{\alpha h}$ 和 $i_{\beta h}$——两相静止坐标系中的高频定子电流；

　　　L_0——定子共模电感；

　　　L_1——定子差模电感。

L_0 和 L_1 可用式（5-71）来表示。

$$\begin{cases} L_0 = (L_d + L_q)/2 \\ L_1 = (L_d - L_q)/2 \end{cases} \tag{5-71}$$

对于注入幅值为 U_h、角频率为 ω_h 的高频旋转电压矢量，电压在 $\alpha\beta$ 轴坐标系下可表示为

$$\begin{bmatrix} u_{\alpha h} \\ u_{\beta h} \end{bmatrix} = \begin{bmatrix} -U_h \sin(\omega_h t) \\ U_h \cos(\omega_h t) \end{bmatrix} \tag{5-72}$$

将式（5-72）代入式（5-70）中，可得到静止坐标系中的高频电流响应为

$$\begin{bmatrix} i_{\alpha h} \\ i_{\beta h} \end{bmatrix} = \begin{bmatrix} \cos(\omega_h t) & \cos(-\omega_h t + 2\theta_r) \\ \sin(\omega_h t) & \sin(-\omega_h t + 2\theta_r) \end{bmatrix} \begin{bmatrix} I_p \\ I_n \end{bmatrix} \tag{5-73}$$

式中 I_p 和 I_n——注入信号频率电流的正序分量幅值和负序分量幅值，可用下式表示：

$$\begin{cases} I_p = \dfrac{U_h L_0}{\omega_h (L_0^2 + L_1^2)} \\ I_n = -\dfrac{U_h L_1}{\omega_h (L_0^2 - L_1^2)} \end{cases} \tag{5-74}$$

传统的高频旋转正弦注入法原理框图如图 5-13 所示。通过电压源逆变器向电机定子绕组施加高频旋转矢量，三相采样电流经 Clarke 变换得到 $\alpha\beta$ 坐标系下电流分量，之后利用不同频率的滤波器分离电流，基波频率的电流作为反馈信号进入闭环控制系统，而在高频电压矢量作用下的高频电流信号通过解调处理得到相位信号，即转子位置。

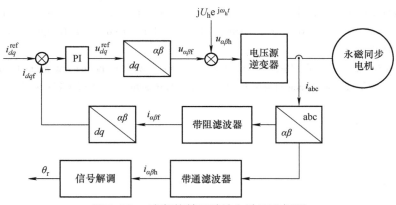

图 5-13　高频旋转正弦注入法原理框图

高频旋转正弦注入法具有良好的稳定性，但也存在诸多问题：

1）得到的高频电流响应解调获得相位的方式复杂，多个滤波器的应用会降低系统的动态特性。

2）受到系统延时、逆变器非线性等因素的影响，位置估计精度差。

为解决这些问题，改进高频旋转注入法、高频非正弦波注入法等多种方法被提出。这些方法的差异性在于注入信号的类型和信号解调方式，相同点则是都利用了电机的凸极特性。此处不再一一展开介绍，有兴趣的读者可进一步研究相关文献。

习　题

5-1　请简述模型预测控制的基本思路。

5-2　永磁同步电机的 MPCC 控制策略和 DPCC 控制策略有什么相同点？有什么不同点？

5-3　当永磁同步电机发生模型参数失配时，请分析定子电阻、定子电感和转子磁链的失配分别会对永磁同步电机的电流造成怎样的影响？

5-4　请给出利用卡尔曼滤波算法辨识磁链需要的一组状态方程。

5-5　已知表贴式永磁同步电机模型参数 $R_{s0} = 0.365\Omega$、$L_{s0} = 1.225\text{mH}$、$\varphi_{f0} = 0.1667\text{Wb}$、采样频率为 20kHz。试构造关于该电机模型的龙伯格扰动观测器，并确定反馈增益矩阵的参数。

参 考 文 献

[1] LOU X, SHEN A, TANG Q, et al. Two-step continuous-control set model predictive current control strategy for SPMSM sensorless drives [J]. IEEE Transactions on Energy Conversion, 2021, 36 (2): 1110-1120.

[2] YUAN X, ZHANG S, ZHANG C, et al. Improved model predictive current control for SPMSM drives using current update mechanism [J]. IEEE Transactions on Industrial Electronics, 2021, 68 (3): 1938-1948.

[3] LIU H, LIN W, LIU Z, et al. Model predictive current control with model-aid extended state observer compensation for PMSM drive [J]. IEEE Transactions on Power Electronics, 2023, 38 (3): 3152-3162.

[4] ZHOU Y, ZHANG S, ZHANG C, et al. Current prediction error based parameter identification method for SPMSM with deadbeat predictive current control [J]. IEEE Transactions on Energy Conversion, 2021, 36 (3): 1700-1710.

[5] ZHANG X, HOU B, MEI Y. Deadbeat predictive current control of permanent-magnet synchronous motors with stator current and disturbance observer [J]. IEEE Transactions on Power Electronics, 2017, 32 (5): 3818-3834.

第6章　永磁同步电机弱磁控制

永磁同步电机的感应电动势与转速成正比，随着电机转速的升高，反电动势会增大，当反电动势达到逆变器可能输出最高电压的限值时，电机的转速将受到限制，无法继续增加。此时，在满足逆变器电压和电流限制条件的情况下，可通过弱磁控制拓宽永磁同步电机的调速范围，本章对永磁同步电机的弱磁控制性能进行研究。

本章以永磁同步电机作为研究对象，首先分析永磁同步电机采用弱磁控制的原因；然后，介绍电压极限圆、电流极限圆、弱磁控制原理、最大转矩电流比控制策略和最大转矩电压比控制策略。在此基础上，介绍几种典型的弱磁控制方法。

6.1　弱磁原因

逆变器的最高输出电压和最大输出电流决定了永磁同步电机的工作范围，进而限制电机的输出功率，影响新能源汽车在爬坡、超车等工况下的动力性能。为了在不改变逆变器输出能力的前提下，满足新能源汽车对电机宽调速范围和低成本的要求，常采用弱磁控制来提高转速。

为了更清晰地确定弱磁控制的适用范围，我们定义了电机的基速。电机的基速是指在额定转矩条件下，电机输入电压达到最高值时对应的电机转速。根据转速的高低可以将永磁同步电机的矢量控制分为基速以上的控制和基速以下的控制。基速以下，电机通常为恒转矩控制状态，在这种状态下，电机的输出转矩保持不变，即使在很低的转速运行时也能提供一定的转矩，一般采用最大转矩电流比（Maximum Torque per Ampere，MTPA）控制。电机在基速以下运行时，随着电机转速的升高，反电动势会逐渐增大，当反电动势达到逆变器可能输出最高电压的限值时，电机转速受到限制，无法进一步增加。若想继续增大转速，需要对磁通进行削弱，也就是所说的弱磁控制。当电机转速在基速以上时，为了获得恒定功率，电机需要采用弱磁控制。

6.2　弱磁控制原理

对于逆变器驱动的永磁同步电机，在满足逆变器电压和电流限制条件的情况下，可通过弱磁控制拓宽其调速范围。本节以永磁同步电机为例，基于电压极限圆和电流极限圆介绍永磁同步电机的弱磁控制原理，并介绍最大转矩电流比控制和最大转矩电压比控制。

6.2.1　电压极限圆

在永磁同步电机驱动系统运行过程中，电机合成电压矢量 $\boldsymbol{u}_s$ 受到电机额定电压、逆变器最高输出电压的限制，即

$$u_s = \sqrt{u_d^2 + u_q^2} \leq u_{smax} \tag{6-1}$$

式中，u_{smax} 表示逆变器输出电压的最大值，即电机最大相电压基波峰值，与直流侧母线电压 U_{dc} 有关。在空间矢量脉宽调制技术作用下，$u_{smax} = U_{dc}/\sqrt{3}$。当电机稳态运行时，$dq$ 轴电流的变化率为零，定子电压方程可以简化为

$$\begin{cases} u_d = R_s i_d - \omega_e L_q i_q \\ u_q = R_s i_q + \omega_e L_d i_d + \omega_e \psi_f \end{cases} \tag{6-2}$$

又因为电机高速运行，定子电阻的影响可以忽略不计，有

$$\begin{cases} u_d = -\omega_e L_q i_q \\ u_q = \omega_e L_d i_d + \omega_e \psi_f \end{cases} \tag{6-3}$$

将式 (6-3) 代入式 (6-1)，可得电压极限圆方程为

$$\left(i_d + \frac{\psi_f}{L_d}\right)^2 + \left(\frac{L_q}{L_d}\right)i_q^2 \leq \left(\frac{u_{smax}}{\omega_e L_d}\right)^2 \tag{6-4}$$

定义特征电流 i_{ch} 为电压极限圆中心点的横坐标：

$$i_{ch} = -\frac{\psi_f}{L_d} \tag{6-5}$$

由式 (6-4) 可知，对于内置式永磁同步电机，由于 $L_d < L_q$，对应的电压极限方程是以 $(-\psi_f/L_d, 0)$ 为中心的椭圆，称为电压极限椭圆，如图 6-1 所示，以 i_d-i_q 为横纵坐标，电压极限椭圆的半径随着转速 ω_e 的增加而减小。对于表贴式永磁同步电机，由于 $L_d = L_q = L_s$，对应的电压极限方程是以 $(-\psi_f/L_s, 0)$ 为圆心的正圆，称为电压极限圆，如图 6-2 所示，以 i_d-i_q 为横纵坐标，电压极限圆的半径随着转速 ω_e 的增加而减小。

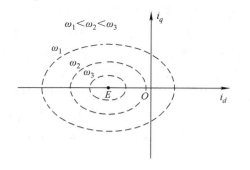

图 6-1　电压极限椭圆

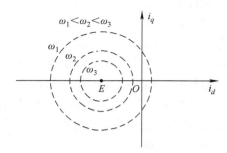

图 6-2　电压极限圆

6.2.2　电流极限圆

永磁同步电机在运行过程中除了受到电压的限制，其合成电流矢量 $\boldsymbol{i}_s$ 还受到电机额定电流、逆变器最大输出电流的限制，即

$$i_s = \sqrt{i_d^2 + i_q^2} \leqslant i_{smax} \tag{6-6}$$

式中，i_{smax} 表示逆变器输出电流的最大值，即电机最大相电流基波峰值。

为了便于观察，式（6-6）可以改写为

$$i_d^2 + i_q^2 \leqslant i_{smax}^2 \tag{6-7}$$

由上式可知，永磁同步电机的电流极限方程是以原点（0，0）为圆心，以 i_{smax} 为半径的圆，称为电流极限圆，如图 6-3 所示。

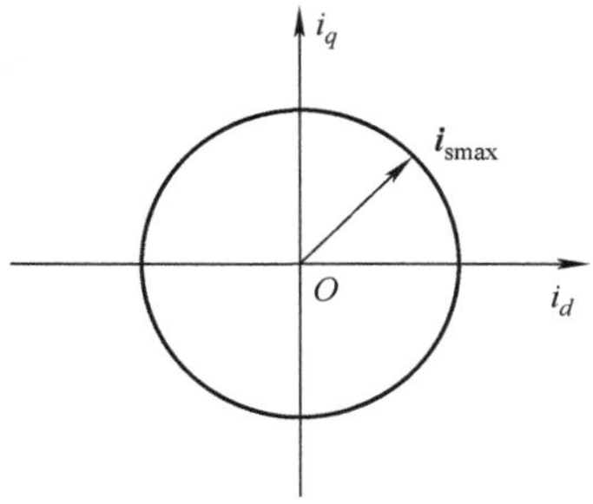

图6-3　电流极限圆

6.2.3　弱磁控制原理

永磁同步电机弱磁控制的思想可以参考他励直流电机的调速控制。当电机端电压达到额定电压或逆变器允许最高输出电压时，他励直流电机可以通过改变励磁电流的大小来改变励磁磁通，从而保证电机在端电压不变的情况下达到更高转速。而永磁同步电机的永磁体由于材料的特性，产生的励磁磁通固定不变，只能通过改变定子电流间接对励磁磁通进行削弱，从而达到弱磁升速的目的。

结合式（6-4）分析弱磁控制的本质，从该式中可以看出，电机的定子电感及转子磁链参数在电机设计出厂时就已确定，不会轻易改变。电机的定子电压保持在最大值，与直流侧母线电压有关，也是个常值。因此，为了确保电压在电压极限圆的工作范围内，随着转速的提高，可以通过反向增大直轴电流分量 i_d 或减小交轴电流分量 i_q 来实现弱磁扩速。

由 6.2.1 节和 6.2.2 节可知，为保证永磁同步电机稳定运行，电机必须同时满足两个极限圆的限制条件，换句话说，电流矢量的终点必须落在电压极限圆和电流极限圆的交叉区域。根据特征电流 i_{ch} 的大小，可以判断是否存在深度弱磁区，在此基础上对电机不同工作区域的运行情况进行分析。对于内置式永磁同步电机和表贴式永磁同步电机，两者的转子结构存在差异，导致电机在不同工作区域运行时，具有不同的控制规律和运行曲线，为了确保电机在弱磁调速情况下的性能，需要设计电机的最佳电流和电压轨迹，如图 6-4 和图 6-5 所示。

当 $|i_{ch}| \leqslant |i_{smax}|$ 时，特征电流在电流极限圆的内部，如图 6-4a、图 6-5a 所示。点 A 为电流极限圆与电压极限圆相交的交点，在点 A 处可获得永磁同步电机的最大输出转矩 T_{eA}，此时转折转速为 ω_1，称为基速。当转速小于 ω_1 时，永磁同步电机只受电流极限圆限制，常采用 MTPA 控制，电流轨迹如图 6-4a、图 6-5a 中的蓝粗线 OA 所示，该区域称为恒转矩区。随着转速的升高，转速大于 ω_1，电压极限圆向内收缩，永磁同步电机受到电流极限圆和电压极限圆两个方面的限制，通过反向增大直轴电流（负 i_d）实现弱磁控制，维持电压的稳定，电流轨迹沿着电流极限圆运行，如图 6-4a、图 6-5a 中的黄色曲线 AC 所示，该区域功率变化不大，称为恒功率弱磁区。当转速增大到 ω_3，并且进一步增大时，永磁同步电机只受电压极限圆的限制，采用最大转矩电压比（Maximum Torque Per Voltage，MTPV）控制，电流轨迹如图 6-4a、图 6-5a 中的紫色线段 CE 所示，该区域为深度弱磁区，理论上转速可以达到无限大。

当 $|i_{ch}| > |i_{smax}|$ 时，特征电流在电流极限圆的外部，如图 6-4b、图 6-5b 所示。当电机转速小于基速时，电机运行情况与 $|i_{ch}| \leqslant |i_{smax}|$ 时一样，电流轨迹为图 6-4b、图 6-5b 中的

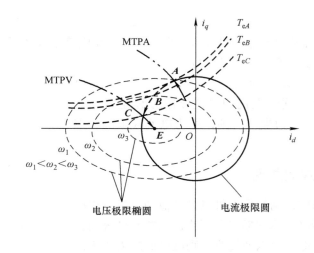

a) $|i_{ch}| \leqslant |i_{smax}|$

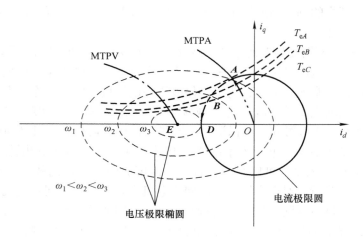

b) $|i_{ch}| > |i_{smax}|$

图6-4 内置式永磁同步电机的电压、电流极限圆

OA 段，此时采用 MTPA 控制。当转速进一步增加时，电机工作在恒功率弱磁区，电流轨迹为图 6-4b 、图 6-5b 中的 *AD* 段。从图中可以看出，MTPV 曲线与电流极限圆没有交点，因此不存在深度弱磁区，电机在点 *D* （两个极限圆的交点）处达到最大转速，最大转速为 $u_{smax}/(\psi_f - L_d i_{smax})$。

内置式永磁同步电机与表贴式永磁同步电机的工作区域划分情况一致，具有相同的功率、转矩、电压和电流特性，然而电机在不同工作区域的功率、转矩、电压和电流等变量具有不同的特点。为了更方便地进行分析，在考虑特征电流大小的前提下，图 6-6 给出了永磁同步电机在全速域的功率、转矩、电压及电流变化曲线。

当 $|i_{ch}| \leqslant |i_{smax}|$ 时，永磁同步电机的运行区域可以划分为恒转矩区、恒功率弱磁区和深度弱磁区，如图 6-6a 所示。图中的 ω_1 对应图 6-4 和图 6-5 中点 *A* 的转速，当电机转速 ω 小于转折速度 ω_1 时，电机运行在恒转矩区，采用 MTPA 控制，定子电流始终为 i_{smax}，输出转

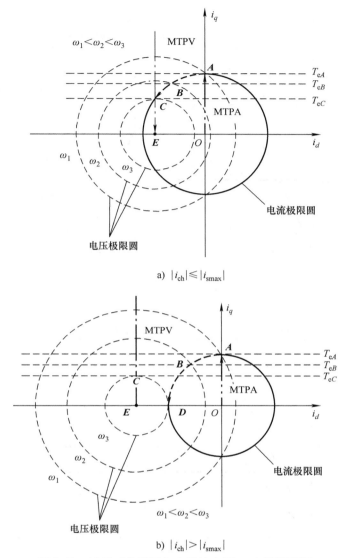

a) $|i_{ch}| \leqslant |i_{smax}|$

b) $|i_{ch}| > |i_{smax}|$

图6-5 表贴式永磁同步电机的电压、电流极限圆

矩保持在 T_{emax} 固定不变，输出功率 P 和定子电压 u_s 随着转速升高而增大。当电机转速达到转折速度 ω_1 时，定子电压达到最大值 u_{smax}。当电机转速 ω 大于转折速度 ω_1 时，电机运行在恒功率弱磁区，定子电流 i_s 和定子电压 u_s 保持在最大值，输出转矩 T_e 逐渐减小，输出功率 P 恒定不变。转折速度 ω_3 对应图 6-4a 和图 6-5a 中的点 C，当电机转速 $\omega > \omega_3$ 时，电机进入深度弱磁区，定子电压矢量保持最大值不变，定子电流和输出转矩均减小，输出功率逐渐降低。

当 $|i_{ch}| > |i_{smax}|$ 时，电机的运行区域只有恒转矩区和恒功率弱磁区，不存在深度弱磁区，如图 6-4b 和图 6-5b 所示。当电机转速 $\omega < \omega_1$ 时，电机运行在恒转矩区，定子电流和输出转矩保持在最大值，分别为 i_{smax}、T_{emax}，随着转速增大，定子电压 u_s 增大，输出功率 P 增大。当转速等于 ω_1 时，定子电压幅值达到最大值。当转速 $\omega > \omega_1$ 时，电机进入恒功率弱磁区，定子电流 i_s 和定子电压 u_s 的幅值不变，均为最大值，输出功率 P 保持不变，转矩输出能力下降。

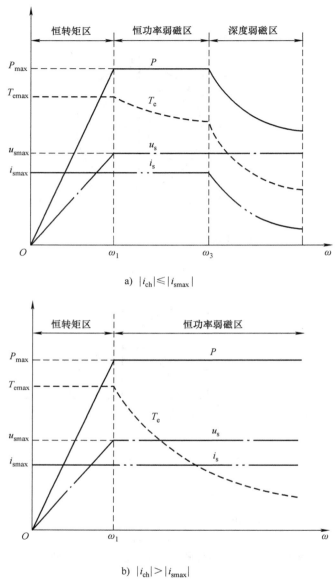

a) $|i_{ch}| \leqslant |i_{smax}|$

b) $|i_{ch}| > |i_{smax}|$

图6-6　永磁同步电机的功率、转矩、电压及电流变化曲线

6.2.4　最大转矩电流比控制

　　MTPA 控制又称为最大转矩电流比控制。永磁同步电机在基速以下运行时通常采用 MT-PA 控制，可以实现电机在给定转矩条件下定子电流矢量幅值最小，从而降低电机铜耗和开关器件的损耗，增加单位电流输出转矩能力，提高电机工作效率，满足新能源汽车对低速大转矩等性能指标的要求。永磁同步电机在 MTPA 控制下的定子电流矢量运行轨迹如图6-7 所示，当电机处于恒转矩区时，等转矩曲线上的任意一点都对应着一组 i_d 和 i_q，每组 i_d 和 i_q 构成的定子电流矢量都能生成相同大小的电磁转矩，其中等转矩曲线与电流限制圆的切点对应的定子电流矢量幅值最小，将这些切点连接起来形成的曲线即为 MTPA 曲线。

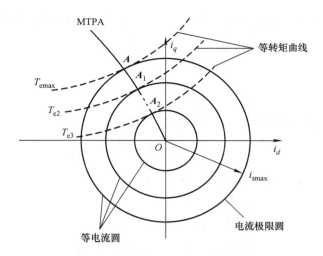

图6-7　MTPA 控制下电流矢量的运行轨迹曲线

下面介绍 MTPA 控制的具体实施步骤。

基速以下电机的定子电流表达式为

$$i_{\mathrm{s}} = \sqrt{i_d^2 + i_q^2} \tag{6-8}$$

内置式永磁同步电机的电磁转矩公式为

$$T_{\mathrm{e}} = \frac{3}{2} n_{\mathrm{p}} \left[\psi_{\mathrm{f}} i_q + (L_d - L_q) i_d i_q \right] \tag{6-9}$$

利用拉格朗日定理求解极值问题，构造辅助函数：

$$H = \sqrt{i_d^2 + i_q^2} + \lambda \left\{ T_{\mathrm{e}} - \frac{2}{3} n_{\mathrm{p}} \left[\psi_{\mathrm{f}} i_q + (L_d - L_q) i_d i_q \right] \right\} \tag{6-10}$$

式中，λ 为拉格朗日常数。对上述辅助函数求极值：

$$\begin{cases} \dfrac{\partial H}{\partial i_d} = \dfrac{i_d}{\sqrt{i_d^2 + i_q^2}} - \lambda \dfrac{3}{2} n_{\mathrm{p}} (L_d - L_q) i_q = 0 \\[3mm] \dfrac{\partial H}{\partial i_q} = \dfrac{i_q}{\sqrt{i_d^2 + i_q^2}} - \lambda \dfrac{3}{2} n_{\mathrm{p}} \left[\psi_{\mathrm{f}} + (L_d - L_q) i_d \right] = 0 \\[3mm] \dfrac{\partial H}{\partial \lambda} = T_{\mathrm{e}} - \dfrac{3}{2} n_{\mathrm{p}} \left[\psi_{\mathrm{f}} i_q + (L_d - L_q) i_d i_q \right] = 0 \end{cases} \tag{6-11}$$

从式（6-11）中可得出内置式永磁同步电机的直轴电流和交轴电流分别为

$$\begin{cases} i_d = \dfrac{-\psi_{\mathrm{f}} + \sqrt{\psi_{\mathrm{f}}^2 + 8(L_d - L_q)^2 i_{\mathrm{s}}^2}}{4(L_d - L_q)} \\[3mm] i_q = \sqrt{i_{\mathrm{s}}^2 - i_d^2} \end{cases} \tag{6-12}$$

对于表贴式永磁同步电机，交、直轴电感近似相等，满足 $L_d = L_q = L_{\mathrm{s}}$，凸极率 $L_q / L_d = 1$，其电磁转矩方程可以简化为

$$T_{\mathrm{e}} = \frac{3}{2} n_{\mathrm{p}} \psi_{\mathrm{f}} i_q \tag{6-13}$$

利用电流方程（6-8）和电磁转矩方程（6-13），通过求解下面极值问题保证电流矢量幅值最小：

$$\begin{cases} T_e = \dfrac{3}{2} n_p \psi_f i_q \\ i_s = \sqrt{i_d^2 + i_q^2} \end{cases} \tag{6-14}$$

利用拉格朗日定理求解极值问题，构造辅助函数：

$$H = \sqrt{i_d^2 + i_q^2} + \lambda \left(T_e - \dfrac{3}{2} n_p \psi_f i_q \right) \tag{6-15}$$

式中，λ 为拉格朗日常数。对上述辅助函数求极值：

$$\begin{cases} \dfrac{\partial H}{\partial i_d} = \dfrac{i_d}{\sqrt{i_d^2 + i_d^2}} = 0 \\ \dfrac{\partial H}{\partial i_q} = \dfrac{i_q}{\sqrt{i_d^2 + i_q^2}} - \lambda \dfrac{3}{2} n_p \psi_f = 0 \\ \dfrac{\partial H}{\partial \lambda} = T_e - \dfrac{3}{2} n_p \psi_f i_q = 0 \end{cases} \tag{6-16}$$

通过计算可以得到，表贴式永磁同步电机采用 MTPA 控制时交、直轴电流的关系表达式为

$$\begin{cases} i_d = 0 \\ i_q = i_s \end{cases} \tag{6-17}$$

由上式可知，对于表贴式永磁同步电机而言，基速以下采用 MTPA 控制的效果与采用 $i_d = 0$ 控制的效果相同。

6.2.5　最大转矩电压比控制

MTPV 控制又称为最大转矩电压比控制。永磁同步电机进入深度弱磁区后通常采用最大转矩电压比控制，可以实现电机在给定转矩条件下定子电压矢量幅值最小。永磁同步电机在 MTPV 控制下的定子电流矢量运行轨迹如图 6-8 所示，当电机处于深度弱磁区时，主要受到电压极限的约束，随着转速升高，电压极限椭圆（或电压极限圆）将逐渐变小，形成一系列同心椭圆（或同心圆）。恒转矩曲线与电压极限椭圆（或电压极限圆）的切点对应的定子电压矢量幅值最小，将这些切点连接起来形成的曲线即为 MTPV 曲线。

与 MTPA 的求解思路类似，MTPV 为求解定子电压矢量 $\boldsymbol{u}_s$ 条件下电磁转矩的极值问题。根据内置式永磁同步电机的电磁转矩表达式（6-9）和定子电压方程式（6-1）和式（6-3），可得

$$\begin{cases} u_s = \omega_e \sqrt{(L_d i_d + \psi_f)^2 + (L_q i_q)^2} \\ T_e = \dfrac{3}{2} n_p [\psi_f i_q + (L_d - L_q) i_d i_q] \end{cases} \tag{6-18}$$

利用拉格朗日定理求解极值问题，构造辅助函数

$$H = \dfrac{3}{2} n_p [\psi_f i_q + (L_d - L_q) i_d i_q] + \lambda \left\{ u_s - \omega_e \sqrt{(L_d i_d + \psi_f)^2 + (L_q i_q)^2} \right\} \tag{6-19}$$

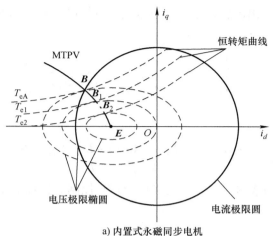

a) 内置式永磁同步电机

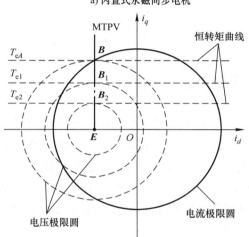

b) 表贴式永磁同步电机

图6-8 MTPV 控制下定子电流矢量的运行轨迹曲线

对式（6-19）所示辅助函数求极值

$$\begin{cases} \dfrac{\partial H}{\partial i_d} = \dfrac{3}{2} n_{\mathrm{p}}(L_d - L_q) i_q - \dfrac{\lambda \omega_{\mathrm{e}}(L_d i_d + \psi_{\mathrm{f}}) L_d}{\sqrt{(L_d i_d + \psi_{\mathrm{f}})^2 + (L_q i_q)^2}} = 0 \\[3mm] \dfrac{\partial H}{\partial i_q} = \dfrac{3}{2} n_{\mathrm{p}}[\psi_{\mathrm{f}} + (L_d - L_q) i_d] - \dfrac{\lambda \omega_{\mathrm{e}} L_q^2 i_q}{\sqrt{(L_d i_d + \psi_{\mathrm{f}})^2 + (L_q i_q)^2}} = 0 \\[3mm] \dfrac{\partial H}{\partial \lambda} = u_{\mathrm{s}} - \omega_{\mathrm{e}} \sqrt{(L_d i_d + \psi_{\mathrm{f}})^2 + (L_q i_q)^2} = 0 \end{cases} \quad (6\text{-}20)$$

若要保证上式成立，需要满足

$$\frac{\lambda \omega_{\mathrm{e}}(L_d i_d + \psi_{\mathrm{f}}) L_d}{\sqrt{(L_d i_d + \psi_{\mathrm{f}})^2 + (L_q i_q)^2}} \leqslant 0 \quad (6\text{-}21)$$

由式（6-21）可知，要想保证永磁同步电机能够输出最大转矩，需要满足

$$\frac{\psi_{\mathrm{f}}}{L_d} \leqslant i_{\mathrm{smax}} \quad (6\text{-}22)$$

从式（6-20）中可得出内置式永磁同步电机的直轴电流和交轴电流分别表示为

$$
\begin{cases}
i_d = \dfrac{-\psi_f}{L_d} + \Delta i_d \\[3mm]
i_q = \dfrac{\sqrt{(u_{smax}/\omega_e)^2 - (L_d \Delta i_d)^2}}{L_q}
\end{cases}
\tag{6-23}
$$

式中，Δi_d 表示为

$$
\Delta i_d = \frac{-L_q \psi_f + \sqrt{L_q^2 \psi_f^2 + 8(L_d - L_q)^2 (u_{smax}/\omega_e)^2}}{4(L_d - L_q)L_d}
\tag{6-24}
$$

同理，可计算出表贴式永磁同步电机采用 MTPV 控制时直轴电流和交轴电流的表达式为

$$
\begin{cases}
i_d = -\dfrac{\psi_f}{L_s} \\[3mm]
i_q = \dfrac{u_{smax}}{\omega_e L_s}
\end{cases}
\tag{6-25}
$$

6.3 几种典型的弱磁控制方式

自 20 世纪 80 年代以来，随着永磁同步电机在工业领域的广泛应用，学者们对永磁同步电机的控制策略展开了研究，最初的研究成果是 $i_d = 0$ 控制和 MTPA 控制等矢量控制技术在永磁同步电机低速区得以成功实现，减小了电机和逆变器的损耗。随着新能源汽车的普及和发展，对驱动电机的性能要求也越来越高，不仅要求足够大的起动转矩，还要求较宽的调速范围，进而对永磁同步电机弱磁控制提出了需求，这加快了永磁同步电机基于矢量控制技术的弱磁控制理论的形成与不断发展。

80 年代中期，学者 Brigette 和 Thomas 等人开始对永磁同步电机的弱磁控制展开初步研究，通过坐标变换建立了 i_d-i_q 电流矢量平面图，并在所建立的平面内分析了电流和转矩特性，在此基础上提出了弱磁思路来控制电流工作点，并介绍了 MTPA 曲线的获得方法。之后，Thomas 又阐明了电压极限值对定子电流工作点的影响，当目标电流工作点落在电压限制圆外，电机的实际电流将不能准确跟踪参考电流，从而提出了利用稳态时直轴电流误差值来减小交轴电流指令的弱磁方法。但当时有关弱磁的研究尚处在起步阶段，并没有全面地阐述弱磁控制理论。

直到 1990 年初，日本学者 Shigeo 详细分析了永磁同步电机在弱磁控制过程中的电流轨迹，首次按转速特性将电机的弱磁控制区域划分为 3 个部分，结合每个控制区域的运行情况，推导了各区域的弱磁公式。随后，Shigeo 于 1994 年提出了电流调节器来改善永磁同步电机在恒功率弱磁区的电流响应。Thomas 和 Shigeo 的研究工作奠定了弱磁控制策略的理论基础。随着电机理论和电力电子技术的不断发展，学者们相继对弱磁控制进行了深入研究，不断提出了新的弱磁控制方法来解决弱磁控制过程中遇到的问题。总结下来，现有的永磁同步电机弱磁控制方法主要有：前馈开环法、查表法、电压幅值调节法、梯度下降法、单电流调节器等方法。

6.3.1 前馈开环法弱磁控制

前馈开环法弱磁控制，又称为基于电机数学模型的弱磁控制，对其控制系统进行数学建模时要求已知电机参数，并依据物理参数、逆变器电压和电流容量进行弱磁电流矢量分配，不需要设计复杂的反馈控制器和控制参数，控制系统结构简单、容易实现，但该方法依赖于精确的电机参数，容易受到环境工况的影响。

根据式（6-4）电压极限圆方程和式（6-7）电流极限圆方程，可以计算出 d 轴电流与 q 轴电流：

$$\begin{cases} i_d = \dfrac{-\psi_f + \sqrt{(u_m/\omega_e)^2 - (L_q i_q)^2}}{L_d} \\ i_q = \dfrac{\sqrt{(u_{smax}/\omega_e)^2 - (L_d i_d + \psi_f)^2}}{L_q} \end{cases} \tag{6-26}$$

式中，u_m 表示为消除内阻影响的定子电压最大值，满足 $u_m = u_{smax} - R_s i_{smax}$。

基于前馈开环法的弱磁控制框图如图 6-9 所示。

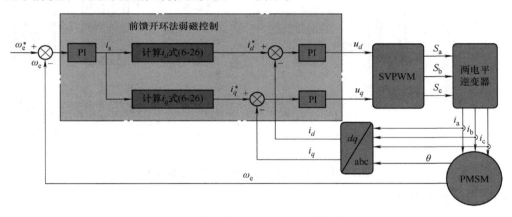

图 6-9　基于前馈开环法的弱磁控制框图

6.3.2 查表法弱磁控制

查表法弱磁控制策略主要以内置式永磁同步电机作为研究对象，根据电机运行时的转矩指令值以及转速、定子磁链等实测值，进行实时查表解析来获取电机相应的交、直轴电流参考指令值。此方法简单可靠、不需要额外的弱磁环就能转换为弱磁控制模式、系统稳定性好、响应速度较快，在实际工业领域中有着比较广泛的应用，但需要预先对电机进行大量的试验数据标定，工作量巨大、算法移植性差，难以用到不同规格的电机中。

6.3.3 电压幅值调节法弱磁控制

电压幅值调节法弱磁控制策略的被控对象是电压源逆变器的输出电压幅值，通过比较实际输出电压与逆变器最大输出电压，构造电压反馈闭环控制，使永磁同步电机输出电压维持在逆变器最大输出电压附近。此方法不依赖电机参数，稳态性和鲁棒性较好，但随着转速的升高，定子电流矢量工作点将一直向左移动，无法切换到 MTPV 控制曲线上，电机稳定性变差，转矩振荡加剧。根据输出变量的不同，可分为负 i_d 补偿法和电流超前角法。

（1）负 i_d 补偿法

负 i_d 补偿法的基本原理是通过比较内环双电流调节器的输出电压 u_s 和逆变器输出极限电压 u_{smax} 之间的关系，判断 d 轴电流是否需要增大，即是否进入弱磁控制阶段，当输出电压接近或超出极限电压时，将两者的电压差值输入 PI 调节器，获得 d 轴电流偏移量 Δi_d，并对输出电流进行限值，最后，将获得的 d 轴弱磁电流叠加在 MTPA 控制（或 $i_d = 0$ 控制）输出的 d 轴电流上，并根据式（6-6）计算出 q 轴电流，确保弱磁运行时电压指令工作在电压极限椭圆（或电压极限圆）附近，负 i_d 补偿法与 MTPA 方法（表贴式永磁同步电机为 $i_d = 0$ 方法）结合可以实现电机从恒转矩区到恒功率弱磁区的平滑过渡。图 6-10 给出了基于负 i_d 补偿法的弱磁控制框图。

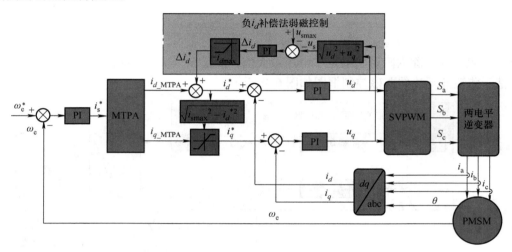

图 6-10　基于负 i_d 补偿法的弱磁控制框图

（2）电流超前角法

电流超前角法同样采用基于电压幅值反馈外环的 PI 闭环控制系统，但 PI 调节器输出的是电流矢量相位角，通过使相位超前来减小气隙磁场，进而实现电机弱磁升速。定义电流超前角 β 为两相旋转坐标系下定子电流矢量 i_s 与 q 轴正半轴之间的夹角。电流超前角的示意图如图 6-11 所示，利用电流超前角可以对交直轴电流矢量进行重新分配，具体表示为

$$\begin{cases} i_d = i_s \sin\beta \\ i_q = i_s \cos\beta \end{cases} \qquad (6\text{-}27)$$

式中，$\beta \in [-\pi/2, 0]$。

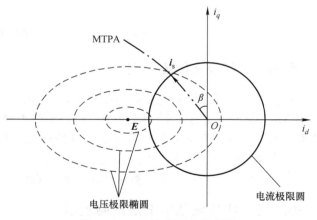

图 6-11　电流超前角示意图

由式（6-27）可知，当电流超前角 β 增大时，d 轴电流反向增大；q 轴电流随着 d 轴电

流的增大而减小，合成定子电流矢量的终点始终落在电压极限圆和电流极限圆的交叉区域内，从而实现永磁同步电机弱磁扩速的目的。当电流超前角 β 增大到 90°时，q 轴电流等于 0，目标电流全部用于进行弱磁扩速；反之，当电流超前角 β 减小时，d 轴电流反向减小，q 轴电流随着 d 轴电流的减小而增大，电机的转速则相应地降低；当电流超前角 β 减小到 0°时，q 轴电流等于 i_s，此时电机不再处于弱磁状态。

电流超前角弱磁控制的基本原理为将内环双电流调节器输出电压 u_s 和逆变器输出极限电压 u_{smax} 进行比较，以判断 d 轴电流是否需要增大，即电机是否进入弱磁控制阶段，当输出电压 u_s 接近或超出极限电压 u_{smax} 时，将两者的电压差值作为弱磁环 PI 调节器的输入，获得电流超前角 β 作为弱磁环 PI 调节器的输出，然后利用电流超前角给定交直轴参考电流。图 6-12 所示为基于电流超前角的弱磁控制框图。

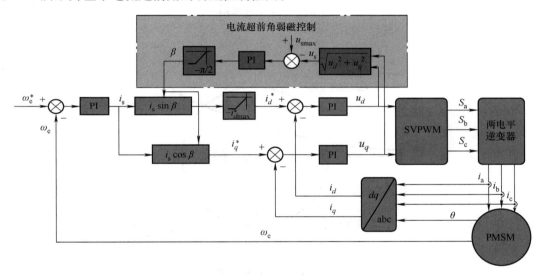

图 6-12　基于电流超前角的弱磁控制框图

6.3.4　梯度下降法弱磁控制

梯度下降法的核心实际上是对电流指令值的一种修正控制，主要包括两个部分：对电机所在弱磁区域的判定和对定子电流参考值的修正，即通过电机恒转矩曲线的切线方向以及电压极限椭圆（或电压极限圆）的电压递减方向之间的夹角来判断永磁同步电机在弱磁控制状态下的运行区域，然后根据所在弱磁区域计算电流修正值，从而实现对交直轴电流的给定。梯度下降法能实现 MTPV 控制，在恒功率弱磁区和深度弱磁区都可以运行，响应速度快、控制鲁棒性好，但计算量大、实现复杂。下面分别对电机所在弱磁区域的判定和对定子电流参考值的修正过程进行详细介绍。

（1）弱磁区域的判定

内置式永磁同步电机和表贴式永磁同步电机的转矩、电压方向图如图 6-13 所示。图中恒转矩方向为恒转矩曲线的切线方向，电压递减方向始终指向电压极限椭圆（圆）的圆心 E，恒转矩方向与电压递减方向的夹角为 θ，转矩递增方向与恒转矩方向相互垂直。

根据式（6-9）内置式永磁同步电机的电磁转矩方程，可以得出内置式永磁同步电机转矩递增方向的表达式为

$$\begin{bmatrix} \dfrac{\partial T_e}{\partial i_d} \\[2mm] \dfrac{\partial T_e}{\partial i_q} \end{bmatrix} = \begin{bmatrix} \dfrac{3}{2} n_p (L_d - L_q) i_q \\[2mm] \dfrac{3}{2} n_p [\psi_f + (L_d - L_q) i_d] \end{bmatrix} \tag{6-28}$$

同理，根据式（6-13）表贴式永磁同步电机的电磁转矩方程，可以得出表贴式永磁同步电机转矩递增方向的表达式为

$$\begin{bmatrix} \dfrac{\partial T_e}{\partial i_d} \\[2mm] \dfrac{\partial T_e}{\partial i_q} \end{bmatrix} = \begin{bmatrix} 0 \\[2mm] \dfrac{3}{2} n_p \psi_f \end{bmatrix} \tag{6-29}$$

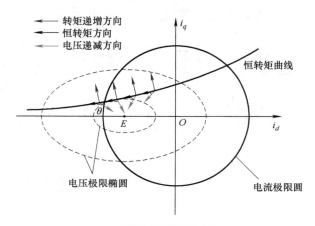

a) 内置式永磁同步电机

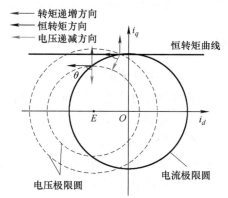

b) 表贴式永磁同步电机

图6-13　永磁同步电机的转矩、电压方向图

由于转矩递增方向与恒转矩方向相互垂直，因此由式（6-28）和式（6-29）可得，内置式永磁同步电机和表贴式永磁同步电机恒转矩方向的表达式分别为

$$\begin{bmatrix} T_d \\ T_q \end{bmatrix} = \begin{bmatrix} -\dfrac{\partial T_e}{\partial i_q} \\[2mm] \dfrac{\partial T_e}{\partial i_d} \end{bmatrix} = \begin{bmatrix} -\dfrac{3}{2}n_p\big[\psi_f + (L_d - L_q)i_d\big] \\[2mm] \dfrac{3}{2}n_p(L_d - L_q)i_q \end{bmatrix} \tag{6-30}$$

$$\begin{bmatrix} T_d \\ T_q \end{bmatrix} = \begin{bmatrix} -\dfrac{\partial T_e}{\partial i_q} \\[2mm] \dfrac{\partial T_e}{\partial i_d} \end{bmatrix} = \begin{bmatrix} -\dfrac{3}{2}n_p\psi_f \\[2mm] 0 \end{bmatrix} \tag{6-31}$$

根据式 (6-30) 和式 (6-31) 中的 T_d 和 T_q，可令

$$T = (T_d^2 + T_q^2)^{\frac{1}{2}} \tag{6-32}$$

通过梯度下降法来获取电压递减方向，给定代价函数为

$$F = \frac{1}{2}(u_d^2 + u_q^2) \tag{6-33}$$

当永磁同步电机高速运行时，定子电阻的影响可以忽略不计。因此，内置式永磁同步电机和表贴式永磁同步电机在 $d\text{-}q$ 旋转坐标系下的电压方程可分别改写为

$$\begin{cases} u_d = -\omega_e L_q i_q \\ u_q = \omega_e L_d i_d + \omega_e \psi_f \end{cases} \tag{6-34}$$

$$\begin{cases} u_d = -\omega_e L_s i_q \\ u_q = \omega_e L_s i_d + \omega_e \psi_f \end{cases} \tag{6-35}$$

由式 (6-33) 和式 (6-34) 可得内置式永磁同步电机电压递减方向的表达式为

$$-\nabla F = -\begin{bmatrix} \dfrac{\partial F}{\partial i_d} \\[2mm] \dfrac{\partial F}{\partial i_q} \end{bmatrix} = \begin{bmatrix} -\omega_e L_d u_q \\ \omega_e L_q u_d \end{bmatrix} = \begin{bmatrix} U_d \\ U_q \end{bmatrix} \tag{6-36}$$

同理，由式 (6-33) 和式 (6-35) 可得表贴式永磁同步电机电压递减方向的表达式为

$$-\nabla F = -\begin{bmatrix} \dfrac{\partial F}{\partial i_d} \\[2mm] \dfrac{\partial F}{\partial i_q} \end{bmatrix} = \begin{bmatrix} -\omega_e L_s u_q \\ \omega_e L_s u_d \end{bmatrix} = \begin{bmatrix} U_d \\ U_q \end{bmatrix} \tag{6-37}$$

根据式 (6-36) 和式 (6-37) 中的 U_d 和 U_q，可令

$$U = (U_d^2 + U_q^2)^{\frac{1}{2}} \tag{6-38}$$

联立式 (6-30)、式 (6-31)、式 (6-32)、式 (6-36)、式 (6-37) 和式 (6-38)，可计算出恒转矩方向与电压递减方向之间夹角的余弦值 $\cos\theta$：

$$\cos\theta = \frac{(T_d, T_q)(U_d, U_q)}{TU} \tag{6-39}$$

式中，$\theta \in (0, \pi)$。

因此，可以通过计算 $\cos\theta$ 来确定 θ 的大小，从而判断永磁同步电机所在的弱磁区域。

当 $\theta < 90°$ 时，存在 $\cos\theta > 0$，电机运行在恒功率弱磁区；当 $\theta \geq 90°$ 时，存在 $\cos\theta \leq 0$，电机运行在深度弱磁区，采用 MTPV 控制。

（2）定子电流参考值的修正过程

在确定永磁同步电机在弱磁控制状态下的运行区域后，需要对电机所在弱磁区域的定子电流参考值进行修正。定子电流参考值可以通过电压递减方向和恒转矩方向，结合定子电压偏差幅值来确定。其中，定子电压偏差幅值为电压最大值与合成定子电压矢量的差值，具体表示为

$$\Delta U = u_{smax} - |u_s| \tag{6-40}$$

因此，当电机运行在恒功率弱磁区时，电流参考值将沿着恒转矩方向进行修正，如式（6-30）和式（6-31）所示。

当电机运行在深度弱磁区时，电流参考值将沿着 MTPV 控制曲线方向（W_d，W_q）进行修正。MTPV 控制曲线是恒转矩曲线与电压极限椭圆（圆）切点连接起来形成的曲线，可表示为

$$\frac{\partial T_e}{\partial i_d}\frac{\partial U}{\partial i_q} - \frac{\partial T_e}{\partial i_q}\frac{\partial U}{\partial i_d} = 0 \tag{6-41}$$

式（6-41）整理后可得

$$(L_d - L_q)L_d^2 i_d^2 + (2L_d - L_q)L_d i_d \psi_f + L_d \psi_f^2 - (L_d - L_q)L_q^2 i_q^2 = 0 \tag{6-42}$$

对于内置式永磁同步电机，其（W_d, W_q）可表示为

$$\begin{pmatrix} W_d \\ W_q \end{pmatrix} = \begin{bmatrix} -2(L_d - L_q)L_q^2 i_q \\ 2(L_d - L_q)L_d^2 i_d + (2L_d - L_q)L_d \psi_f \end{bmatrix} \tag{6-43}$$

对于表贴式永磁同步电机，其（W_d, W_q）可表示为

$$\begin{pmatrix} W_d \\ W_q \end{pmatrix} = \begin{pmatrix} 0 \\ L_s^2 \psi_f \end{pmatrix} \tag{6-44}$$

根据式（6-43）和式（6-44）中的 W_d 和 W_q，可令

$$W = (W_d^2 + W_q^2)^{\frac{1}{2}} \tag{6-45}$$

因此，当电机运行在深度弱磁区时，电流参考值将沿着 MTPV 控制曲线方向进行修正，如式（6-43）和式（6-44）所示。

将式（6-32）、式（6-40）和式（6-45）联立，可推导出恒功率弱磁区和深度弱磁区的电流参考值修正表达式：

1）恒功率弱磁区电流参考值的修正表达式为

$$\begin{cases} i_{dc} = \dfrac{\alpha \Delta U T_d}{T} \\ i_{qc} = \dfrac{\alpha \Delta U T_q}{T} \end{cases} \tag{6-46}$$

2）深度弱磁区电流参考值的修正表达式为

$$\begin{cases} i_{dc} = \dfrac{\beta \Delta U W_d}{W} \\[3mm] i_{qc} = \dfrac{\beta \Delta U W_q}{W} \end{cases} \tag{6-47}$$

式中，α、β 为电流参考值的修正系数。

综上，在弱磁控制过程中，电流环 PI 调节器的输入指令可以表示为

$$\begin{cases} i_d^* = i_{d\_MTPA} + i_{dc} \\[2mm] i_q^* = i_{q\_MTPA} + i_{qc} \end{cases} \tag{6-48}$$

式中，i_{d_MTPA}、i_{q_MTPA} 分别为永磁同步电机经 MTPA 控制输出的直、交轴参考电流值；i_{dc}、i_{qc} 分别为永磁同步电机经弱磁控制输出的直、交轴修正电流值；i_d^*、i_q^* 分别为永磁同步电机修正后的电流参考值，作为电流环 PI 调节器的输入。

基于梯度下降法的弱磁控制框图如图 6-14 所示。从图中可以看出，当 $u_s < u_{smax}$ 时，有 $\Delta U > 0$，电流环 PI 调节器输出尚未饱和，电机运行在恒转矩区，此时修正电流值 i_{dc}、i_{qc} 均为 0；当 $u_s \geq u_{smax}$ 时，有 $\Delta U \leq 0$，电流环 PI 调节器输出饱和，电机运行在弱磁区，此时修正电流值 i_{dc}、i_{qc} 如式（6-46）和式（6-47）所示。考虑到弱磁过程中，电机的 q 轴电流随着 d 轴电流的反向增大而减小，需要对 q 轴电流进行限幅，即

$$i_{qmax} = \sqrt{i_{d\_MTPA}^2 + i_{q\_MTPA}^2 - i_d^{*2}} \tag{6-49}$$

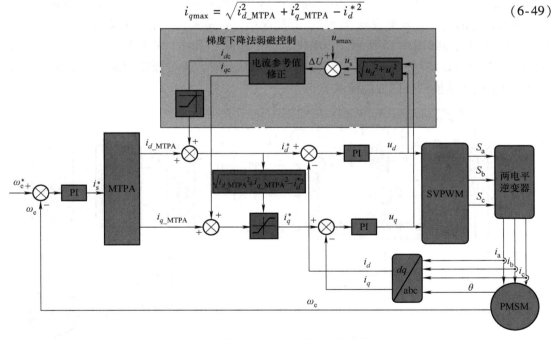

图 6-14　基于梯度下降法的弱磁控制框图

6.3.5　单电流调节器弱磁控制

永磁同步电机在基速以下运行时，定子电压幅值小于电压极限值，可以分别对 d、q 轴电压分量进行调节，此时弱磁控制系统存在两个电流调节器。当永磁同步电机在基速以上运

行时，定子电压幅值超出电压极限值，d、q 轴电流间存在相互耦合，若继续采用双电流调节器，则会导致电机动态性能变差，系统稳定性降低。

单电流调节器弱磁控制方法旨在解决传统双电流调节器在深度弱磁区存在的交直轴电流耦合问题，在弱磁控制阶段只保留了直轴电流调节器。相比于双电流调节法，单电流调节器弱磁控制方法提高了弱磁深度，增加了系统的稳定性，但只能保证速度跟踪，无法进行转矩控制，运行效率较低。根据交轴电压指令值的不同，单电流调节器弱磁控制方法可分为定交轴电压单电流调节器弱磁控制和变交轴电压单电流调节器弱磁控制。

（1）定交轴电压单电流调节器弱磁控制

定交轴电压单电流调节器弱磁控制方法中只保留了一个直轴电流调节器用于输出直轴电压，而交轴电压则直接给定为 u_{q_fw}。根据交轴稳态电压公式（6-2）可知，永磁同步电机的交、直轴电流存在以下关系：

$$i_q = -\frac{\omega_e L_d}{R_s}i_d + \frac{u_{q\_fw} - \omega_e \psi_f}{R_s} \tag{6-50}$$

由式（6-50）可知，当电机转速一定时，给定交轴电压，直轴电流与交轴电流之间满足线性关系。电机转速调节器的输出为直轴参考电流，由于交轴电压给定，可以通过交直轴电流间的线性关系求出电机的交轴电流，从而只用一个直轴电流调节器就能实现电机的弱磁控制。因此，定交轴电压单电流调节器弱磁控制方法能有效地解决传统双电流控制器进行弱磁控制时存在的交、直轴电流耦合问题，算法简单，容易实现。基于定交轴电压单电流调节器的弱磁控制框图如图 6-15 所示。当电机运行在基速以下时，采用 MTPA 控制（表贴式永磁同步电机采用 $i_d = 0$ 控制），当电机运行在基速以上时，通过控制模式切换模块，电机从 MTPA 控制模式切换到弱磁控制模式。

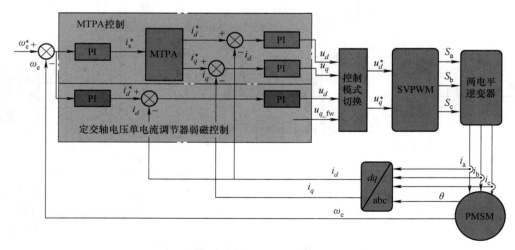

图6-15　基于定交轴电压单电流调节器的弱磁控制框图

（2）变交轴电压单电流调节器弱磁控制

上述定交轴电压单电流调节器弱磁控制方法虽然可以有效提高电机的转速范围，但是由于电机的电流矢量幅值大于相同转速转矩情况下的最优电流矢量幅值，此时电机的效率降低，而且电机能输出的最大转矩小于相同转速情况下电压极限椭圆（或电压极限圆）与电流极限圆交点所对应的转矩值，此时电机的带载能力减弱。为了解决定交轴电压单电流调节器弱磁控制方法存在电机效率降低且带载能力减弱的问题，提出了变交轴电压单电流调节器弱磁控制方法，其交轴电压可以跟随转速和电磁转矩的变化而实时变化，电机的电流矢量可以跟踪到最优工作点，能有效解决电机效率降低的问题，同时能有效提高电机的带载能力。

在变交轴电压单电流调节器弱磁控制方法中，电机的直轴电压仍通过直轴电流调节器获得，交轴电压随直轴电压变化而变化，保证电流矢量的终点落在电压极限椭圆（或电压极限圆）上，所以，电机的交轴电压可以表示为

$$u_q = \sqrt{u_{\mathrm{smax}}^2 - u_d^2} \tag{6-51}$$

当电机稳定运行时，电机电流矢量的交、直轴分量必须同时满足电压极限椭圆（或电压极限圆）方程和电磁转矩方程，通过联立这两个方程可以求解出两组电流矢量的交、直轴分量，对应着电压极限椭圆（或电压极限圆）与恒转矩曲线的两个交点，在该弱磁控制方法下，电流矢量的终点可以落在矢量幅值最小的交点上，此时电机的效率相比于定交轴电压单电流调节器弱磁控制方法有所提高；同时，电机的交轴电压可以根据转速和转矩的变化情况在 $0 \sim u_{\mathrm{smax}}$ 的范围内变化，当电机负载转矩发生变化时，其交轴电压也会随之改变，电流矢量的终点会在电压极限椭圆（或电压极限圆）上移动，获得与负载转矩相对应的电磁转矩，从而提高了电机的带载能力。图 6-16 所示为基于变交轴电压单电流调节器的弱磁控制框图。

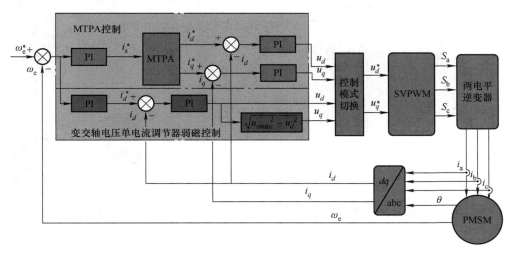

图 6-16　基于变交轴电压单电流调节器的弱磁控制框图

（3）变电压矢量角度单电流调节器弱磁控制

变交轴电压单电流调节器弱磁控制方法还可以通过电压矢量角的方式实现，称为变电压矢量角度单电流调节器弱磁控制方法。类似于电流矢量，将角度 δ 定义为电压矢量角。图 6-17 为电压矢量角 δ 的示意图。当电机工作在弱磁区域时，直轴电压与交轴电压可以通过电压矢量最大值 u_{smax} 与电压矢量角 δ 来表示：

$$\begin{cases} u_d = u_{\text{smax}}\cos\delta \\ u_q = u_{\text{smax}}\sin\delta \end{cases} \tag{6-52}$$

当电机高速运行时，将式（6-52）代入电机稳态表达式（6-3），永磁同步电机的交、直轴电流可以表示为

$$\begin{cases} i_d = \dfrac{u_{\text{smax}}\sin\delta - \omega_{\text{e}}\psi_{\text{f}}}{\omega_{\text{e}}L_d} \\ i_q = \dfrac{-u_{\text{smax}}\cos\delta}{\omega_{\text{e}}L_q} \end{cases} \tag{6-53}$$

由式（6-53）可知，当已知电压矢量角 δ 时，电机的交直轴电流可以直接确定。图 6-18 为基于变电压矢量角度单电流调节器的弱磁控制框图。如图所示，当电机运行在基速以下时，采用 MTPA 控制（表贴式永磁同步电机采用 $i_d = 0$ 控制）；当电机运行在基速以上时，通过控制模式切换模块，电机从 MTPA 控制模式切换到弱磁控制模式，电机转速调节器输出直轴参考电流，将直轴参考电流输入 PI 调节器获得电压矢量角，结合电压最大值可以计算出交、直轴电压矢量，实现永磁同步电机的弱磁控制。

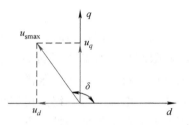

图 6-17　电压矢量角示意图

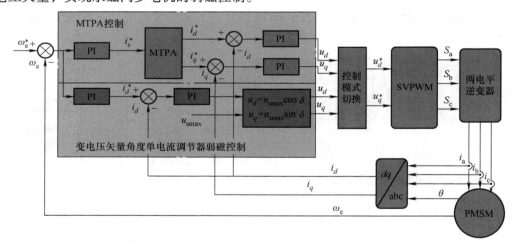

图 6-18　基于变电压矢量角度单电流调节器的弱磁控制框图

习　题

6-1　说明弱磁控制的基本原理。

6-2　常用的弱磁控制方法包括哪些？说明这些控制方法的优缺点。

6-3　说明内置式永磁同步电机和表贴式永磁同步电机在弱磁控制过程中存在哪些不同。

6-4　简述永磁同步电机在不同工作区域的运行情况。

6-5　永磁同步电机在不同工作区域的功率、转矩、电压和电流等变量具有什么特点？

参 考 文 献

［1］ SNEYERS B, NOVOTNY D W, LIPO T A. Field weakening in buried permanent magnet AC motor drives ［J］. IEEE Transactions on Industry Applications, 1985, 21 (2): 398-407.

［2］ JAHNS T M. Flux-weakening regime operation of an interior permanent-magnet synchronous motor drive ［J］. IEEE Transactions on Industry Applications, 1985, 23 (4): 681-689.

［3］ JAHNS T M, KLIMAN G B, NEUMANN T W. Interior permanent-magnet synchronous motors for adjustable-speed drives ［J］. IEEE Transactions on Industry Applications, 1986, 22 (4): 738-747.

［4］ MORIMOTO S, TAKEDA Y, HIRASA T, et al. Expansion of operating limits for permanent magnet motor by current vector control considering inverter capacity ［J］. IEEE Transactions on Industry Applications, 1990, 26 (5): 866-871.

［5］ MORIMOTO S, SANADA M, TAKEDA Y. Wide-speed operation of interior permanent magnet synchronous motors with high-performance current regulator ［J］. IEEE Transactions on Industry Applications, 1994, 30 (4): 920-926.

［6］ SHIN M H, HYUN D S. Speed sensorless stator flux-oriented control of induction machine in the field weakening region ［J］. IEEE Transactions on Power Electronics, 2003, 18 (2): 580-586.

［7］ HU D, XU L. Characterizing the torque lookup table of an IPM machine for automotive application ［C］//2014 IEEE Conference and Expo Transportation Electrification Asia-Pacific (ITEC Asia-Pacific). Beijing: IEEE, 2014: 1-6.

［8］ 曹伟长，单文桃，吕冬喜，等. 插入式永磁同步电主轴弱磁控制策略 ［J］. 组合机床与自动化加工技术, 2023 (1): 71-74.

［9］ ZHANG Y, XU L, GUVEN M K, et al. Experimental verification of deep field weakening operation of a 50-kW IPM machine by using single current regulator ［J］. IEEE Transactions on Industry Applications, 2011, 47 (1): 128-133.

第 7 章　永磁同步电机的标定

对于从事电机控制的工程师和研究人员来说，收到一个永磁同步电机以后，首先要做的就是电机的标定。永磁同步电机的标定可以验证电机的设计是否符合预期，验证电机额定参数的准确性。永磁同步电机的标定是电机控制的基础，标定的准确性直接影响永磁同步电机的控制性能。如磁场定向矢量控制（Field Oriented Control，FOC）需要准确的电机转子位置，内置式永磁同步电机的控制需要准确的 MTPA 标定数据等。概括来说，永磁同步电机的标定主要包括：永磁同步电机基本参数的标定、永磁同步电机转子零位标定、永磁同步电机全域 MAP 标定。

7.1　永磁同步电机参数标定

永磁同步电机的参数主要包括定子电阻、定子电感、转子磁链以及电机的转动惯量。传统的 PI 矢量控制需要根据永磁同步电机参数设计 PI 参数，而先进的模型预测电流控制（Model Predictive Current Control，MPCC）和滑模控制（Sliding Mode Control，SMC）等则是直接利用电机参数，计算控制所需的电压矢量。因此，获取准确的永磁同步电机参数至关重要。永磁同步电机参数标定可以得到精确的电机参数，通过和电机数据手册对比，还可以得出实际参数和设计参数的偏差，有利于分析电机制造过程中产生的误差。

7.1.1　永磁同步电机电阻标定

永磁同步电机定子绕组电路示意图如图 7-1 所示。为了更加清楚地表示定子绕组中的电阻，图 7-1 用单独的电阻项把包含在定子绕组中的电阻表示出来了。从图 7-1 可知，定子绕组中主要包括定子电感 L 和定子电阻 R，而根据定子电感的性质，它只会对交流电流产生影响，当恒定不变的直流电流通入电感时，可以将电感视作一根导线。根据电感的这一性质，只要给定子绕组施加固定的直流电压，等电流稳定后就可通过电压和电流的比值计算出定子电阻的阻值。定子电阻的标定方法主要有以下两种：

1）将固定的直流电压施加在电机的任意两相上，以 AB 两相为例，此时电机内部的电路等效图如图 7-2 所示。显然，此时只要测量施加的直流电压 u_{AB} 和回路中的直流电流 i_{AB} 即可计算得到式（7-1）。

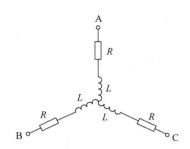

图 7-1 永磁同步电机定子绕组电路示意图

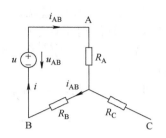

图 7-2 定子电阻标定示意图

$$R_{A} + R_{B} = \frac{u_{AB}}{i_{AB}} \tag{7-1}$$

同样的方式还可以测量得到 i_{AC} 和 i_{BC}

$$R_{A} + R_{C} = \frac{u_{AC}}{i_{AC}} \tag{7-2}$$

$$R_{B} + R_{C} = \frac{u_{BC}}{i_{BC}} \tag{7-3}$$

联立上面 3 个等式即可得到 R_{A}、R_{B}、R_{C} 的值,表达式如下:

$$R_{A} = \frac{1}{2}\left(\frac{u_{AC}}{i_{AC}} + \frac{u_{AB}}{i_{AB}} - \frac{u_{BC}}{i_{BC}}\right) \tag{7-4}$$

$$R_{B} = \frac{1}{2}\left(\frac{u_{AB}}{i_{AB}} + \frac{u_{BC}}{i_{BC}} - \frac{u_{AC}}{i_{AC}}\right) \tag{7-5}$$

$$R_{C} = \frac{1}{2}\left(\frac{u_{AC}}{i_{AC}} + \frac{u_{BC}}{i_{BC}} - \frac{u_{AB}}{i_{AB}}\right) \tag{7-6}$$

显然,这种电阻标定方式不仅操作简单,且能分辨出三相电阻之间是否存在差值,在实际工程中得到了广泛的应用。但是由于电机相电阻都很小,所以实际操作中要先根据电机数据手册上的标准电阻值估算应该施加的直流母线电压,避免标定过程中产生过大的电流。

2)第二种标定方式适用于三相定子电阻之间的不平衡不敏感的场合,这种测量方式只需测量一种情况下的直流母线电压和电流就可计算出实际的定子相电阻。如图 7-3 所示,设 $R_{A} = R_{B} = R_{C} = R$,将 BC 两相并联在一起,然后在 A 相和 BC 相之间施加固定的直流电压 u_{R},记录此时的直流电流 i_{R},很容易推导得到电机的定子电阻 R 的表达式,如式(7-7)所示。多次测量计算取平均值即可得到准确的定子电阻。

$$R = \frac{2u_{R}}{3i_{R}} \tag{7-7}$$

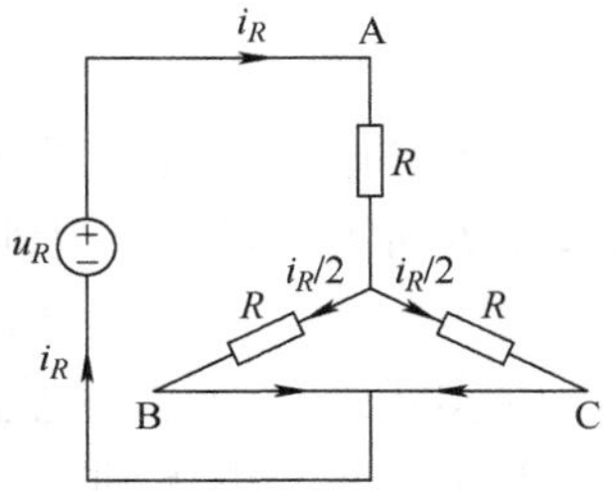

图 7-3 定子电阻标定示意图

7.1.2 永磁同步电机电感标定

由于电机控制中主要使用 dq 轴下的电感值,故这里仅介绍 L_d、L_q 的标定方法。

(1) d 轴电感 L_d 的标定

如图 7-4 所示,将电源正极连接电机 A 相接线端子,电源负极连接电机 B、C 相接线端子,首先施加固定的直流电压,则定子绕组产生的磁场将会使转子永磁体对准 A 相绕组。

此时给电机施加的电压矢量就是 d 轴电压，而施加阶跃的电压 u_d 就可计算得到 d 轴电感。在施加阶跃的 u_d 之前要将转子的位置固定，防止转子旋转产生的反电势影响电感参数的标定结果。

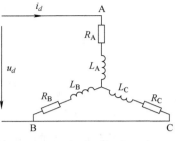

图7-4 d 轴电感标定示意图

当电机转子位置固定时，d 轴的电压等式表示为

$$u_d = R_s i_d + L_d \frac{\mathrm{d}i_d}{\mathrm{d}t} \tag{7-8}$$

对式（7-8）求解即可得到施加阶跃电压 u_d 时，电流的响应为

$$i_d(t) = \frac{u_d}{R_s}\left(1 - e^{\frac{R_s}{L_d}t}\right) \tag{7-9}$$

显然，电流响应的时间常数 τ 为

$$\tau = \frac{L_d}{R_s} \tag{7-10}$$

对于一阶系统而言，经过时间常数 τ 电流会上升到 d 轴电流稳态值的 63.2%，因此，记录由施加电压到电流上升至稳态值 63.2% 的时间 $t_{63.2\%}$，即可计算得到 L_d 为

$$L_d = t_{63.2\%} R_s \tag{7-11}$$

式中，R_s 是已知的定子电阻。

（2）q 轴电感 L_q 的标定

当转子磁场方向固定在 A 相的时候，将电源的正极接 B 相接线端子，电源的负极接 C 相接线端子（图7-5），此时施加的电压就和 q 轴电压重合了，转子位置固定时 q 轴电压方程表示为

$$u_q = R_s i_q + L_q \frac{\mathrm{d}i_q}{\mathrm{d}t} \tag{7-12}$$

显然，施加阶跃电压 u_q 时，q 轴电流响应为

$$i_q(t) = \frac{u_q}{R_s}\left(1 - e^{\frac{R_s}{L_q}t}\right) \tag{7-13}$$

和 d 轴电感的计算相同，记录 q 轴电流上升至稳态电流 63.2% 处所需的时间，得到 q 轴电感为

$$L_q = L_{63.2\%} R_s \tag{7-14}$$

在实际工程中进行电感标定时，由于要精确记录电压阶跃的开始时间和电流到达稳态值的 63.2% 的时间，通常采用电机控制器控制电压的阶跃，并采用电机控制器中的电流传感器记录电流的响应波形。标定 L_d 和 L_q 时电机控制器的开关状态和电流路径如图7-6所示。根据电机控制器的采集数据可以画出准确的 dq 轴电流响应波形，得到精确的 L_d 和 L_q。

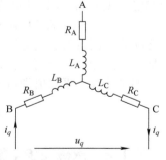

图7-5 q 轴电感标定示意图

7.1.3 永磁同步电机磁链标定

永磁同步电机转子磁链的大小和电机反电动势成正比关系，因此可以通过测量固定转速下电机的反电势来进行永磁同步电机磁链的标定。由于永磁同步电机的中性点大多都在电机

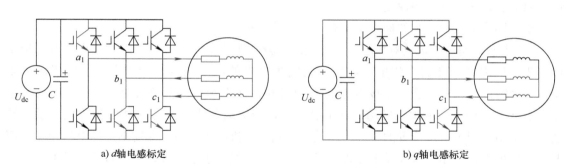

a) d轴电感标定　　　　　　　　　　　b) q轴电感标定

图 7-6　dq 轴电感标定逆变器开关状态和电流路径

内部，很难直接测量相电压波形，因此通常使用示波器采集线电压的波形来计算永磁同步电机的磁链，具体操作方式如下：

首先需要准备示波器、电压探头以及可以拖动电机恒速空转的实验台架，如图 7-7 所示。拖动电机至恒定转速，转速尽量高一些，转速越高反电动势就越准确。通过电压探头连接任意两相接线端子，观察示波器波形，即可得到此转速下的反电动势。反电动势常数是指永磁同步电机转速为 1kr/min 时的线电压基波峰值，记为 $V_{\text{peak\_LL}}/(\text{kr/min})$，则根据测功机转速和相应的线电压基波峰值就可计算得到永磁同步电机的反电动势常数。根据反电动势常数即可计算永磁同步电机的磁链

$$\psi_{\text{f}} = \frac{V_{\text{peak\_LL}}/(\text{kr/min}) \times 60}{\sqrt{3}P \times 2\pi \times 1000} \tag{7-15}$$

由式（7-15）计算得到的就是永磁同步电机的磁链 ψ_{f}，单位为 V·s（Wb）。

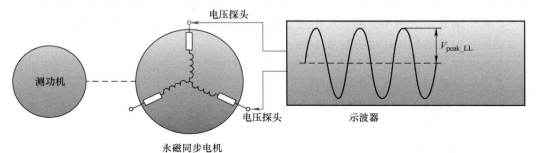

图 7-7　永磁同步电机磁链标定示意图

值得一提的是，有时候为了方便，工程师会用万用表测量永磁同步电机的反电动势，而使用万用表测量线电压时其示数是线电压的有效值，所以用万用表的测量值计算反电动势常数还需要乘以 $\sqrt{2}$，也就是根据有效值计算线电压的峰值。

7.1.4　永磁同步电机极对数标定

永磁同步电机的极对数是指转子永磁体上所包含的 N 极和 S 极的数量，因为 N 极和 S 极都是成对出现的，所以被称为极对数。极对数主要用在永磁同步电机的电压方程中，永磁同步电机转子的机械角度乘以极对数得到永磁同步电机转子的电角度，转子的机械角速度乘

以极对数就是转子的电角速度。

永磁同步电机极对数的标定主要有以下几种方式：

1）当永磁同步电机极对数较少且电机体积较小能徒手转动时，可以通过直流电源给永磁同步电机施加固定的直流电，这样永磁同步电机的定子绕组就会产生恒定的磁场。以图7-4为例，当A相接线端子接电源正极、BC相接线端子接电源负极时，定子绕组会产生一个沿A相绕组方向的恒定磁场。这个磁场会将转子永磁体吸引到A相绕组方向，手动转动转子1周，记录稳定位置的个数，就是永磁同步电机的极对数。即使不知道电机相序的情况下，也可以将一相的接线端子接正极另外两相的接线端子接负极，电机转子转动1周内的稳定位置数量也是极对数。

2）当电机极对数较多或者电机体积较大时，上述转动电机一周记录稳定位置的方式不再适用。在这种情况下可以利用永磁同步电机电频率和机械频率间的关系计算得到电机的极对数，具体操作为：利用实验台架完成对永磁同步电机的拖动，使永磁同步电机工作在固定的转速n，单位为r/min，同时使用示波器测量电机反电动势的频率f，单位为Hz。则根据永磁同步电机的转速n和此时电机反电动势的频率f即可计算得到永磁同步电机的极对数为

$$p = \frac{f \times 60}{n} \tag{7-16}$$

7.1.5 永磁同步电机转动惯量标定

转动惯量是物体保持其运动状态的一种属性，它表示了物体对转动的惯性程度。通常用于描述电机和负载的转动惯量总和，单位为 kg·m²。转动惯量会对磁场定向控制（Field-Oriented Control，FOC）速度环PI控制器的比例和积分增益以及开环启动阶段的加速度产生影响。因此，需要对电机本身的转动惯量或者电机和负载的转动惯量总和进行标定。

永磁同步电机的机械运动方程表示为

$$T_e - T_L = Ja \tag{7-17}$$

式中　T_e——永磁同步电机的电磁转矩；

　　　T_L——永磁同步电机的负载转矩；

　　　J——转动惯量；

　　　a——电机的加速度。

当电机的转速可以测量时，a可以表示为

$$a = \frac{\Delta \omega_m}{\Delta t} \tag{7-18}$$

则永磁同步电机的转动惯量即可由式（7-19）计算得到

$$J = (T_e - T_L)\frac{\Delta t}{\Delta \omega_m} \tag{7-19}$$

由式（7-19）可以看出，想要对永磁同步电机的转动惯量进行标定不仅需要电机转速信号，还要获得永磁同步电机的电磁转矩和负载转矩。而电磁转矩的计算和负载转矩、电机转速的测量在实际标定过程中都会存在误差，因此实际标定时要对式（7-19）的计算结果进行滤波处理，以得到更加准确的转动惯量。

7.2　永磁同步电机转子零位标定

如今，工业上应用最为广泛的永磁同步电机控制方法是矢量控制。矢量控制的全称是磁场定向矢量控制（Field Oriented Vector Control，FOC），其中"磁场定向"是指根据转子磁场位置，通过 park 变换将 $\alpha\beta$ 坐标系下交变的定子电压、电流矢量转化为跟随转子磁场旋转的 dq 坐标系下的直流量，使永磁同步电机的控制几乎和他励直流电机的控制一样简单。如今大多数的新型控制方法如模型预测控制、滑模控制等大都是在 dq 旋转坐标系下进行的，这些控制方法都在矢量控制方法的基本框架里。转子磁场定向是矢量控制中最关键的步骤之一，转子磁场定向的准确度直接影响矢量控制的性能。

为了获得准确的转子位置，通常采用旋转变压器或者增量式光电编码器获取转子的位置信息，旋转变压器和增量式编码器都能获得准确的转子位置信息，但是由于电机安装时无法确保位置传感器和电机转子之间的相对位置关系，因此传感器采集的位置信息与永磁同步电机转子位置之间通常有一个角度差，这个角度差称为初始角度。如图 7-8 所示，矢量控制中，我们需要的角度是永磁同步电机的转子相对于 A 相绕组产生磁链的夹角 θ，但旋变位置信息和转子位置之间存在误差 θ_1，θ_1 就是永磁同步电机转子位置的初始角。为了得到准确的转子位置，需要对这个初始角 θ_1 进行准确的标定。从图 7-8 可以看出，如果把永磁同步电机的转子固定在 A 相的方向，永磁同步电机转子位置角 $\theta = 0°$，此时位置传感器的示数就是 θ_1。因此，初始位置角 θ_1 的标定也称为永磁同步电机转子零位标定。

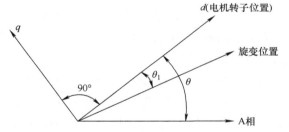

图 7-8　永磁同步电机位置传感器工作原理示意图

工程上进行永磁同步电机转子零位标定主要采用两种方式：一种是将永磁同步电机转子定向到 A 相位置，直接读出位置传感器此时的示数就是初始位置角 θ_1；另一种是将转子位置分别固定至和 A 相夹角呈 $\pm45°$ 的方向，记录位置传感器的示数并取平均值，即可得到初始位置角 θ_1。接下来分别介绍这两种永磁同步电机转子零位标定方法，并对它们进行分析比较。

7.2.1　A 相定位转子零位标定方法

从图 7-8 可以看出，只要将永磁同步电机的转子（也就是 d 轴）定位到 A 相方向，此时位置传感器的示数就是初始位置角 θ_1。基于 A 相定位的转子零位标定方法示意图如图 7-9 所示。

将永磁同步电机的转子固定到 A 相磁链的方向主要有两种方式，分别介绍如下：

1）当电机相序已知时，使用一个直流电源就可将永磁同步电机的转子定位至 A 相磁链方向，如图 7-10 所示，将 A 相接线端子接电源正极，B、C 相接线端子接电源负极，此时定子绕组产生的磁场会将转子吸引至 A 相磁链方向。采用这种转子定位方式需要使用示波器、万用表或者电流传感器等监测 A 相电流大小，避免相电流过大，一般情况下 A 相电流达到额定电流的 20% 左右就能实现很精确的转子定位了。

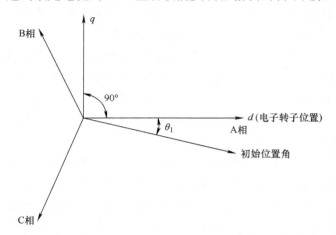

图 7-9　基于 A 相定位的转子零位标定方法示意图

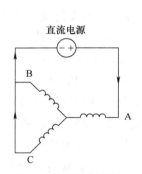

图 7-10　直流电源转子定位方法

　　显然，采用直流电源进行转子的 A 相定位所需的器件较少，操作也比较简单，但需要提前确定永磁同步电机的相序，而在实际的工程调试过程中，往往很难确定电机控制器和永磁同步电机的相序。

　　2）当电机相序未知时，需要采用电机控制器进行转子定位，具体定位步骤为：首先将电机控制程序中使用的电角度 θ 置为 0°，然后给定 d 轴电流为 20% 额定相电流，则定子绕组就会产生沿 d 轴的恒定磁场，而电角度 $\theta = 0°$ 时的 d 轴和 A 相方向重合，所以此时产生的定子磁场会将永磁同步电机转子吸引至 A 相方向。转子稳定后读取位置传感器角度就是初始位置角 θ_1。

　　相对于采用直流电源进行转子定位的方式，采用电机控制器进行转子定位的方式不需提前确定永磁同步电机的相序，在实际应用中更加灵活。此外这种定位方式同时还验证了控制算法的电流内环和 SVPWM 环节，实际 d 轴电流如果跟随了指令 d 轴电流，则能证明电流内环和 SVPWM 策略基本没有什么大的错误。因此，实际标定时大多是采用电机控制器将永磁同步电机的转子定位至 A 相方向，然后读出初始位置角 θ_1，最后在电机控制算法中将位置传感器采集的位置信息减去初始位置角 θ_1，即得到磁场定向矢量控制所需的转子位置角 θ。基于 A 相定位的永磁同步电机转子零位标定方法流程图如图 7-11 所示。

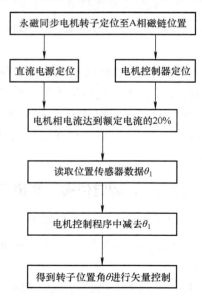

图 7-11　基于 A 相定位的永磁同步电机转子零位标定流程图

7.2.2　平均值转子零位标定方法

平均值转子零位标定方法是将永磁同步电机的转子分别定向至和 A 相夹角呈 ±45°的位置，并取这两种情况下位置传感器示数的平均值，即可得到初始位置角 θ_1。显然，平均值零位标定方法需要使用电机控制器精确控制 dq 轴电流，平均值零位标定方法的流程图如图 7-12 所示。

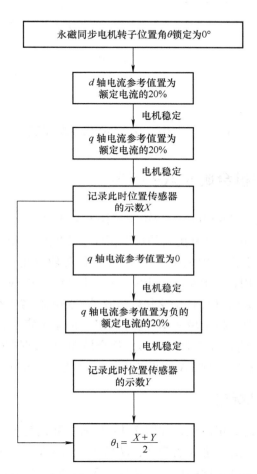

图 7-12　平均值法永磁同步电机转子零位标定流程图

由图 7-12 可知，平均值零位标定方法通过控制 dq 轴电流都等于正的 20% 的额定电流，使转子定向至和 A 相夹角呈 45°的位置，此时位置传感器示数为 $X = \theta_1 + 45°$，示意图如图 7-13a 所示；通过控制 d 轴电流等于正的 20% 的额定电流，q 轴电流等于负的 20% 的额定电流，使转子定向至和 A 相夹角呈 −45°的位置，此时位置传感器示数为 $Y = \theta_1 - 45°$，示意图如图 7-13b 所示。

平均值转子零位标定方法实际上是进行了两次零位标定，最终取两次零位标定结果的平均值。相对于直接 A 相定位的零位标定方法，这种方法能避免单一标定过程中的误差，使标定结果更加可靠。

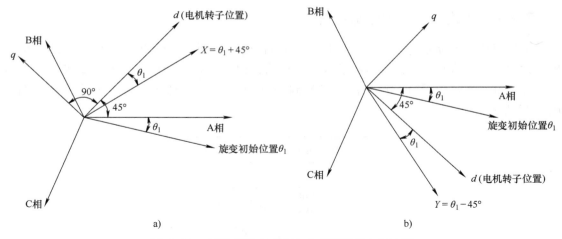

图 7-13　平均值法永磁同步电机零位标定示意图

7.3　永磁同步电机全域 MAP 标定

内置式永磁同步电机（IPMSM）的转矩由磁阻转矩和电磁转矩两部分组成，相较于表贴式永磁同步电机（SPMSM），具有更高的功率密度、更宽广的弱磁范围以及更牢固的结构等优点。因此，如今的电动汽车中大多采用 IPMSM 作为驱动电机。由于磁阻转矩的存在，IPMSM 在基速以下通常采用最大转矩电流比控制（MTPA），在基速以上采用弱磁控制。然而根据公式计算的 MTPA 曲线以及弱磁控制算法容易受到电机参数变化的影响，因此，在实际的工程应用中通常需要对电机全域 MAP 进行标定，根据标定的数据直接得到不同转矩和转速对应的 dq 轴电流参考值，并以表格的形式将全域 MAP 数据存储到电机控制程序中。接下来分别介绍 MTPA 曲线标定、MTPA 转折速度标定以及弱磁区域工作点标定方法。

7.3.1　MTPA 曲线标定

本节介绍 MTPA 曲线的标定流程，如图 7-14 所示，首先使用测功机将永磁同步电机转速固定在基速的 1/3 左右以避免进入弱磁区，然后根据永磁同步电机的额定电流，取合适的电流间隔依次进行最大转矩电流比的标定，最终得到 dq 轴电流和转矩的对应表格。在实际标定过程中，电流间隔取得越小，MTPA 曲线标定得就越准确，但同时工作量也越大，因此应该合理规划电流标定间隔。对于没有进行标定的工作点（如两个电流间隔中间的工作点），采用插值法得到转矩对应的 dq 轴电流。最终得到的 MTPA 曲线在 dq 轴平面的示意图如图 7-15 所示。

7.3.2　MTPA 转折速度标定

如图 7-16 所示，在基速以下永磁同步电机可以始终工作在 MTPA 区域，而在基速以上，随着转速的增加，MTPA 能产生的转矩会变小。也就是说，即使是在基速以上，如果需要的转矩较小，IPMSM 也是可以工作在 MTPA 曲线上的，且转矩越小，对应的转折速度越大。

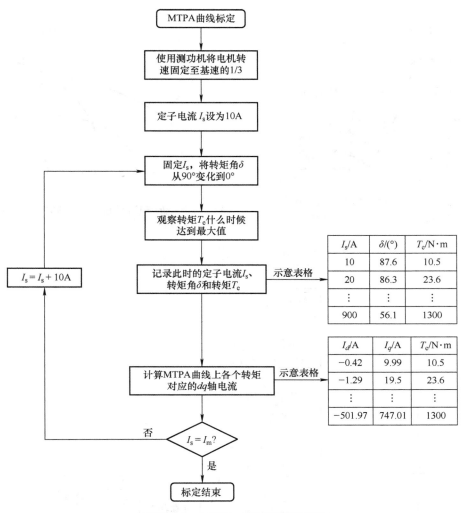

图 7-14　MTPA 曲线标定流程图

　　为了确定不同转矩情况下电机进入弱磁区的时间，要对 MTPA 曲线的转折速度进行标定。标定原理是到达转折速度时，MTPA 曲线上的工作点同时工作在电压极限椭圆上，即图 7-17 中电流极限圆和电压极限椭圆的交点。

　　显然，IPMSM 工作在转折速度时，其线电压达到最大值，因此控制永磁同步电机的电流工作在 MTPA 曲线上，然后从基速开始稳定上升电机转速。同时利用功率分析仪监控永磁同步电机的线电压，当线电压达到最大值时，就是这个定子电流幅值对应的转折速度。MTPA 转折速度点标定流程图如图 7-18 所示。

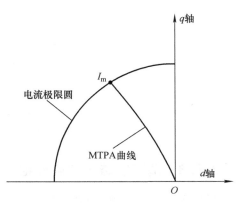

图 7-15　dq 轴平面 MTPA 曲线示意图

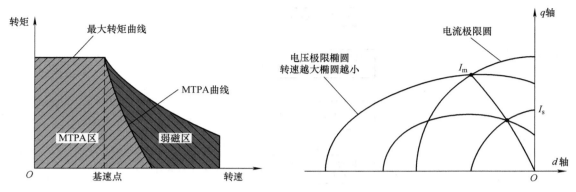

图 7-16　转速-转矩平面内内置式永磁
同步电机 MTPA 曲线示意图

图 7-17　dq 电流平面 MTPA 转折速度点示意图

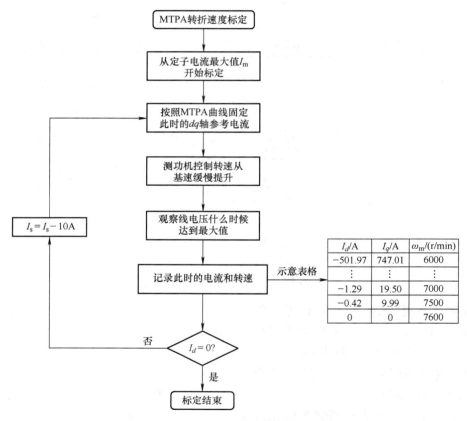

I_d/A	I_q/A	ω_m/(r/min)
−501.97	747.01	6000
⋮	⋮	⋮
−1.29	19.50	7000
−0.42	9.99	7500
0	0	7600

图 7-18　MTPA 转折速度点标定流程图

7.3.3　弱磁区域工作点标定

　　根据 MTPA 转折速度的标定结果，在已知永磁同步电机转速和转矩的情况下很容易判断出永磁同步电机是工作在 MTPA 区还是弱磁区域。当工作在 MTPA 区域时，根据图 7-14 标定的表格，可以直接得到目标转矩对应的 dq 轴电流。接下来对永磁同步电机的弱磁工作区域进行标定，永磁同步电机弱磁工作区域的标定原理如图 7-19 所示。

如图 7-19 所示，以定子电流最大时为例，当永磁同步电机转速从最大定子电流对应的转折速度（基速）上升时，转速电压椭圆和电流极限圆的交点会沿着图中转速增加的方向移动，直到移动至最大转速椭圆上。所以，当转速高于转折速度时，转矩角从 MTPA 角度开始增加，当定子电流无跟随误差且线电压达到最大时，记录此时的转速、转矩、定子电流、转矩角，就可得到弱磁区域工作点的数据。依次标定图 7-19 中弱磁区域的工作点，就可得到弱磁区域对应的电机

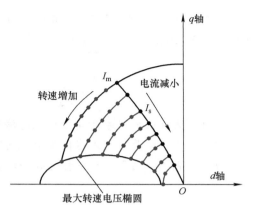

图 7-19　永磁同步电机弱磁工作区域标定原理示意图

MAP 表格。永磁同步电机弱磁区域工作点的标定流程如图 7-20 所示。根据图 7-20 标定得到的表格，采用差值法就可得到弱磁区域中所有转速和转矩对应的 dq 轴参考电流。

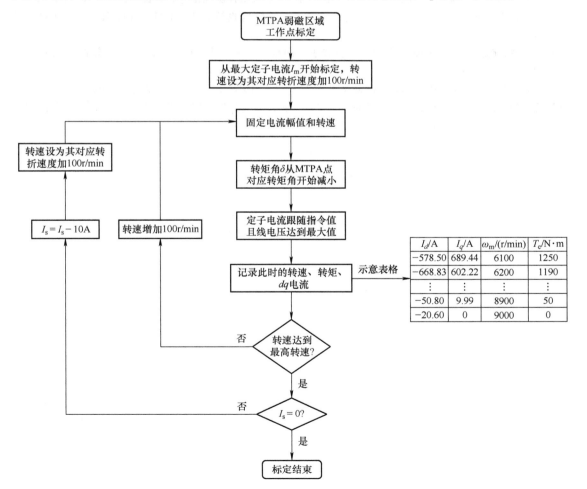

图 7-20　永磁同步电机弱磁区域工作点的标定流程

最终，将图7-14、图7-18和图7-20得到的表格组合起来，就得到了标定的永磁同步电机全域 MAP 表格，根据全域 MAP 表格就可进行内置式永磁同步电机的矢量控制。

习 题

7-1 为什么要对永磁同步电机的转子磁链进行标定？

7-2 为什么要进行永磁同步电机的零位标定？

7-3 直接采用7.3节中标定的全域 MAP 数据进行电机控制会有什么问题？

参 考 文 献

[1] 黄卓然. 电动汽车用永磁同步电机模型预测控制策略研究 [D]. 北京：北京理工大学，2021.

[2] 杨阳. 基于转矩-转速-电流 MAP 的车用永磁同步电机矢量控制优化 [D]. 长春：吉林大学，2018.

[3] 王莹，唐任远，曹先庆，等. 内置式永磁同步电动机弱磁控制实验研究 [J]. 微电机，2008，41（11）：1-4.

[4] 郑军辉，陈慧民. 一种基于模型的内置式永磁同步电机参数快速标定方法 [J]. 控制与信息技术，2023（5）：67-74.

[5] 陈荣，严仰光. 永磁电机的转子位置检测与定位 [J]. 中小型电机，2003（3）：61-65.

[6] 姜少华，桑志民，王俊，等. 永磁同步电机转子相位检测与编码器校正方法 [J]. 工业控制计算机，2023，36（5）：134-136.

第8章　永磁同步电机仿真建模

　　要实现对永磁同步电机的精确控制，控制系统的优化设计至关重要。在现代控制系统中，仿真模型是设计、分析和验证控制算法的关键工具之一。通过仿真模型，可以在实际系统搭建之前，对系统进行全面的测试和验证，以确保其设计符合要求并满足性能指标，减少台架实验和实车实验的时间，大大提高电机驱动系统算法开发的效率。

　　本章旨在介绍永磁同步电机的控制系统仿真模型及其在 Simulink 中的实现。该仿真模型主要包括转速外环控制、电流内环控制、空间矢量脉宽调制（Space Vector Pulse Width Modulation，SVPWM）模块、逆变器模块以及电机模块等部分，通过这些部分的协调配合，实现对永磁同步电机的精确控制。通过深入研究永磁同步电机控制系统的各个组成部分，并在 Simulink 环境中进行仿真验证，可以为电机控制系统的设计与优化提供重要的理论和实践基础。

　　本章主要介绍的电流环采用 PI 控制策略和模型电流预测控制（DPCC）的控制流程图分别如图 8-1 和图 8-2 所示。

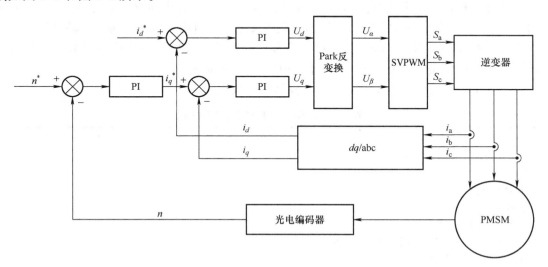

图8-1　传统 PI 控制策略流程

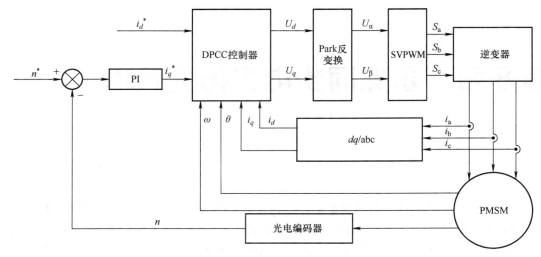

图 8-2　模型预测算法控制流程

8.1　参数化建模

8.1.1　参数化建模定义

　　参数化建模是一种建模方法，它允许模型中的一些参数可以通过外部输入或在模型内部的函数中定义和修改。这种方法使得模型更加灵活和通用，因为相同的模型结构可能需要不同的参数设置，从而适应不同的情况和需求。

　　参数化建模是一种高效的仿真策略，特别是在复杂系统分析和设计优化中。以永磁同步电机（PMSM）为例，它的性能高度依赖于众多参数，如电阻、电感、磁链、转动惯量、开关频率等。在 MATLAB Simulink 环境中，参数化建模的核心思想是将这些参数作为变量在 MATLAB 脚本中定义，然后在 Simulink 模型中引用这些变量。

　　在表 8-1 中，我们给出了 PMSM 仿真模型的参数代码。

表 8-1　PMSM 仿真模型参数代码

```
format long
% 预测算法的采样时间 [s]
Ts = 5e - 5;
Tk = 5e - 5;
Tsiqu = 2.5e - 6;
% PI 速度控制器参数
Tsw = 8e - 4;        % PI 控制器的采样时间 [s]
Kp = 1.56;       % 比例增益
Ki = 0.24;       % 积分增益
iq_max = 20;       % q 轴电流最大值
% 电机参数
J = 1.94e - 3;        % 转动惯量 [kg·m^2]
```

（续）

```
p = 4；              % 极对数
PM_Ls = 1.225e - 3；       % 定子电感［H］
Rs = 0.365；            % 定子电阻［Ohm］
id_nom = 0；           % 公称 d 轴电流［A］
rf_nom = 0.1667；      % 公称转子磁链［Wb］
% 直流母线电压［V］
Vdc = 310；
% 定子电阻、定子电感、转子磁链改变后的参数值
Rs_change = 0.365；
rf_nom_change = 0.1667 * 3；
PM_Ls_change = 1.225e - 3；
% MPC 扰动
i_flag8 = 0；
i_error = ［0 0 0 0 0 0 0 0］；
is_old_error = ［0 0 0 0 0 0 0 0］；
% 电压矢量
v0 = 0；
v1 = 2/3 * Vdc；
v2 = 1/3 * Vdc + 1j * sqrt（3）/3 * Vdc；
v3 = -1/3 * Vdc + 1j * sqrt（3）/3 * Vdc；
v4 = -2/3 * Vdc；
v5 = -1/3 * Vdc - 1j * sqrt（3）/3 * Vdc；
v6 = 1/3 * Vdc - 1j * sqrt（3）/3 * Vdc；
v7 = 0；
v = ［v0 v1 v2 v3 v4 v5 v6 v7］；
% 开关状态
states = ［0 0 0；1 0 0；1 1 0；0 1 0；0 1 1；0 0 1；1 0 1；1 1 1］；
```

在上述给出的 MATLAB 脚本中，我们首先定义了仿真的采样周期，PI 控制的比例系数和积分系数，然后定义了电机自身的参数，如电感、电阻、磁链等，最后给出了 8 个基本电压矢量和 8 个开关状态。

8.1.2　参数化建模优点

参数化建模方法具有很多优点，具体描述如下：

1）模型灵活性高：可以快速适应不同的仿真场景或设计需求。所有的参数都集中在一个位置，当系统参数需要变更时，只需要修改这些集中管理的参数，而无须深入模型的各个子系统进行单独修改。

2）便于参数的验证和对比：可以系统性地通过参数脚本来验证参数值的正确性，也便于和其他设计或标准进行对比分析。

3）便于协作与共享：团队成员可以轻松共享和协作参数文件，而不是整个 Simulink 模型，这样可以更有效地管理和追踪项目的进展。

4）故障模拟和风险评估：模拟不同的故障场景需要改变电机参数，通过参数化建模，

可以轻松设定参数以模拟如开路、短路等故障条件，进而评估电机的鲁棒性。

总的来说，参数化建模极大地提高了仿真模型的可用性，它允许设计者快速、准确地评估不同设计变量对性能的影响。在电机控制系统的开发中，开发者可以更加精确和有效地迭代设计，最终实现更加高效和可靠的电机控制方案。

8.2 转速外环控制

在永磁同步电机（PMSM）控制系统中，转速外环控制层是矢量控制系统中的上层控制，负责维持永磁同步电机的转速稳定。转速外环控制是实现精确转速跟踪和优化电机性能的关键环节。转速外环通常位于控制结构的最外层，其主要职责是比较给定的转速（通常由用户或上位系统设定）和电机的实际转速，并生成必要的控制指令以驱动电机达到期望的运行状态。

8.2.1 转速外环控制组成

无论是图 8-1 和图 8-2 所示的电流环采用 PI 控制器还是 DPCC 控制器，转速外环控制主要由以下几个部分组成。

（1）转速反馈值 n

电机的实际转速是通过速度传感器测量得到的，它提供了电机当前运行转速状态的准确信息，对控制系统至关重要。

（2）转速设定值 n^*

转速设定值 n^* 是系统期望电机达到的目标转速，这通常来自用户输入或是自动控制程序的设定。

（3）误差计算

控制系统计算给定转速与实际转速之间的差值 $n^* - n$，该差值称为转速误差，是 PI 控制器的输入。

（4）PI 控制器

该控制器接收转速误差信号，通过比例 P 和积分 I 作用生成一个控制信号。比例作用对应于误差的直接放大，目的是减小误差；积分作用则是对误差进行积累，目的是消除稳态误差。

（5）转矩参考值

PI 控制器的输出是目标转矩，本书的仿真系统是基于表贴式永磁同步电机搭建的，目标转矩等效于 q 轴电流，q 轴电流的参考值 i_q^*，它将被用作电流内环控制的设定值，直接关联到电机的转矩产生。

8.2.2 转速外环控制工作原理

转速外环控制的工作原理可以分为以下几个步骤。

（1）误差检测

系统持续监测给定转速与实际转速之间的差异，以便实时调整电机的驱动电流。

（2）PI 调节

控制器通过比例环节快速减小转速误差，积分环节则确保长期稳定性和零稳态误差。控制器的两个参数（比例增益 K_p 和积分增益 K_i）需要根据电机的具体参数和性能要求进行调整。

（3）反馈调整

PI 控制器的输出信号（q 轴电流参考值 i_q^*）被反馈到电流内环控制，该环节进一步精确调节电流，以便实现快速和准确的转速控制。

（4）动态响应

当电机负载变化或者转速设定值调整时，转速外环控制能够动态地调整 q 轴电流参考值，以确保电机转速快速稳定地达到新的设定点。

在实现最佳的转速外环控制性能时，控制系统的设计需要综合考虑以下关键因素：首先，确保控制系统的稳定性，防止因参数设置不当引发的振荡或失控；其次，提高控制系统的响应速度，以便及时应对转速的快速变化或负载的突然变动；增强控制系统的抗干扰能力，有效抵抗电源波动、负载扰动以及传感器噪声等外界因素的影响；此外，提高控制系统的精度，通过精确的 PI 控制器参数设定和高质量的速度反馈信号来确保转速误差最小；最后，优化转速控制器的输出平滑性，减少转矩纹波和提高运行的平顺性。

考虑到实际情况中电机工作环境的复杂性，在实现转速外环控制时必须考虑以下几个问题：首先，电机的参数可能因温度变化或老化而变化，因此控制器需要具备一定的鲁棒性来应对这些参数变化；其次，电机和控制系统中存在的非线性因素（如饱和摩擦），可能会影响控制性能，需要通过适当的设计和调整来补偿这些非线性因素；最后，实际系统中会存在一定的延迟，包括传感器测量延迟和控制算法执行延迟，这些延迟需要在控制器设计中予以考虑。

转速外环控制是 PMSM 控制系统中的重要组成部分，其设计和实现对电机的性能有着直接的影响。通过精确调节 PI 控制器参数，可以实现对电机转速的精确控制，从而满足高性能电机应用的需求。控制器的设计既需要理论层面的精确数据，也需要依据经验进行调整，以确保在各种工况下都能实现最佳控制效果。

8.3　电流内环控制

8.3.1　PI 控制器

电流内环控制是永磁同步电机（PMSM）控制系统中的重要组成部分，其主要任务是确保电机的相电流能够按照预期值进行精确控制，从而实现对电机转矩和转速的精确调节。在传统的控制算法中，常用的是 PI（Proportional-Integral）控制器，它通过比较实际电流与设定值之间的偏差，计算出控制量，并通过积分项来消除稳态误差，从而实现闭环控制。电流环采用 PI 控制器的 PMSM 控制 Simulink 模型如图 8-3 所示。

1. PI 控制器一般形式

PI 控制器的一般形式可以表示为

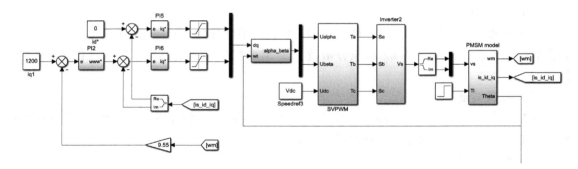

图 8-3　电流环采用 PI 控制器的 PMSM 控制 Simulink 模型

$$u(t) = K_{\mathrm{p}}e(t) + K_{\mathrm{i}} \int_0^t e(\tau)\,\mathrm{d}\tau \tag{8-1}$$

式中　$u(t)$——控制器的输出；

$e(t)$——系统的控制误差，即设定点（参考值）与当前值（反馈值）的差；

K_{p}——比例增益，它决定了控制器响应误差的速度和幅度；

K_{i}——积分增益，它负责消除稳态误差，确保系统输出最终达到期望的设定点。

在 PI 控制算法中，比例项（Proportional）用于根据当前偏差的大小产生控制量，提供快速响应，使系统能够快速达到设定点附近。比例控制提供了一种即时的反馈调整，可以快速减小系统的偏差。但是，单独的比例控制无法消除稳态误差，即当系统达到稳态时，可能仍存在一定的偏差。

积分项（Integral）用于积累偏差，并随着时间的推移逐渐减小偏差，以消除稳态误差，确保最终输出精确达到期望的设定值。积分控制通过累积偏差来调整输出，因此即使偏差很小，随着时间的积累，积分项也会增大，从而提供足够的调整量来消除稳态误差。

这种传统的 PI 控制算法简单易实现，适用于多种控制场景，对系统参数的变化具有一定的鲁棒性，但在应对非线性和时变的系统特性时可能表现不佳，特别是在低速和低负载情况下，容易出现振荡和超调现象。

2. 采用 PI 控制器的电流内环控制

在图 8-3 所示的 PMSM 的控制流程图中，电流环的 PI 控制器 Simulink 模型如图 8-4 所示。

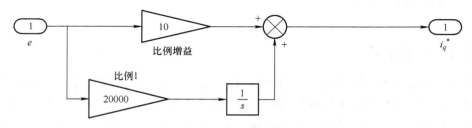

图 8-4　电流环 PI 控制器的 Simulink 模型

电流内环控制的工作原理可以概括为以下几个步骤：

（1）误差计算

计算实际电流与设定电流之间的差值，即 $i_d^* - i_d$ 和 $i_q^* - i_q$，这些误差信号是 PI 控制器的输入。

（2）PI 调节

对于每个轴的电流，PI 控制器根据误差值调节输出，其中比例环节负责快速减少误差，积分环节则负责消除长期稳态误差，以实现电流的精确跟踪，在给出的 Simulink 模型中，"比例增益"块代表比例部分，增益设置为 10；下面的路径有一个积分器（表示为拉普拉斯变换形式）；前面有一个增益块"比例 1"，其增益设置为 20000，代表积分部分。

（3）电压指令生成

PI 控制器的输出是电压指令 U_d 和 U_q，它们代表了在 d 轴和 q 轴上应该施加的电压，以调节电流至设定值。

电流内环控制设计必须考虑电机的动态响应与效率，为了保持在不同场景下电流控制策略的高效性和稳定性，以下是控制性能的一些考虑因素。

在设计电流控制策略时，精确调整 PI 控制器的参数 K_p 和 K_i 是至关重要的，这需要考虑电机的具体参数和性能要求；同时，控制响应速度必须足够快，以应对转速变化或负载冲击；此外，控制系统需要保持稳定性与准确性，即使在负载变化或电源波动的情况下，也能准确跟踪电流设定值，确保电机输出的转矩稳定；此外，降低转矩纹波对于提高电机的运行平顺性和降低振动与噪声至关重要；最后，控制器需要对电机参数的变化和系统中的不确定性具有一定的鲁棒性，以保持良好的控制性能。

电流内环控制对于 PMSM 的性能至关重要，需要精确的控制策略和参数调整来实现高性能的电机控制。通过合理设计 PI 控制器，并结合实际系统的动态响应进行调整，可以确保电机在各种运行条件下都能表现出良好的性能。控制器的设计既要考虑到理论的精确性，也要结合实际操作中的经验进行优化，以满足严格的工业应用要求。

8.3.2　DPCC 控制器

为了克服传统 PI 控制算法的局限性，近年来无差拍预测控制（Deadbeat Predictive Control，DPC）逐渐受到关注。预测控制是一种基于系统动态模型的高级控制策略，通过对未来时刻系统状态的预测，计算出最优的控制输入，从而实现对系统的精确控制。在电流内环控制中，无差拍预测控制可以利用电机的动态模型和约束条件，预测未来时刻的电流状态，并计算出最优的控制量，以实现更精确的闭环控制。

与传统的 PI 控制算法相比，无差拍预测控制具有更好的控制性能和鲁棒性，能够更好地应对系统的非线性和时变特性，同时能够考虑到系统的约束条件，确保系统在安全范围内运行。然而，无差拍预测控制算法通常计算量较大，实时性要求较高，因此在实际应用中需要充分考虑计算资源和实时性的限制。无差拍电流预测控制（DPCC）的核心思想是利用电机模型直接预测未来的电流路径，并基于这些预测调整控制器的输出以最小化电流误差。电流环采用 DPCC 控制器的 PMSM 控制 Simulink 模型如图 8-5 所示。

1. DPCC 控制器一般形式

DPCC 控制原理以及算法实现已经在第 5 章有过详细介绍，在这里我们只给出 DPCC 控制策略的 MATLAB 代码实现，见表 8-2。

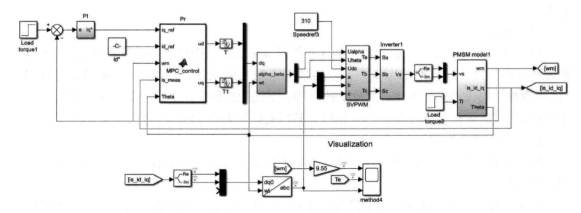

图 8-5　电流环采用 DPCC 控制器的 Simulink 模型

表 8-2　DPCC 控制算法

function [ud,uq] = MPC_control(iq_ref,id_ref,wm,v0,Ts,is_meas,PM_Ls_change,rf_nom_change,p,Rs_change,Theta)%

global;

persistent iqk idk udkuqk udk1 uqk1 idernewiqernewKdKq...% format long

if isempty(udk1), udk1 = 0; end

if isempty(uqk1), uqk1 = 0; end

if isempty(Kd), Kd = 0; end

if isempty(idernew), idernew = 0; end

if isempty(Kq), Kq = 0; end

if isempty(iqernew), iqernew = 0; end

iqk = imag(is_meas);

idk = real(is_meas);

udk = udk1;

uqk = uqk1;

pidk1z = idk * (1 - Ts * Rs_change/PM_Ls_change) + iqk * Ts * wm * 4 + Ts/PM_Ls_change * udk;%%%%% - udk * Kd

piqk1z = iqk * (1 - Ts * Rs_change/PM_Ls_change) - idk * Ts * wm * 4 + Ts/PM_Ls_change * uqk - Ts * wm * 4 * rf_nom_change/PM_Ls_change;%%% - uqk * Kd

idk2 = id_ref;

iqk2 = iq_ref;

udk1 = PM_Ls_change/Ts * (idk2 - (1 - Ts * Rs_change/PM_Ls_change) * pidk1z - Ts * piqk1z * wm * 4);

uqk1 = PM_Ls_change/Ts * (iqk2 - (1 - Ts * Rs_change/PM_Ls_change) * piqk1z + Ts * pidk1z * wm * 4 + Ts * wm * 4/PM_Ls_change * rf_nom_change);

udk1 = max(-310/sqrt(3),min(310/sqrt(3),udk1));

uqk1 = max(-310/sqrt(3),min(310/sqrt(3),uqk1));

ud = udk1;

uq = uqk1;

2. 采用 DPCC 控制器的电流内环控制的优缺点

DPCC 控制器具有以下优点。

1) 快速响应：DPCC 能够快速响应负载变化和参考信号变化，实现快速动态调节。

2）高精度：通过预测和优化控制输入，DPCC 可以提高控制精度，减少稳态误差和过渡过程中的波动。

3）抗干扰能力强：DPCC 具有良好的抗干扰能力，能够有效抑制系统中的干扰和噪声。

4）控制平滑：无差拍控制策略可以减少控制过程中的转矩波动和振动，提高电机运行的平滑性。

DPCC 控制策略虽然有许多优点，但也存在一些缺点和局限性，主要有如下几点。

1）模型依赖性高：DPCC 的性能在很大程度上依赖于电机模型的准确性。如果模型参数与实际情况不符，控制效果会受到影响。

2）计算复杂度高：由于需要在每个控制周期内进行预测和优化，DPCC 的计算负担较重，对控制器的计算能力有较高要求。

3）稳定性保证：在某些情况下，DPCC 可能需要额外的稳定性分析和保证措施，以确保系统的稳定运行。

4）实时性要求高：DPCC 需要在很短的时间内完成预测和优化计算，对实时性要求较高，可能在硬件实现上存在挑战。

5）鲁棒性问题：虽然 DPCC 具有一定的抗干扰能力，但在面对极端干扰或参数变化时，控制性能的鲁棒性仍然是一个需要关注的问题。

DPCC 控制策略为电流内环控制提供了一种高效、直接和快速响应的方法。与传统 PI 控制相比，该策略提高了系统对变化的适应能力，特别是在动态环境和不确定条件下的性能。DPCC 控制策略通过实时预测和调整，确保电机运行的高效性和稳定性，但是在实际应用 DPCC 控制策略时也应仔细考虑局限性，如模型精度依赖高等，并采取相应的措施来优化控制效果。

8.3.3　dq 坐标系到 $\alpha\beta$ 坐标系转换模块

在上述给出的控制策略中，无论是采用 PI 控制策略还是 DPCC 控制策略的电流环的输出，都是 dq 轴坐标系下的电压 U_d、U_q。在后续的 SVPWM 模块中需要 $\alpha\beta$ 坐标系下的电压 U_α、U_β，在这里我们给出 dq 坐标系到 $\alpha\beta$ 坐标系的 Simulink 实现，如图 8-6 所示。

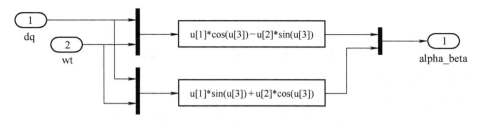

图 8-6　dq - $\alpha\beta$ 的 Simulink 模型

在三相电机如永磁同步电机的控制中，将电机控制中的 dq 坐标系（同步旋转坐标系）下的变量转换到 $\alpha\beta$ 静止坐标系下，这种变换使得可以更容易地应用控制算法。

该变换的数学公式为

$$\begin{cases} U_\alpha = U_d\cos\omega_t + U_q\sin\omega_t \\ U_\beta = U_q\cos\omega_t - U_d\sin\omega_t \end{cases} \tag{8-2}$$

式中，U_d 和 U_q 是在 dq 坐标系下的直轴和交轴的电压分量；U_α 和 U_β 是在 $\alpha\beta$ 坐标系下的电压分量；ω_t 是转子的电角速度。

在 Simulink 模型中，信号"dq"代表的是一个向量，其中包含了 U_d 和 U_q。信号"wt"代表角速度。上述模型利用了三角函数的乘法和加法运算来实现从 dq 坐标系到 $\alpha\beta$ 坐标系的变换。

8.4　SVPWM 模块

SVPWM（空间矢量脉宽调制）是一种先进的脉宽调制（PWM）技术，广泛应用于电机控制系统中，尤其是在永磁同步电机的控制中。其基本目标是利用固定幅度和频率的直流电源生成变幅度和频率的三相交流电源，从而驱动电机。这是通过在 1 个控制周期内对逆变器的开关状态进行快速切换来实现的，生成近似于所需正弦波的电压波形。在这个 SVPWM 模块中，输入为两个正交的电压分量 U_α 和 U_β，这些通常由控制算法提供，并且是从电机的 dq 坐标转换来的。输入还包括直流母线电压 U_{dc}。模块的输出是逆变器的 3 个相开关状态 S_a、S_b 和 S_c。SVPWM 模块的 Simulink 模型如图 8-7 所示。

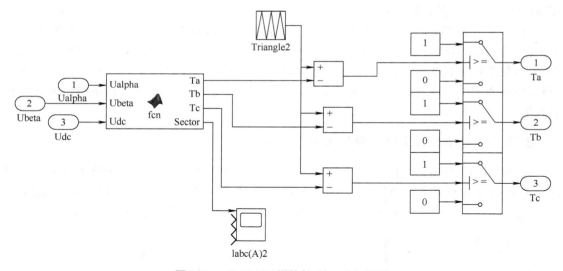

图 8-7　SVPWM 模块的 Simulink 模型

SVPWM 工作原理简介：

（1）空间矢量合成

U_α 和 U_β 代表的矢量合成一个在二维平面上旋转的空间矢量，代表了期望的相电压。

（2）扇区判定

根据 U_α 和 U_β 的值，空间矢量会位于 6 个扇区中的一个。扇区决定了邻近的三相电压矢量，这些矢量将用于合成期望的电压。

（3）脉宽调制

通过调整相邻两个非零矢量的作用时间以及零矢量的应用，SVPWM 能够准确地合成期望的电压矢量。这些作用时间通过比较电压参考信号和一个三角波来确定，这就是模块中

Triangle2 的作用。

（4）逆变器开关状态生成

根据扇区信息和脉宽调制算法，确定每个逆变器开关的开闭状态。这些状态用于控制连接到电机的逆变器，以生成所需的电压和电流波形。

SVPWM 波的生成算法在第 3 章有详细描述，在这里我们给出 MATLAB 代码实现。

表 8-3　SVPWM 算法

```
function [Ta,Tb,Tc,Sector] = fcn(Ualpha,Ubeta,Udc)
% Ualpha,Ubeta 最大为 Udc/sqrt(3)
    temp_sv1 = (Ubeta/2)/(Udc/sqrt(3));
temp_sv2 = (1.5 * Ualpha)/(Udc);
    Sector = 0;
    Ta = 0;
    Tb = 0;
    Tc = 0;
% 反克拉克变换
Va = Ubeta/(Udc/sqrt(3));
Vb = - temp_sv1 + temp_sv2;
Vc = - temp_sv1 - temp_sv2;
% 60 度扇区判定
if (Va > 0)
        Sector = 1;end
if (Vb > 0)
        Sector = Sector + 2;end
if (Vc > 0)
        Sector = Sector + 4;end
% X,Y,Z (Va,Vb,Vc)的计算
Va = Ubeta/(Udc/sqrt(3));
Vb = (temp_sv1 + temp_sv2);
Vc = (temp_sv1 - temp_sv2);
    switch(Sector)
case 0
Ta = 0.5;
Tb = 0.5;
Tc = 0.5;
case 1
t1 = Vc;
t2 = Vb;
Tb = (1 - t1 - t2)/2;
Ta = Tb + t1;
Tc = Ta + t2;
case 2
t1 = Vb;
t2 = - Va;
Ta = (1 - t1 - t2)/2;
```

（续）

```
Tc = Ta + t1;
Tb = Tc + t2;
case 3
t1 = - Vc;
t2 = Va;
Ta = (1 - t1 - t2)/2;
Tb = Ta + t1;
Tc = Tb + t2;
case 4
t1 = - Va;
t2 = Vc;
Tc = (1 - t1 - t2)/2;
Tb = Tc + t1;
Ta = Tb + t2;
case 5
t1 = Va;
t2 = - Vb;
Tb = (1 - t1 - t2)/2;
Tc = Tb + t1;
Ta = Tc + t2;
case 6
t1 = - Vb;
t2 = - Vc;
Tc = (1 - t1 - t2)/2;
Ta = Tc + t1;
Tb = Ta + t2;
    end
```

相比于传统的 PWM 技术，SVPWM 可以提供更高的电压利用率；能够减少输出电压和电流中的谐波成分，提高电机的效率和性能；适用于不同种类的逆变器和电机类型，提供了更灵活的控制策略；由于电能转换更高效，所以电机和驱动器对散热要求较低，这有助于减小冷却系统的尺寸和成本。

在 Simulink 中也存在一个系统自带的封装好的 SVPWM 模块，用户只需要根据具体应用设置好参数，就可以将其用于电机控制系统的设计和仿真。通过调整输入的 U_α 和 U_β，模块会计算出适当的开关状态，以驱动逆变器产生精确的三相交流输出。

8.5　逆变器模块

逆变器是一种将直流电（DC）转换为交流电（AC）的电力电子设备。它们在许多应用中都非常关键，包括为交流电机、可再生能源系统（如太阳能或风力发电）供电，以及将电池或直流电源中的能量转换为可用于家庭或商业用途的交流电。在逆变器中，通过一系列的电力电子开关（通常是晶体管），按照特定的时间间隔来切换电流，生成具有所需频率和幅度的交流电。对这些开关的控制通常是通过脉宽调制（PWM）技术来实现，它调整了开关元件的开关时间，以控制电机的电压和频率。

逆变器模块是连接控制系统与电机的桥梁，负责将直流电源转换为可调制的交流电源。在 PI 控制和 DPCC 控制策略中，逆变器的开关信号由 SVPWM 模块提供。逆变器模块的设计必须考虑到其开关频率、效率、热管理以及对电流波形质量的影响。逆变器模块通常使用 IGBT 或 MOSFET 等半导体器件，这些器件必须具有高速开关能力，以适应 SVPWM 的要求。逆变器的开关动作会在电机相电流上产生对应的变化，这些变化直接影响电机的性能。

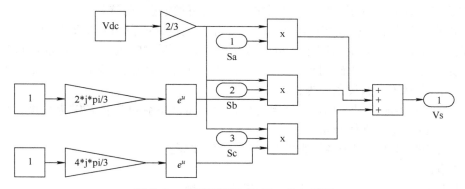

图 8-8　逆变器模块的 Simulink 模型

逆变器模块是电力电子转换系统的关键组成部分，特别是在永磁同步电机（PMSM）控制系统中。在这个模块中，3 个单独的信号代表逆变器的 3 个开关状态 S_a、S_b、S_c，它们通常是由 SVPWM 模块或其他类型的 PWM 控制器生成的。

模块的详细解释如下。

1）Vdc 输入表示直流侧电压，它是逆变器将交流转换为直流电能的源电压。

2）通过一个固定的比例因子 2/3 对 Vdc 进行缩放，这个比例因子用于调整逆变器输出电压的幅值，使之与电机设计相匹配。

3）S_a、S_b、S_c 信号通过一个门电路（由开关符号表示），它们各自与 Vdc 缩放后的值相乘。这里的门电路主要的功能是控制电压是否应用到相应的逆变器相位。

4）e^u 是一个复数运算，表示在转换中引入的相位变换，相位分别是 0、2pi/3 和 4pi/3。

5）这些复数值与相应的门信号相乘，相乘后的值表示逆变器在每一相上的输出电压。这些电压随着开关状态的变化而变化，从而产生交流电压波形。最终，将这些电压加在一起，并通过 Vs 输出，就是逆变器的总线电压。

逆变器输出电压的公式可以表示为

$$V_s = \frac{2}{3} V_{dc} \left(S_a e^{j0} + S_b e^{j\frac{2\pi}{3}} + S_c e^{j\frac{4\pi}{3}} \right) \tag{8-3}$$

式中，S_a、S_b、S_c 分别是逆变器各相的开关状态；$e^{j\frac{2\pi}{3}}$ 和 $e^{j\frac{4\pi}{3}}$ 分别是相位转换因子，用于生成三相电压。

总体而言，逆变器模块的作用是将直流电源转换为调制后的三相交流电源，以驱动永磁同步电机。在该过程中，该模块通过调制开关状态来控制输出电压的幅值和相位，实现电机的精确控制。

|8.6| PMSM 模块

PMSM 模块代表了电机本身，它是整个系统的执行单元。PMSM 模块接收来自逆变器的三相电流，并将其转换为机械能。电机模块的设计需要考虑到磁路设计、损耗计算、热特性以及电磁特性的优化。电机模型应准确反映实际电机的动态行为，包括转矩-速度特性、反电动势常数、感应电流与转矩的关系等。此外，电机模块的仿真模型还应考虑到参数的温度依赖性和非线性效应，以便在控制策略中进行更精确的预测和调整。

PMSM 的模型在前面已经有详细的介绍，这里我们仅介绍在 Simulink 中如何对 PMSM 的电机模型进行搭建。建立永磁同步电机的数学模型，需要对电机的部分特性进行理想化假设，假设条件是建立三相永磁同步电机数学模型的前提，如果假设条件不满足，PMSM 的数学模型也应随之修正，假设条件为：

1）忽略空间谐波，设三相定子绕组对称正弦分布，在空间互差 120°电角度，所产生的磁势沿气隙周围按正弦规律分布。

2）忽略磁路饱和，定子各绕组的自感和互感为恒定。

3）忽略铁心损耗。

4）不考虑频率变化和温度变化对绕组电阻的影响。

PMSM 的电压方程描述了电机的电压与电流以及磁链之间的关系，这些方程同时考虑了由于电流变化引起的感应电动势以及由于电机旋转产生的反电动势。如式（8-4）所示。

$$\begin{cases} u_d = Ri_d + L\dfrac{\mathrm{d}i_d}{\mathrm{d}t} - \omega_e L i_q \\ u_q = Ri_q + L\dfrac{\mathrm{d}i_q}{\mathrm{d}t} + \omega_e L i_d + \omega_e \psi_f \end{cases} \tag{8-4}$$

式中　u_d、u_q——d、q 轴电压；

　　　i_d、i_q——d、q 轴电流；

　　　　R——电机相电阻；

　　　　L——d、q 轴电感；

　　　　ω_e——电机电角速度；

　　　　ψ_f——永磁体的磁链。

PMSM 的机械方程描述了电机的动力学行为，表达了电磁转矩与负载转矩之间的平衡，以及这些转矩是如何影响电机角速度的变化。

$$T_e - T_L = \frac{J}{p}\frac{\mathrm{d}\omega}{\mathrm{d}t} + B\omega \tag{8-5}$$

式中　T_e、T_L——电磁转矩和负载转矩；

　　　　J——转子惯量；

　　　　p——电机极对数；

　　　　ω——机械角速度；

　　　　B——阻尼系数。

转矩方程表示电磁转矩与 q 轴电流和永磁体磁链之间的关系。这个方程可以用来确定给定的电流和磁链条件下电机可以产生的电磁转矩。

$$T_e = \frac{3}{2} p \psi_f i_q \tag{8-6}$$

式中 T_e——电机电磁转矩；

p——电机极对数；

ψ_f——永磁体的磁链；

i_q——q 轴电流。

在 Simulink 中对上述方程建立模型，得到的 PMSM 的模型如图 8-9 所示。

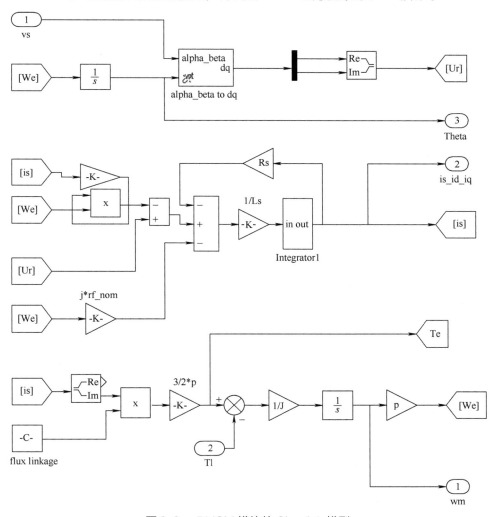

图 8-9   PMSM 模块的 Simulink 模型

习　题

8-1　试说明 PI 控制器比例部分和积分部分各自的作用。

8-2　给出 PMSM 的数学模型，包括电压方程、机械方程、转矩方程。

参 考 文 献

［1］袁雷. 现代永磁同步电机控制原理及 MATLAB 仿真［M］. 北京：北京航空航天大学出版社，2016.

［2］王成元. 现代电机控制技术［M］. 北京：机械工业出版社，2009.

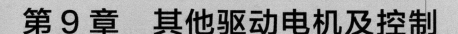

第9章 其他驱动电机及控制

根据输入电机接线端的交流波形，可以将永磁无刷电机划分为永磁同步电机和永磁无刷直流电机。输入波形为正弦波或近似正弦波的是永磁同步电机，采用连续转子位置反馈信号来控制换向；输入波形为方波的是永磁无刷直流电机，采用离散转子位置反馈信号控制换向。永磁无刷直流电机是对有刷直流电机的一种改进形式，其继承了传统有刷直流电机的所有优点，同时又在结构上取消了电刷和滑环等装置，这种电机的控制系统相对简单，价格更低。由于换相过程会引起转矩脉动，其转矩稳定性和动态性能较差，同时调速范围也较窄，通常应用于对性能要求不高的低成本系统。

9.1 永磁无刷直流电机结构与工作原理

9.1.1 永磁无刷直流电机的结构

永磁无刷直流电机主要由静止的定子和旋转的转子以及配套的位置传感器和电机控制器等组成，如图9-1所示。定子和转子的结构以及气隙的大小对电机性能有重要的影响。

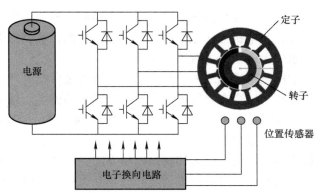

图9-1 永磁无刷直流电机驱动系统

（1）定子

定子是永磁无刷直流电机结构中静止不动的部分，通常由定子铁心、定子绕组和机座三大部分组成。定子铁心一般由硅钢片叠压而成，这样可以降低电机运行过程中产生的定子铁损。定子铁心内圆开有斜槽，槽内可以布置定子绕组。根据永磁体的极对数和电机的相数，可以确定定子铁心的槽数。定子绕组是永磁无刷电机的重要组成部分，通电后可以产生定子磁场，定子磁场和转子磁场之间可以产生力的作用，进而产生用于驱动电机运转的电磁转矩。

（2）转子

转子是永磁无刷电机中的旋转部分，可以自行产生磁场，一般由永磁体和支撑结构件组成。永磁体通常由稀土材料制成，例如钕（Nd）、钐钴（SmCo）和钕铁硼（NdFeB）。根据应用场景的不同，可以为转子设计不同的极对数。

（3）位置传感器

由于永磁无刷电机取消了用于传统的换向电刷及换向器结构，需要通过电子方式进行必要的换向。为了让电机正常运转，需要在特定的时刻进行换向。利用位置传感器采集的转子位置信息可以计算出哪些时刻需要进行换向，为电子换向电路提供正确的信号。

常见的转子位置传感器包括电磁式位置传感器、光电式位置传感器和霍尔式位置传感器。电磁式位置传感器结构简单、寿命长、信号范围大，但是传感器体积较大并且信噪比低，输出信号需要另外的电路进行处理，所以其应用场景受到了限制；光电式位置传感器根据光电效应检测转子位置信息，体积小、质量小，但是环境适应性较差。霍尔传感器是永磁无刷电机上常用的位置传感器之一，其内部集成了霍尔元件、稳压、放大、滤波和比较等电路，输出为数字信号，使用方便。霍尔式位置传感器主要分为两个部分，一部分是与转子同轴相连且磁极数、极性与转子相同的磁钢，另外一部分是安装在定子上的霍尔传感器。

（4）电子换向电路

电子换向电路是用于管理电流流向和频率的关键组件。它汇总传感器采集到的电机的位置、速度、电流等信息，进行相关运算，并根据需要调整电流的方向和大小，以控制电机实现符合使用要求的运行效果。

9.1.2 永磁无刷直流电机的工作原理

在探讨电机的工作原理时，安培定则以及右手定则是两个至关重要的概念。它们为我们提供了深入理解永磁无刷直流电机工作原理的关键知识。在此，我们将更详细地探讨这些概念，并解释它们如何与永磁无刷直流电机的运作相互关联。

安培定则是电磁学中的基本原理之一，它描述了电流通过导线时产生的磁场。其核心思想是，当电流通过一根导线时，会在导线周围产生一个闭合的磁场。这个磁场的强度和方向与电流的大小和方向直接相关。安培定则公式化了这一关系，为我们提供了计算磁场的工具。右手定则用于确定电流通过定子线圈时所产生磁场的方向。它的应用方法很简单：将右手的四指弯曲指向电流方向，大拇指指向的就是磁场方向。这个规则的关键之处在于它为我们提供了一种可视化的方法来理解电流和磁场之间的相互关系。通过运用右手定则，我们可以轻松地确定电流通过定子绕组时形成磁场的方向，这对于理解永磁无刷直流电机的工作原理至关重要。

永磁体位于电机的转子部分，它产生了一个恒定的磁场，称之为永磁场。这个磁场的方向是固定的，由永磁体的性质决定。在永磁无刷直流电机的定子上，通常有 3 个相位绕组，对称地分布在电机定子铁心互差 120° 电角度上。当电流通过这些定子绕组时，会产生一个可变的电磁场。这个电磁场的方向和强度可以通过控制电流的大小和方向来调整。现在，将麦克斯韦-安培定律和右手定则应用到这个情境中。根据麦克斯韦-安培定律，当电流通过定子绕组时，会在绕组周围产生一个磁场。通过运用右手定则，我们可以确定这个磁场的方向。这个磁场与永磁体的磁场相互作用，产生了驱动电机转子旋转的力。为了让电机实现符合要求的旋转，需要对定子绕组中的电流进行精确的控制，这就是电子控制器的作用。电子控制器是永磁无刷直流电机驱动系统的"大脑"，它不断监测转子的位置，并根据需要调整每个相位绕组的电流。通过这种方式，电子控制器可以确保电机以所需的速度和方向旋转。永磁无刷直流电机基本原理框图如图 9-2 所示。

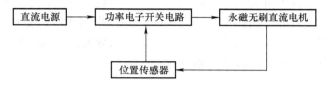

图9-2　永磁无刷直流电机基本原理框图

如图 9-3 所示，以两两导通为例，永磁无刷直流电机工作时各相定子绕组交替通电以实现电机的连续运转。首先 AB 相通电，A 相产生 N 极，B 相产生 S 极，根据同性相斥、异性相吸的原理将转子的 N 极吸引到 B 相附近，S 极吸引到 A 相附近。接下来 AC 相通电，A 相产生 N 极、C 相产生 S 极，将转子的 N 极吸引到 C 相附近，S 极吸引到 A 相附近。然后 BC 相通电，B 相产生 N 极、C 相产生 S 极，将转子的 N 极吸引到 C 相附近，S 极吸引到 B 相附近。以此类推，永磁无刷直流电机的转子就可以实现连续的旋转。

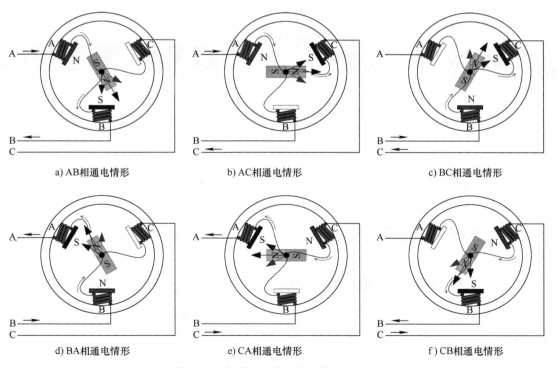

图9-3　永磁无刷直流电机简化示意图

　　下面，以图9-4所示的简化的一对极永磁无刷直流电机驱动系统为例，采用两两导通方式分析电子换向电路的工作逻辑。电子换向电路的逆变单元采用两两导通的工作方式，在每个运行周期内有6种工作状态，电机正转和反转状态下的功率开关导通序列见表9-1。电子换向电路 VT1-VT4 导通状态对应图 9-3a 所示的通电情形，VT1-VT6 导通对应图 9-3b 所示的通电情形，VT3-VT6 导通对应图 9-3c 所示的通电情形，VT3-VT2 导通对应图 9-3d 所示的通电情形，VT5-VT2 导通对应图 9-3e 所示的通电情形，VT5-VT4 导通对应图 9-3f 所示的通电情形。按照上述顺序导通功率器件，即可实现电机的正转。同样地，按照表9-1中所示的反转顺序导通功率器件即可实现电机的反转。在电机转动的过程中，控制系统会根据位置传感器采集到的位置信号计算出转子旋转的速度，并且根据系统设定的目标转速进行比较，根据比较的结果决定下一周期内功率器件的通断情况及导通的时间长短。速度过慢则加长功率器件导通时间，速度过快则缩短功率器件导通时间。

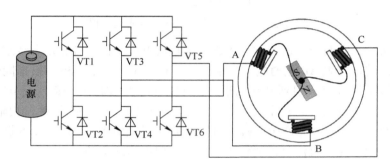

图9-4　电子换向电路示意图

表 9-1　电子换向电路功率器件导通顺序

正转		反转	
导通功率开关	绕组通电顺序	导通功率开关	绕组通电顺序
VT1、VT4	+ A、 − B	VT1、VT4	+ A、 − B
VT1、VT6	+ A、 − C	VT5、VT4	+ C、 − B
VT3、VT6	+ B、 − C	VT5、VT2	+ C、 − A
VT3、VT2	+ B、 − A	VT3、VT2	+ B、 − A
VT5、VT2	+ C、 − A	VT3、VT6	+ B、 − C
VT5、VT4	+ C、 − B	VT1、VT6	+ A、 − C

9.2 　永磁无刷直流电机控制

9.2.1　永磁无刷直流电机的数学模型

　　永磁无刷直流电机的磁通分布为梯形波，由于磁通的非正弦分布，需要谨慎推导永磁无刷直流电机的相变量数学模型。模型推导基于以下假设：

1）忽略定子谐波磁场在转子中产生的感应电流。

2）忽略铁损和杂散损耗。

3）无刷直流电机中通常不含有阻尼绕组，并且阻尼电流是由控制器提供的。

4）仅考虑电机是三相时的情况。

永磁无刷直流电机定子绕组的电压方程如下：

$$\begin{bmatrix} u_{as} \\ u_{bs} \\ u_{cs} \end{bmatrix} = R_s \begin{bmatrix} 1 & 0 & 0 \\ 0 & 1 & 0 \\ 0 & 0 & 1 \end{bmatrix} \begin{bmatrix} i_a \\ i_b \\ i_c \end{bmatrix} + p \begin{bmatrix} L_{aa} & L_{ab} & L_{ac} \\ L_{ba} & L_{bb} & L_{bc} \\ L_{ca} & L_{cb} & L_{cc} \end{bmatrix} \begin{bmatrix} i_a \\ i_b \\ i_c \end{bmatrix} + \begin{bmatrix} e_{as} \\ e_{bs} \\ e_{cs} \end{bmatrix} \tag{9-1}$$

式中，u_{as}、u_{bs}、u_{cs} 是三相定子电压；i_a、i_b、i_c 是三相定子电流；R_s 是定子电阻，且 abc 三相电阻相等；p 是微分算子；L_{aa}、L_{bb}、L_{cc} 是定子自感；L_{ab}、L_{ac}、L_{ba}、L_{bc}、L_{ca}、L_{cb} 是定子互感；e_{as}、e_{bs}、e_{cs} 是三相定子反电动势。

三相反电动势峰值的计算公式为

$$E_p = (Blv)N = N(Blr\omega_m) = N\phi_a\omega_m = \lambda_p\omega_m \tag{9-2}$$

式中，E_p 是三相反电动势峰值；B 是磁通密度；l 是导体长度；v 是导体运动速度；N 是串联导体数；r 是转子外径；ω_m 是转子角速度；ϕ_a 是磁通量。

ϕ_a 与气隙磁通 ϕ_g 成正比，计算公式为

$$\phi_a = Blr = \frac{1}{\pi}B\pi lr = \frac{1}{\pi}\phi_g \tag{9-3}$$

磁通与每相串联的导体数的乘积与磁链有着相同的量纲，记为 λ_p，其与每相磁链成正比，比例系数为 $1/\pi$，称为辅助磁链。如果转子的磁阻不随角度变化，并且假设三相对称，那么各相的自感和互感应该分别相等，即

$$L_{aa} = L_{bb} = L_{cc} = L \tag{9-4}$$
$$L_{ab} = L_{ba} = L_{ac} = L_{ca} = L_{bc} = L_{cb} = M$$

将式（9-3）和式（9-4）代入式（9-1），那么永磁无刷直流电机的数学模型可以表示为

$$\begin{bmatrix} u_{as} \\ u_{bs} \\ u_{cs} \end{bmatrix} = R_s \begin{bmatrix} 1 & 0 & 0 \\ 0 & 1 & 0 \\ 0 & 0 & 1 \end{bmatrix} \begin{bmatrix} i_a \\ i_b \\ i_c \end{bmatrix} + p \begin{bmatrix} L & M & M \\ M & L & M \\ M & M & L \end{bmatrix} \begin{bmatrix} i_a \\ i_b \\ i_c \end{bmatrix} + \begin{bmatrix} e_{as} \\ e_{bs} \\ e_{cs} \end{bmatrix} \tag{9-5}$$

可以认为定子电流是三相对称的，矢量和为零，则进一步简化数学模型中的电感矩阵：

$$\begin{bmatrix} u_{as} \\ u_{bs} \\ u_{cs} \end{bmatrix} = R_s \begin{bmatrix} 1 & 0 & 0 \\ 0 & 1 & 0 \\ 0 & 0 & 1 \end{bmatrix} \begin{bmatrix} i_a \\ i_b \\ i_c \end{bmatrix} + p \begin{bmatrix} L-M & 0 & 0 \\ 0 & L-M & 0 \\ 0 & 0 & L-M \end{bmatrix} \begin{bmatrix} i_a \\ i_b \\ i_c \end{bmatrix} \begin{bmatrix} e_{as} \\ e_{bs} \\ e_{cs} \end{bmatrix} \tag{9-6}$$

永磁无刷直流电机的电磁转矩方程为

$$T_e = \left[e_{as}i_a + e_{bs}i_b + e_{cs}i_c \right] \frac{1}{\omega_m} \tag{9-7}$$

$$\begin{cases} e_{as} = f_{as}(\theta_r)\lambda_p\omega_m \\ e_{bs} = f_{bs}(\theta_r)\lambda_p\omega_m \\ e_{cs} = f_{cs}(\theta_r)\lambda_p\omega_m \end{cases} \tag{9-8}$$

永磁无刷直流电机的运动方程为

$$T_e - T_L = J\frac{d\omega}{dt} + B\omega \tag{9-9}$$

式中，T_e 是电磁转矩；T_L 是负载转矩；J 是转动惯量；ω 是转子角速度；t 是时间；B 是阻尼系数。

通常情况下，电机转速 n、转子极对数 p 和交流电频率 f 之间存在以下关系：

$$n = \frac{60f}{p} \tag{9-10}$$

状态空间形式的系统方程为

$$\dot{\boldsymbol{x}} = \boldsymbol{A}\boldsymbol{x} + \boldsymbol{B}\boldsymbol{u} \tag{9-11}$$

$$\boldsymbol{x} = \begin{bmatrix} i_{as} & i_{bs} & i_{cs} & \omega_m & \theta_r \end{bmatrix}^T \tag{9-12}$$

$$\boldsymbol{A} = \begin{bmatrix} -\dfrac{R_s}{L_1} & 0 & 0 & -\dfrac{\lambda_p}{L_1}f_{as}(\theta_r) & 0 \\[2mm] 0 & -\dfrac{R_s}{L_1} & 0 & -\dfrac{\lambda_p}{L_1}f_{bs}(\theta_r) & 0 \\[2mm] 0 & 0 & -\dfrac{R_s}{L_1} & -\dfrac{\lambda_p}{L_1}f_{cs}(\theta_r) & 0 \\[2mm] \dfrac{\lambda_p}{J}f_{as}(\theta_r) & \dfrac{\lambda_p}{J}f_{bs}(\theta_r) & \dfrac{\lambda_p}{J}f_{cs}(\theta_r) & -\dfrac{B}{J} & 0 \\[2mm] 0 & 0 & 0 & \dfrac{p}{2} & 0 \end{bmatrix} \tag{9-13}$$

$$\boldsymbol{B} = \begin{bmatrix} \dfrac{1}{L_1} & 0 & 0 & 0 \\[2mm] 0 & \dfrac{1}{L_1} & 0 & 0 \\[2mm] 0 & 0 & \dfrac{1}{L_1} & 0 \\[2mm] 0 & 0 & 0 & -\dfrac{1}{J} \\[2mm] 0 & 0 & 0 & 0 \end{bmatrix} \tag{9-14}$$

$$L_1 = L - M \tag{9-15}$$

$$\boldsymbol{u} = \begin{bmatrix} u_{as} & u_{bs} & u_{cs} & T_L \end{bmatrix}^T \tag{9-16}$$

9.2.2 永磁无刷直流电机的控制策略

与永磁同步电机不同，永磁无刷电机更为常用的控制策略是 6 步换相控制。6 步换相控制技术通过转子位置传感器检测当前磁场位置，然后根据结果控制三相定子产生合成磁场，通过合成磁场吸引转子磁场转动，从而实现电机的驱动。

采用 6 步换相法时，逆变器有两种常见的导通方式，分别是两两导通和三三导通。两两导通是永磁无刷电机最为常用的导通方式，在理想情况下任一时刻都有两个功率管导通，两相绕组通电，第三相绕组悬空，每一时刻上下桥臂分别只有一个功率管导通。永磁无刷电机两两导通的反电势波形及开关管规律如图 9-5 所示。与两两导通相对应，采用三三导通模式则三相绕组同时通电，没有悬空相，可以增大绕组利用率，提高电机的输出功率，但是也会引起电机效率降低、输出转矩下降等问题，故实际应用场景下三三导通并不常用。永磁无刷电机三三导通的反电势波形及开关管规律如图 9-6 所示。

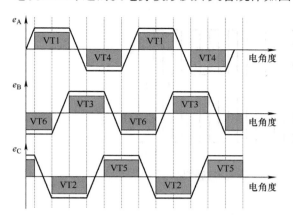 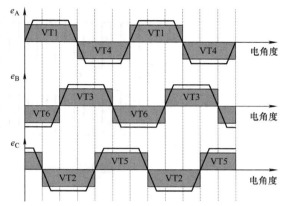

图 9-5　两两导通的反电势波形及开关管规律　　　图 9-6　三三导通的反电势波形及开关管规律

采用两两导通的 6 步换相控制时，功率开关的导通顺序如表 9-2 所示。6 步换相法的优势是效率比较高，控制思路简单易于实现，可以控制较小的体积和较低的成本。但是由于只能产生 6 种固定方向的合成磁场，转子磁场所处位置不同，所受磁力不一致，导致电机力矩控制不稳定。并且在生成电流方波时，在阶跃处会有大量的高次谐波，这些电流谐波与永磁体磁链产生电枢反应时会产生高次的转矩谐波，造成转矩波动大的后果。

表 9-2　6 步换相控制功率开关导通顺序

正转		反转	
导通功率开关	绕组通电顺序	导通功率开关	绕组通电顺序
VT1、VT4	+ A、 − B	VT1、VT4	+ A、 − B
VT1、VT6	+ A、 − C	VT5、VT4	+ C、 − B
VT3、VT6	+ B、 − C	VT5、VT2	+ C、 − A
VT3、VT2	+ B、 − A	VT3、VT2	+ B、 − A
VT5、VT2	+ C、 − A	VT3、VT6	+ B、 − C
VT5、VT4	+ C、 − B	VT1、VT6	+ A、 − C

采用 6 步方波换相控制时，为了实现电机调速，通常需要结合电压调制方法，常见的有以下 3 种。

（1）斩波控制（Pulse- Width Modulation，PWM）

斩波控制（PWM）是永磁无刷直流电机最常用的一种方法，它是在直流母线电压保持不变的情况下，通过功率开关管不同的通断时间来改变施加到电机定子绕组上的电压脉冲宽度，从而调节输入到电机电枢的电压平均值。

根据 PWM 的作用时间和作用的开关管不同，可以将 PWM 调制分为 5 种模式。

1）H_PWM – L_PWM 模式：参与逆变的桥臂采用互补的 PWM 信号进行调制，导通情况如图 9-7 所示。

2）ON_PWM 模式：在每个开关管的 120°电角度导通空间中，前 60°电角度保持恒通，后 60°电角度进行 PWM 调制，导通情况如图 9-8 所示。

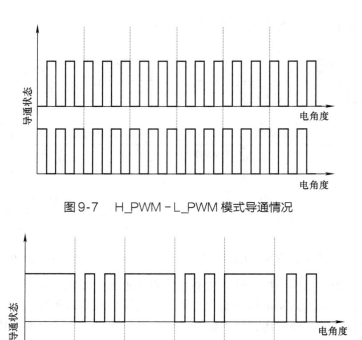

图9-7　H_PWM–L_PWM 模式导通情况

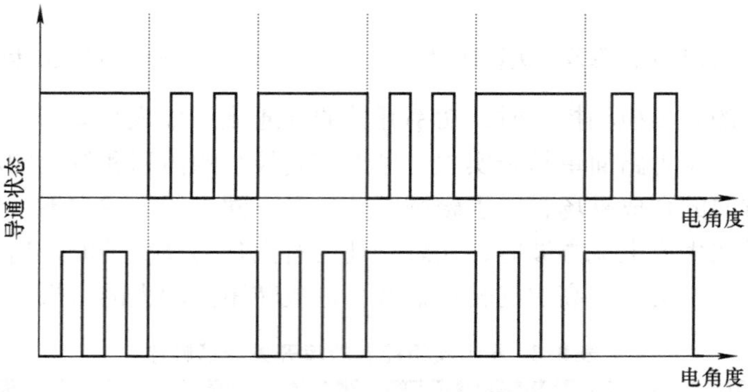

图9-8　ON_PWM 模式导通情况

3）PWM_ON 模式：在每个开关管的 120°电角度导通空间中，前 60°电角度进行 PWM 调制，后 60°电角度保持恒通，导通情况如图 9-9 所示。

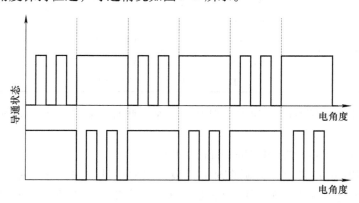

图9-9　PWM_ON 模式导通情况

4）H_PWM–L_ON 模式：在每个通电状态中，参与逆变的一个桥臂的开关管采用 PWM 调制，另一个桥臂的开关管保持恒通，导通情况如图 9-10 所示。

5）H_ON–L_PWM 模式：在每个通电状态中，参与逆变的一个桥臂的开关管保持恒通，另一个桥臂的开关管采用 PWM 调制，导通情况如图 9-11 所示。

采用不同的 PWM 调制形式会产生不同的电流回路和续流回路，从而在转矩脉动、电机

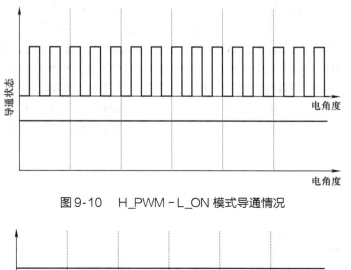

图 9-10　H_PWM - L_ON 模式导通情况

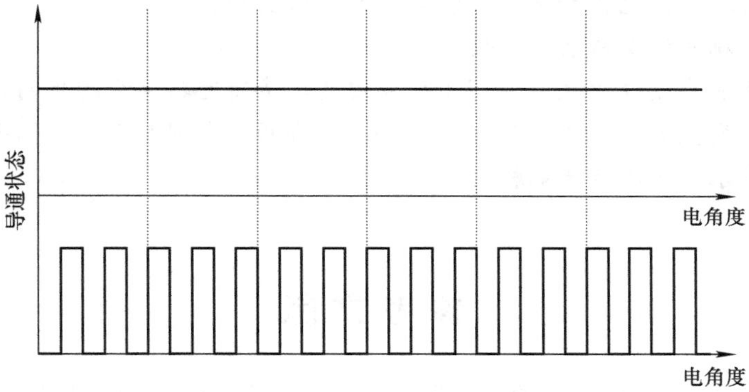

图 9-11　H_ON - L_PWM 模式导通情况

控制、功率管损耗及启动性能方面产生不同的效果。受到功率器件最高开关频率的限制，当电机在高速区运行时，一个扇区内的 PWM 斩波次数将变得很少。因此，当电机进行 PWM 斩波控制时，由功率开关管通断所造成的电流脉动较大，电流谐波含量较多。此外，电机高速运行时，PWM 斩波控制无法保证电机定子电流正、负半周期斩波的一致性，这将引起定子电流的不对称现象，从而使得电流中含有较多偶次谐波分量。这些高次电流时间谐波分量所产生的电枢磁场将以不同的角速度相对转子旋转，从而在转子永磁体中产生大量的涡流损耗。

（2）脉冲幅度调制（Pulse- Amplitude Modulation，PAM）

由于 PWM 斩波将引起高速电机定子电流的剧烈脉动，从而导致转子涡流损耗大大增加，因此，出现了一种适用于永磁无刷直流电机的新型控制策略——PAM 脉冲幅度调制策略，这种控制策略可以代替传统 PWM 斩波控制，实现平滑电机定子电流波形的目的。要实现 PAM 控制策略，需要在电机驱动系统中三相逆变桥前增加 DC/DC 变换器，用以控制直流母线电压的幅值，此时，三相逆变桥只负责换相控制，而不进行 PWM 调制，因此加载到电机定子绕组上的电压不再是 PWM 调制电压，而是随电机转速变化的直流电压，这将大大减小电机定子电流脉动，从而削弱转子涡流损耗。

（3）PWM/PAM 混合控制策略

PAM 控制通过调整直流电压的幅值来控制电机的转速，可以起到较好的平滑电流的作用，同时相较于 PWM 斩波控制，PAM 控制在抗干扰方面具有一定的优势，可以对电流中的高次谐波进行有效抑制，减少了对电网的污染。但是，这种控制方法的缺点是控制电路复杂、体积较大、成本较高。相反，采用 PWM 斩波控制策略具有控制电路简单、成本低的优势，但在高速电机中，由于电机电感小、功率管开关频率受限等因素，由斩波引起的电机定子电流脉动大，转子涡流损耗激增，此外，由于直流母线电压固定，因此采用 PWM 斩波控制的电机最高转速将受到限制。PWM/PAM 混合控制策略结合了 PWM 和 PAM 控制的优点，将两种控制技术分段使用，使电机无论运行在低速区还是高速区，都能够具备良好的调速效果。

习　题

9-1　永磁无刷直流电机和永磁同步电机有什么区别？

9-2　永磁无刷直流电机有什么优缺点？

9-3　永磁无刷直流电机主要由哪几部分组成？请简述各部分的作用。

9-4　永磁无刷直流电机的工作原理主要基于哪两个定则？请简述两个定则的内容。

9-5　请写出永磁无刷直流电机的电压方程。

参 考 文 献

[1] 刘刚，王志强，房建成 . 永磁无刷直流电机控制技术与应用 [M]. 北京：机械工业出版社，2008.

[2] 王志福 . 电动汽车电驱动理论与设计 [M]. 北京：机械工业出版社，2012.

[3] 克里斯南 . 永磁无刷电机及其驱动技术 [M]. 柴凤，等译 . 北京：机械工业出版社，2013.

[4] 汤蕴璆 . 电机学 [M].5 版 . 北京：机械工业出版社，2014.

[5] 邱国平，邱明 . 永磁直流无刷电机实用设计及应用技术 [M]. 上海：上海科学技术出版社，2015.

[6] 严朝勇 . 电动汽车电机控制与驱动技术 [M]. 北京：机械工业出版社，2018.

电机端盖

定子铁心和绕组

转子铁心和永磁体

电机轴

电机壳体

图 1-3　永磁同步电机结构示例

图 1-6　驱动电路板

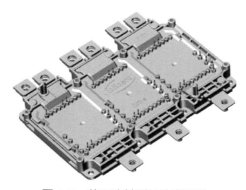

图 1-7　英飞凌某型号功率器件

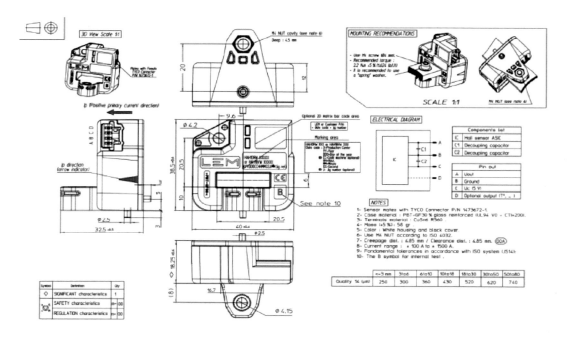

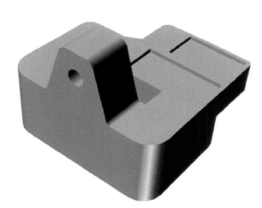

图 1-8　HAH1DRW 600-S 型开环式霍尔电流传感器

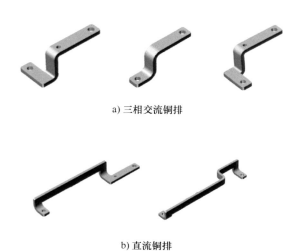

a) 三相交流铜排

b) 直流铜排

图 1-9　电机控制器交/直流铜排

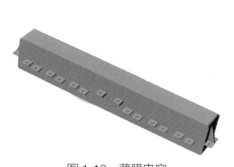

图 1-10　薄膜电容

图 1-11　电机控制器内部装配

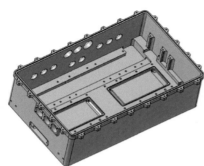

a) 直接冷却

b) 间接冷却

图 1-12　电机控制器冷却水道结构

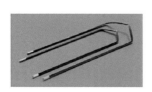

a) 扁线电机绕组铜条

b) 发卡式定子绕组

c) S-winding扁线电机定子

d) I-pin扁线电机定子(局部)

图 1-13　扁线电机定子绕组结构

图 1-14　SKF 推出的高速球轴承

图 1-15　比亚迪的 SiC 功率模块

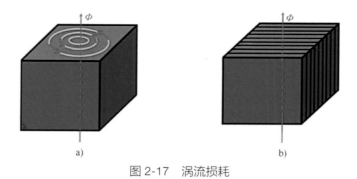

图 2-17　涡流损耗